顺德华侨华人及港澳台同胞故事

佛山市顺德区归国华侨联合会 主编

李健明 编著

扬帆济沧海

世界图书出版公司

广州·上海·西安·北京

图书在版编目（CIP）数据

扬帆济沧海：顺德华侨华人及港澳台同胞故事/佛山市顺德区归国华侨联合会主编，李健明编著.—广州：世界图书出版广东有限公司，2024.10

ISBN 978-7-5232-0790-1

Ⅰ.①扬…　Ⅱ.①佛…②李…　Ⅲ.①华侨—历史—顺德区　②华人—历史—顺德区　Ⅳ.①D634.3

中国国家版本馆CIP数据核字（2023）第173227号

YANGFAN JI CANGHAI——SHUNDE HUAQIAO HUAREN JI GANGAOTAI TONGBAO GUSHI

扬 帆 济 沧 海 —— 顺 德 华 侨 华 人 及 港 澳 台 同 胞 故 事

主　　编：佛山市顺德区归国华侨联合会
编 著 者：李健明
责任编辑：程　静
装帧设计：黄文丹
出版发行：世界图书出版有限公司　世界图书出版广东有限公司
地　　址：广州市海珠区新港西路大江冲 25 号
邮　　编：510300
电　　话：（020）84453623　84184026
网　　址：http：//www.gdst.com.cn/
邮　　箱：wpc_gdst@163.com
经　　销：新华书店
印　　刷：珠海市国彩印刷有限公司
开　　本：787mm×1092mm　1/16
印　　张：22
字　　数：327 千字
版　　次：2024 年 10 月第 1 版　2024 年 10 月第 1 次印刷
国际书号：ISBN 978-7-5232-0790-1
定　　价：85.00 元

前言

一

　　顺德华侨华人、港澳台同胞是顺德历史、文化与精神的特别呈现。他们远离故土，劳作异方，深受各地文化影响，但内心坚持仁义礼智信，崇尚温良恭俭让。他们以顺德人万物皆可创利的商业天赋与万事皆须勤俭的品格，在不同时代与空间中咬定青山，拔节吐绿，摇曳春风，也印证出传统文化的巨大生命力与顺德人澎湃而充满激情的创造力。

　　因此，即使腰缠万贯，领袖群伦，夜深人静，他们总会独推西窗，眺望明月，深情回眸汪洋远处的故土。因为，那片看似寻常无奇的纵横河汊与桑田鱼塘，流淌着先祖的血脉，飘荡着熟悉的乡音。那才是他们的根脉所在，灵魂归宿。

　　因为，故乡是他们无法忘怀的一方净土。他们要用最素净的双手，心怀最真挚的诚意，去回报那片古老而沉静的土地。同时，他们以此告慰自己的父祖，也安慰自己漂泊的内心。

　　因此，他们在不同时代都不遗余力助推家乡发展，更在故乡艰难困拙时展开双臂，迎接扬帆远来的亲人，让他们在异国他乡与自己并肩拼搏，谋生奋斗，也为传承顺德传统文化留下一间充满温情的小房舍。

　　几百年间，扎根吐绿的海外侨胞与港澳台同胞一道，并肩前行，栉风沐雨，更以深深足印嵌入顺德历史进程中，成为"顺德"二字不可或缺的部分，化为解读顺德文化的特别篇章。

二

在顺德华侨华人500多年历史中，不甘平庸、脱颖而出的时代英才总是率先跃入人们眼帘。在中外文化交流的背景下，他们具备更开阔的视野与更卓越的见识，在不同领域纵横捭阖、意气风发。他们为顺德历史增添一道道夺目而亮丽的色彩。

同时，我们也触摸到大批不为人知、默默谋生、力求奋进的顺德人。他们可能一生都在异国奋斗，名不经传，但深耕大地，积财小康，享受着拼搏后的人生宁静与安康，目睹子孙满堂，精进奋发，青出于蓝，更上一层楼，其欢愉与欣悦，笔墨难言。而他们穷尽一生或历经几代人用双手先后传承，将顺德人的坚忍、质朴、踏实融入脚下大地，成为他们抵挡风雨、迎风摇曳的坚实屏障。其中的艰辛与困拙、不凡与卓越，每每令人深感人生不易与事业艰难。但他们都事不避难，微笑前行，令人动容与感慨。

因此，他们成为本书不时插入或冒出的故事与事迹，将这片水乡映照得分外明丽动人。这也是我们爬梳整理、探赜索隐后的感受与初衷。

我们期待以资料更完整的书籍与历史信息更丰富的图片，去呈现他们不为人熟知的成就、贡献与探索；对他们的经历进行思考、回眸，去引导人们从另一个角度理解顺德文化与内在精神。

三

顺德华侨华人历史最精彩的部分，与国家的强大和繁盛隐隐呼应。70年间，顺德华侨华人及港澳台同胞的春花秋菊，各领风骚，也可见祖国深远而巨大的影响力。而祖国对他们的深沉关注与大力扶持，也成为他们更上一层楼的巨大助力。因此，要解读顺德华侨华人及港澳台同胞的成就，祖国成为其重要信息源泉。

四

改革开放后，顺德政府殚精竭虑，致力不断完善侨务侨联工作。一代代侨务侨联工作者联络天下顺德人，汇集各方资源，引入资金技术，奖励杰出人才，尤令海外乡亲、港澳台同胞深感温暖与舒心。其中的佳话与故事，联翩难尽。他们为支持家乡发展不遗余力，成为顺德从农村到城市（顺德曾为县级市，现为佛山市辖区），从农业社会到工业社会的重要力量。他们的光风霁月，他们的慷慨无私，皆应化为文字与图片，让人们得以永世感悟与铭怀其德。

五

2022年春，在顺德区侨务局、顺德区归国华侨联合会（简称"侨联"）的动议下，我们着手编写一份关于顺德华侨华人及港澳台同胞的历史文本。

因中华人民共和国成立以来，大批顺德乡亲一直致力家乡发展，其贡献与善德在地方书籍已多有介绍。因此，本书除了简要重述他们的重要贡献外，还对如今一批投身家乡建设的顺德乡亲进行单独采访，并撰文成篇，构成章节，令本书长短结合、历史连贯、脉络完整、前后呼应，让人们对顺德华侨华人及港澳台同胞的家乡贡献历史获得全面而透彻的了解。

因此，我们潜心打捞沉没在历史尘烟深处的往日故事，追溯无人获知的凡人贡献，完善尚未结终的先贤事迹，以表达对他们的敬畏与崇敬。我们更将目光投向正活跃在不同领域的当代英才，以及风华正茂的青年才俊身上。通过他们的经历，去凝视与眺望顺德华侨华人及港澳台同胞的当下与未来。

我们希望通过全景式的叙述，重现顺德华侨华人及港澳台同胞的断代史，让人们通过阅读这份文本，全方位理解这片土地上孕育、诞生、熏陶、影响下的顺德人在世界各地的足迹、身影、回眸、呐喊；去理解我们每天行走的土地上那深藏难尽的文化、传统、风俗与思想；再将两者合为一体，成为彼此自我追问、继续前行的文化力量。

目录

第一章 沧海扬帆

顺德自古四面环海。人们出门划舟，游弋远方，运货贸易。水路，成为顺德人通往未知而充满新奇世界的主要途径，也为顺德海外移民历史打开一道意义深远、影响巨大的通道。

第一节　初涉异域

> 昔日顺德，"县境虽四环内海，而咫尺可达汪洋"。[①] 正是那片汪洋，为顺德海外移民史留下一篇重要前言。

一、15 世纪

明正统十四年（1449），乐从人参与黄萧养起义。风起云涌的战争，令乐从这片地处南海、新会、中山交界的地域烽烟四起。

次年，起义失败，朝廷派兵清乡。据乐从镇沙边村何氏家族文献记载，在朝廷为官的南庄公得知此事，以密信急告身在沙边村的夫人。夫人崔氏马上组织族人星夜离乡，逃离一场劫难。他们扬帆远去，辗转来到印度，后不断远迁，至毛里求斯及非洲各国，散播各地。

不过，更早的出洋历史还是发生在乐从。1405—1433 年，一位不知姓名的乐从镇水藤村乡亲服役于郑和下西洋的船队中，后返乡终老，叙述海外奇闻。

[①]　顺德市地方志办公室点校《顺德县志》（清咸丰、民国合订本），中山大学出版社，1993 年，第 657 页。

一片汪洋的顺德，是顺德人提笔书写海外移民史的一砚墨水

可以说，顺德海外移民的出现比顺德建县（1452）还要早。

因此，顺德人对汪洋大海从不陌生。相反，海洋成为他们无尽遐想，实现人生价值的巨大地理空间。

二、16 世纪

明嘉靖八年（1529）后，由于澳门不在海禁范围内，广州、澳门逐渐构成贸易联合体。中外商人通关纳税，各得其所，合力推动中外贸易。

嘉靖三十六年（1557），葡萄牙人获准暂住澳门，澳门逐渐发展为明代中西贸易港口。

葡萄牙人通过澳门，将中国的生丝、丝绸、茶叶、陶瓷运往葡萄牙，再销往欧洲各国，获利巨大。他们将珍贵的象牙、檀香、苏木、银币、琥珀经澳门运到内地，成为中国上流阶层的桌上珍品。

因澳门桥通东西两洋，珠江三角洲通过这座桥梁，逐渐融进这个改变中国南方的巨大国际市场中。

三、17 世纪

顺德离澳门仅百余里。明代状元黄士俊于崇祯九年（1636）在《前顺德县倪公遗爱祠碑记》说："粤有澳，为门庭心腹忧，吾顺距澳门一水耳。"①

《顺德县志》也称："邑城瞰鉴江，通道潭洲诸海，逼近濠镜澳夷。"②

明代后期，顺德人深受国际丝价影响，从躬耕水稻转为种桑养蚕、钳茧缫丝。顺德开始从纯粹的农耕社会进入粮食与经济作物并重，即农商交融的新时代。

四、清乾隆、嘉庆年间

马来西亚广东暨汀州白云山庄旧碑上文字，印证当时已有各县乡会，顺德乡会组织已然成立——（李永光供图）

清乾隆年间（1736—1795），龙江南坑人谭世经主持"披云堂"。他从江西景德镇购来白瓷泥，在广州烧制青花瓷，远销欧洲。其后代继续经营陶瓷、丝绸，堂号为"毅兰堂"。

清乾隆二十二年（1757），皇帝颁布谕旨，独留广州为通商口岸。顺德深受广州国际贸易经济辐射，直接被国际经济市场鲜活气息浸染的顺德人往来于广州、顺德两地，卖货购物，沟通共赢。顺德人更手搭凉棚，眺望遥远汪洋。

清乾隆二十二年（1757），乐从镇沙滘东村人霍虾的曾祖父设店于越南，伦教镇（现

---

① 顺德市地方志办公室点校《顺德县志》（清咸丰、民国合订本），中山大学出版社，1993年，第627页。
② 顺德市地方志办公室点校《顺德县志》（清咸丰、民国合订本），中山大学出版社，1993年，第617页。

为伦教街道）熹涌村人陈观赐远赴泰国。

乾隆年间，大良人游华章远赴越南经商，三位女儿凑资相助。游华章后客死他乡，遗留一子，三位女儿精心培养其长大成人。

乾隆四十九年（1784），沙滘（现为乐从镇沙滘社区）木匠陈百章"在洋船服务"。

乾隆年间，中外贸易风气已深入到顺德乡村，促使人们慢慢拓开异于晨昏劳作的生活模式。从顺德人张臣当时所作的一首《竹枝词》中可见一斑："呼郎早趁大岗墟，妾理蚕缫已满车。记问洋船曾到几，近来丝价竟何如？"

南番顺三地乡亲在海外总是联手共建会馆，以加深乡谊——（陈家坚摄）

清代，龙江一带近海，洋船可直接来到龙山（现为龙江镇龙山社区）一带采办生丝。"名乡久播岭南闻，俗美风醇语不蛮。外认乡音人仰重，洋船且有号龙山。"从龙山人谭依仲的诗歌中也可见出100多年前龙江的对外贸易盛况。以"龙山"为号的外国商船停泊在广州等待生丝的运送，足见龙山当时在国际丝业贸易中的特殊地位。

嘉庆三年（1798），乐从人邓广卿来到马来西亚，为早已生活劳作于此的曾祖父、叔父修建合葬墓。民间称此处为"顺德总坟"，可见他们早已落地生根、终老于此。

从道光八年（1828）的碑文中可知，嘉庆年间（1796—1820），乡会称"公司"。①

嘉庆二十四年（1819），顺德乡亲陆才新等人在毛里求斯（位于非洲东部）设忠义堂，联络南海番禺顺德（南番顺）三地乡民，联手并进，守望相助，成为南顺同乡会前身。

人们通过中外贸易，开始知道洋人来自不同的世界，引发他们对未知空间的无限好奇，更陆续踏上海外征程。

---

① 于咸丰年间（1851—1861）称"馆"，光绪年间（1875—1908）称"会馆"。"顺德会馆"之名从那时沿用至今。

第二节 异域谋生

通商政策实施后，顺德人通过广州这一国际港口，扬帆远去，书写出海外移民史的新篇章。

一、清康熙年间

清康熙二十四年（1685），朝廷废除禁海令，实行开海通商政策。同年，中国历史上最早的官方外贸专业团体在广州崛起。它们经营外贸，数目众多，世称"十三行"。

得闻此风，顺德人纷纷来到广州，投身国际贸易。

龙江镇南坑村人谭康泰在十三行经营陶瓷、丝绸、茶叶外销。他与荷兰、法国的东印度公司进行紧密的贸易往来，后建商馆租与法国商人。

广州十三行中，资元行行商为顺德人黎光华，西成行和福隆行的行商分别为顺德人黎光远与关成发。

北滘镇碧江村人在十三行开设商号，承销进口洋货，出口茶叶、纸张、干果等土货，进口木材、锡锭，令碧江、陈村一带成为锡纸加工重地。

顺德人利用本地丝业优势，发挥驻扎广州的地理与商业优势，积极参与国际贸易，成为早期对外贸易探索者。他们常乘船远去，来到异国他乡，定居落户。

随着中外贸易的日渐密切，国界逐渐不再难以跨越，人们开始扬帆出海，经营他方。清康熙年间（1662—1722），陈村镇大都村人梁昌五远赴马来西亚，成为顺德谋生异乡、扎根异域的先驱。他于1685年购木材回乡建梁氏大宗祠。

顺德祠堂的坤甸金柱料材多来自东南亚，成为早期中外贸易实证

二、清道光、同治年间

（一）涌向世界各地

鸦片战争后，顺德人纷纷出海谋生，形成顺德第一个海外移民高潮。

道光二十年（1840），沙滘人陈宁远赴毛里求斯。次年（1841），沙滘东村人陈锦河的祖父乘船到美国。

道光二十二年（1842），香港开埠，南番顺乡民大量赴港谋生。他们集中在港岛西端，从事海味与中药材销售。

道光二十八年（1848），相传美国加利福尼亚州（简称"加州"）发现金矿，大批乐从、陈村、龙江人经香港乘船抵达加州，成为当时淘金狂潮先行者。

乐从镇良教村马滘乡人黎普泰（1817—1893）在淘金狂潮期间（1848—

1855）远赴美国加州，行医异乡。

黎普泰精通中医，全身心为同乡医治疾患。作为第一位来到美国的中医，他在华侨圈中深受信赖。1854年4月，黎普泰在《金山日新录》中刊登中医馆广告。他的外甥——龙江镇里海吉原坊人谭富园（1855年生），在"北京太医院"肄业后，于1890年来到加州，与舅舅一道在旧金山（又称"三藩市"）行医。他后在南加州的列连镇创立"容富医局"，专治奇难杂症，成一代名医。1895年，应病者要求，谭富园迁往洛杉矶。他著有《东方医学之真义与方法》传世。

位于旧金山的顺德行安堂大厦——（麦永康供图）

在几十年内仍涌动不绝的赴美劳工中，乐从人曾桂鹏颇为传奇。当时，正值美国南北战争（1861—1865）。他积极投军，在亨利·纳利将军帐下转战南北，成为有史可查的参加南北战争的中国人。他后到哥伦比亚的哥浪（Colon）经营酒业。1888年，中国驻美公使张荫桓（1837—1900）委任曾桂鹏出任副商董，负责处理海外侨胞事务。张荫桓为南海人，曾任京官，后出使美国，在戊戌变法中深居幕后有奇功。

咸丰元年（1851），太平天国运动爆发。宁静的水乡兵荒马乱，大量珠江三角洲乡民乘船赴港。政府为安置他们，着力开发西营盘，令此处成为南番顺民众的聚居场所。

太平天国期间（1851—1864），乐从镇良教良沙村（良教为行政村，良沙为其下辖自然村之一）人霍林参与反清斗争，失败后回村终老，人称"元帅林"。在霍林影响下，良教良沙村青年参与斗争，失败后逃往国外。

清咸丰、同治年间（1851—1874），人们得知海外空间广阔，逐渐离开家乡，奔向世界各地，特别是危地马拉、日本、东南亚等地。

1852年，乐从镇新隆村人陈锡文来到危地马拉。1867年，乐从镇杨滘人马伟鸿的父亲定居日本。

（二）普通乡村深藏动人故事

从清末到中华人民共和国成立前，顺德人受战争、动荡、经济衰退等影响，缓缓外出，成为顺德海外移民史的片玉碎锦，却斑斓夺目。

1. 乐从镇新隆村

乐从镇新隆村人的海外发展路线，可作顺德家族谋生与发展缩影。1853年，陈锡文来到大吕宋岛（即菲律宾）。1876年，陈受源辗转来到毛里求斯。1876年，陈旺添来到留尼汪。1880年，陈受坤来到马达加斯加。新隆村陈氏族人不断走出，但他们最无法忘怀的还是榕荫掩映的故乡。他们渐积财富后，皆寄款回乡，修桥筑路。1922年，旅美乡亲陈廉孚捐款修建长塘岛上坊石路及新涌埠头，好让乡人行

始建于1919年的留尼汪乐从新隆旅馆——（陈淑思供图）

走无碍。

后来，他到香港经商，经营香港有轨电车和山顶缆车。他设下规定：凡是新隆村人到此，可在公司饭堂免费用餐。

抗日战争期间，美国、留尼汪、马达加斯加的乡亲捐款兴建五座炮楼，分别是永安楼、永全楼、永大楼、永胜楼、永利楼，合称"安全大胜利"，表达对来敌的蔑视。如今，永利楼仍存。

1947年和1949年，新隆村遭遇两次洪灾，乡亲们委托何丽天负责将捐款用于买米或施粥。据《新隆村史》记载，当时规定，"在大祠堂煮饭，打锣食饭，食饱为好，不准拿回家（病残例外），连续十几天"，将乡人从死亡线上救回来。

何丽天为香港金融界巨子。1948年，他与陈利益、陈植桃倡建新隆学校。其中陈利益旅居留尼汪，其兄长陈利新为留尼汪首富之一，皆为善不让。陈照华为筹建明德学校奔走筹款，后亲任校长。礼锡老人为明德学校筹建多方筹措，令人感佩。

陈氏族人频频回乡。毛里求斯新隆会馆干事陈祝维，从20世纪70年代开始发动毛里求斯、留尼汪、马达加斯加和中国香港的乡亲捐款建设明德学校。曾任留尼汪新隆会馆会长的陈炳华也为明德小学的建设奔走出力，贡献良多。

他们虽分布于世界各地，却从未忘记祖屋中的那幅小小对联："子孙满堂，兰桂腾芳。"他们不断深情回眸，无私奉献。

2. 乐从镇路州村

1919年出生的杏坛人何次成，家贫难以为继，后到乐从镇路州村。16岁那年，经人介绍，她与乐从人陈兆权结为夫妇，次年（1936）随夫远赴

21世纪初，何次成老人与自己当年的画像合影

留尼汪。早在清末，陈兆权三个叔叔已在留尼汪，陈兆权早年在叔叔店铺打工。何次成后为助产士，所得收入为几瓶白酒；不久，夫妇独资经营杂货店。因每天应对各种客户，何次成渐通简单法语。抗日战争胜利后，他们返回路州。1948年，他们投资鱼塘与甘蔗种植，因战争动荡，甘蔗无法销售；1949年，遭遇洪水，塘鱼无踪，多年积蓄，几乎荡然无存。中华人民共和国成立后，他们躬耕田埂。因早年国外经历，所见所思，开阔深沉。其子女七人，既有农民、军人，也有医务工作者、村干部，第三代多学业有成，分布于世界各地，成为一段浓缩的海外移民史。

3. 乐从镇腾冲村

路州人周汉威早年远赴南非，为店铺职员，几十年辛苦积攒，50岁回乡，与乐从镇腾冲村（现为社区）女孩刘秀嫦结婚。刘秀嫦早年在香港银行任职员，婚后与丈夫同回南非，晚年回腾冲村安享岁月。如今，其后人分布腾冲与路州。

1939年，顺德沦陷后，顺德人涌向东南亚与非洲国家，寻找他们的亲朋，成为接续顺德海外移民史的重要力量，也为后期顺德的发展打下扎实的基础。

在顺德，这样普通寻常的人生俯仰可拾。它们如点滴碎石，铺垫着自己的人生，更汇成顺德海外移民的历史长河。

周汉威与刘秀嫦合影——（黎淑贞供图）

4. 勒流街道勒北村

1935年，勒流（现为勒流街道）勒北村人麦景陶为一家生计，远涉重洋，赴越南西贡（今胡志明市）谋生，代人打理"南安"腊味与大米生意，安宁小康。后太平洋战争爆发，1941年，日军入侵越南。麦景陶辗转找到远在泰国谋生的姐夫吴渐益，请他帮助其妻卢惠然携五个儿女搭乘货轮，后历尽艰险，返回故乡勒北村。他本人在清理店铺账后赶回家乡。麦景陶从越南西贡回国后，一直在香港打工。1952 年，其子麦永辉参加中国人民志愿军抗美援朝。麦景陶回乡勒北参加生产劳动。1975 年去世。

麦景陶远赴越南时全家合影——（麦立军供图）

（三）顺德人精神特别呈现

槟城（马来西亚 13 个州之一）顺德会馆始建于道光十九年（1839），租赁义兴街 60 号屋宇为馆址，举行春、秋二祭，祭祀先人，更延续开灯分肴古礼，后会员渐多。

道光三十年（1850），购漆木街 80 号作为新址，正堂悬"光远堂"匾额。光绪十一年（1885），墙残屋破，沙滘村人陈文泰捐款 2000 元重新修缮。1919 年，设留医所，以解乡人疾病。1922 年，购入西嘟年街 13 号屋宇，乡人廖桂生倡议另购大屋，作为会馆永久基业。1927 年，他们以 2 万元购入爱情巷 51 号物业，作为新会所。1928 年 12 月 10 日，会馆与卫生所揭牌。

马来西亚槟城顺德会馆——（伦教街道文化站供图）

1941 年，日军占领马来西亚，乡亲刘占拱、许润珠筹集资金，缴纳巨款，力保会馆存留。其间，许润珠、刘世伦、胡兆祥、廖桂生、卢满维、吴乃贤等勉力维系会馆运作，功德无量。

抗日战争胜利后，廖桂生主持会馆复兴。会馆由廖桂生、许润珠、胡兆祥、叶寿宽、罗伯礼、梁维元、刘新明、刘五根、黄善陶、黄应祥、黄伟根、吕植华、刘占拱、刘世伦、谭祺开、董锦滔、董庆滔、陈应森、黎振华、田致安等捐资力助，于 1946 年 4 月 24 日举行复兴典礼，音乐剧务组与妇女组同时成立。

1947 年廖桂生约请谈建侯、卢满维、胡兆祥、叶寿宽等劝请卢缉甫出任会长。

卢缉甫（前排右第五）在会馆与同人合影——（伦教街道文化站供图）

卢缉甫扩建卫生所，设立奖学金，令老有所安、少有所向，会员多达千人。1949 年，卢缉甫等在会馆后街名吉冷街（Lebuh Kelang）25 号设卫生所。1953 年，在廖桂生建议下，会馆设关帝组作为同乡福利互助组织，并于农历六月廿四关帝诞举行联欢。1961 年，成立升学奖励金小组委员会以奖励精英学子，周葆恒为主任。1963 年，卫生所由高仲侯任总务、卢佐虎任副总务、梁维元任司礼、廖大勇为财务总管。1965 年，由高仲侯捐款，粉刷卫生所。1965 年，卢缉甫、周葆恒出资购买房舍，扩充卫生所，供乡亲治病所用。1965 年，冯绳伯任会长、周葆恒任总务、高仲侯任财务总管。后成立重修会所委员会，冯绳伯为主任、周葆恒为总务、廖大勇为财务总管，重修费用高达 2 万元，主任冯绳伯与总务周葆恒首捐巨款，乡亲踊跃捐助，会馆得以重修，焕然一新。1967—1973 年，拿督（马来西亚的一种头衔）岑亚就任会馆正会长。1974 年，良教村人、拿督何海天获任正会长，扩大妇女组，其夫人、拿汀（拿督妻子专用头衔）周兰芬任妇女组主任；后李金萍、李敏玲先后任此职。会馆后成立基金会，运作稳健，延续至今。

马来西亚槟城顺德会馆关帝组香油捐赠空白收据——（顺德华侨博物馆供图）

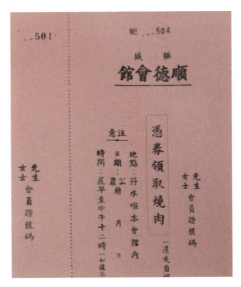

马来西亚槟城顺德会馆领取烧肉凭券

——（顺德华侨博物馆供图）

槟城顺德会馆近 200 年历史，是顺德人海外谋生、奋斗、崛起、壮大的缩影，是顺德人坚忍、不屈、柔韧、上进精神的折射。他们保存和传承的古老文化与风俗，不断自我突破的轨迹，更是体现出顺德人不囿于有、追求完善的精神。

几百年间，顺德人分布于世界各地，将顺德精神、岭南文化、中华文明化作风种子，撒播天下，更在春风秋雨中生根发芽，含浆拔节，生出满目萋萋，春风一片。

三、清光绪、宣统年间

在顺德人心目中，出洋谋生，经营海外产业，成为与科举时代金榜题名并行的一条暗线，也是一条更清晰而直接的人生大道。只需要勤奋、不懈、节俭、乐观，便可目睹和触摸到辛劳成果，远离科举要求的学力、运气、资财，以及胜负未卜的结果。因此，扬帆出海，劳作海外，成为大多数乡民愿意选择的人生道路。

光绪年间（1875—1908），顺德人赴港渐多。他们设绵远堂，以联络乡情，整合资源，守望相助。宣统二年（1910），他们在香港设立顺德商会，联手共进，开发产业。

《顺德县志》记载："龙山人谭氏，其丈夫杨祥云经商于香港九龙关。谭氏十九岁，丈夫去世，留下幼子杨文忠。孤独无凭，独力谋生，后将儿子寄养亲戚家，入英国人维剌氏家中为佣人。"维剌氏行医香港，其妻子深怜谭氏，遂教她英文和医学及接生手法。谭氏潜心随学 5 年。维剌氏返回英国，谭氏也跟随遍游英、法等国，学识大增。几年后，谭氏返回香港，带杨文忠远赴日本横滨。杨文忠出任英国轮船公司经理，一切稍安，却不幸英年早逝，遗下 3 个儿子，谭氏倾力抚养。

谭氏在横滨坐诊治病，无论贫富，一视同仁，更为贫苦者免费施药。当地华人，每病必往，深为依赖。谭氏年过 80，仍扶杖行医，更深忧国家积贫积弱，呼吁改革求新，自我图存，为当时深具见识之女子。

光绪七年（1881），乐从镇腾冲人刘乐抵达留尼汪（法国的海外省，位于印度洋西部，地理上属非洲），杨滘村人马泽扎根印度尼西亚。

光绪十年（1884），沙滘村人霍基、蒋胜等人因不满官府而逃往海外，在毛里求斯落脚生根。后霍基和"大禹"转移到南非。"大禹"可能是最早到达南非的良教良沙村人。蒋胜、蒋绍父子先后开办胜记、协记土产杂货店，为毛里求斯著名华人商号。

旅居毛里求斯的霍耀湘为霍基之子，20世纪初开办亚东饭店，名声远播。乡亲寄信到毛里求斯，只要寄交亚东饭店，再由亚东饭店转给亲人，必能送达，后成乡亲联络点。霍耀湘也成为当地侨领。

光绪十二年（1886），均安镇沙头村女子黄银欢、黄润金、黄就算跟随水客远赴新加坡，成为有文献记载最早抵达异乡的顺德女性，也开创顺德自梳女海外谋生历史。

光绪十六年（1890），沙滘村人陈敖从马来西亚辗转来到马达加斯加（位于印度洋西部的非洲岛国）寻求发展，可能是到达此国的第一位中国人。不久，陈良等人也相继抵埠。大致同一时间，乐从镇良教村人霍泽的祖父前往南非或毛里求斯。

光绪十九年（1893），乐从镇杨滘村人马礼（1876—1927）前往毛里求斯，后转至特立尼达和多巴哥，初设餐馆，后办公司，经营进出口和种植园，1918年获当地铁路经营权，曾在家乡开办公益事业。

宣统三年（1911），大批顺德民众来到马来西亚，投奔

始建于1896年的留尼汪乐从沙滘祠堂——（陈淑思供图）

17

30 年前已扎根此地的乐从镇人霍三，从事矿业。

自光绪十年（1884）开始，人们以足踏缫丝机代替手车缫丝机，产量大增。光绪十二年（1886），全顺德机器缫丝产量为 2.2 万担、1140 吨。次年（1887），全顺德有机器缫丝厂 42 家，占全省九成。宣统元年（1909），顺德丝厂总产量为 2500 吨，值银 5000 万两。宣统三年（1911），全顺德有机器缫丝厂 142 家，职工 6.4 万人。

目睹家乡丝业的高速发展和巨大的利润空间，从光绪六年（1880）起，来自海外乡亲的资金开始大量流回顺德。早期建设的企业为大良的顺成昌缫丝厂、如意纶缫丝厂、公和祥缫丝厂、万宝成缫丝厂、广经昌缫丝厂。

海外现代技术与资金的引进，令顺德进入快速、高质量发展的新阶段——（陈忠烈供图）

后来，来自世界各地的资金继续涌进顺德，大批机器缫丝厂房散布各镇。人们通过经营丝业与借贷业，再度打破国界限制，构成一个以生丝为主体的庞大产业，延伸到金融、外贸、机械制造等领域。人员的流动与迁徙，成为清末到民国时期常态。它在活化经济与优化社会结构的同时，也书写着顺德海外移民史厚重而生动的篇章。

顺德人在投资家乡的同时，也致力于所在地的社会发展。北滘镇高村人何老桂（？—1888），澳门公钞会首位华人成员，积极参与澳门慈善活动，政府授予他"耶稣基督骑士勋章"，并将一条街道命名为"何老桂巷"。其子何连旺（1855—1931），企业家、商人，澳门城市卫生防疫公会会长；支持变法维新，与梁启超在澳门创办《知新报》；开设澳门大同女学堂。为纪念何连旺子承父业对澳门慈善公益事业的贡献，政府将一条街命名为"何连旺街"。

四、民国至中华人民共和国时期

抗日战争、解放战争期间，乡民涌入香港，或开设店铺，或打工谋生。他们大多从事金融、珠宝、房产、贸易、饮食、制造等行业，不少人成为不同产业的巨子，为顺德几十年后的发展奠定深厚经济基础。

20世纪30年代，大批丝厂倒闭，失去工作的女孩们相约结伴外出打工。她们先到佛山（指今佛山市中心，不含南海区、高明区、三水区、顺德区）、广州，后到香港、澳门，再走出国门远赴新加坡、马来西亚等地，在富裕家庭中当佣人。在南洋，人们称她们为"过埠姑婆"。

早年，顺德女孩来到澳门，寻找发展机会——（周志锋摄）

来到新加坡大户人家工作的均安女孩——（均安镇仓门社区欧阳叶宽供图）

勤敏简朴的自梳女深受东南亚中产阶级家庭欢迎——（黄艳雯供图）

来到澳门、香港的自梳女为大户人家小姐或夫人梳头理鬓，散发挽髻，任贴身梳佣。

她们分普通与富家梳佣两种。前者只为普通女子梳发挽髻，年稍长者充当大妗姐；后者则貌美人俏，语言乖巧，为女主人打理内室，侍奉左右，即"近身姐"。她们收入丰厚，更与女主人形影不离。

清末，曾有诗歌描述她们："妈姐梳头出意新，语音半是凤城人。邀来休论金多少，只要风姿解效颦。""凤城"指顺德，凤城话为顺德正宗方言。"休论金多少"可见人们对凤城妈姐梳头技艺的高度认可与不计成本，折射出手艺高超的梳头妈姐的受追捧程度。这是一个庞大群体，但一直不为人们所留意。她们的可观收入为家庭提供稳定经济来源。

来到南洋的自梳女坚持以独身的身份出任这些家庭的佣人。手脚麻利、干净利索、聪敏机巧、心无旁骛、善解人意的她们更从不背后搬弄是非，深得当地家庭欢迎，人称"妈姐"或"顺德妈姐"。

自小便随母亲或姐姐摘菜切瓜、

烹鱼灼虾的她们保持着对物料的尊重，由此形成物尽其用的风格。也正是如此，她们才对物料的特性有更精致入微的认识，了如指掌，达致味尽其味、味外至味的微妙效果。如她们拿手的煎焗鱼头，两侧鱼头，一煎一焗，各取所需，既可啖其焦香，又可赏其肥腴，绝非妙手偶得，实则匠心独运，顺德味道早已隐身其中。人们从中可品出顺德人粗料精制、物尽其用、推陈出新、别出心裁的饮食风格。

此外，荷香鱼、荷香冬瓜卷、鱼羹、鱼腐、炒水蛇丝、水蛇肉饼、黑椒炒肉蟹、鲍汁花菇柚皮、煎焗酿鲮鱼等顺德技法，中西合璧，融为一体，也令她们在李光耀、陈嘉庚、包玉刚等名人家中独享地位，更令当时上流阶层以拥有擅烹佳肴的妈姐而竞相媲美。如今，在东南亚，不少老人仍对当年的妈姐菜津津乐道。

顺德自梳女们谨守独身，洁身自好，既不用分心顾家，也无需谈婚论嫁，品性纯洁，举一反三，成为女主人最放心的佣人。这是她们深受欢迎的深层内因。

她们平时买菜做饭、洗衣清洁，带小孩，看家门，照顾主人饮食起居，随主人的喜怒哀乐和需求调整心态与工作方式。虽烦琐重复，但她们以乡村女性独有的细腻与温婉、纯朴与勤快、坚忍与忠诚，为不少家庭增添一股充满生机的活泼向上的气息，特别是与主人天长日久的朝夕相对、合舟共济。她们以充满乡土气息的敏慧阔达、沉着冷静、乐观淡泊，共生成一个家庭愈发珍贵的文化品格，获得主人超越血缘的信任与依赖。

她们一生侍奉和抚养主人数代家人，渐成家庭中备受尊重的长辈，从外来者蜕变为自己人，更超越血缘的阻隔成为家庭另一个潜在核心：她们既是女主人的佣人，又是女主人的大

自梳女为家族、大户人家照料小孩，深受尊重
——（黄艳雯供图）

仪态端庄的自梳女成为当年东南亚迷人的风景
——（黄艳雯供图）

姐；她们既是男主人的仆人，有时候又是他们的大姐或小妹。

身处海外的自梳女将昔日劳作的地点移动到千里之外，但其为家庭提供资金与抚养后代的角色从未改变。相反，她们因收入的提升而成为更主要的经济支柱，成为兄弟或子侄升学、结婚、建房的重要经济来源。她们的压力非昔日在家中可比。她们也有怨言，更有愤恨，甚至拒绝家庭成员的无理要求，但她们的母亲从来不会来信，这倒让她们更心疼与记挂。

此时，她们真正获得传统的"独身养家"身份，其实是来自对纯粹道德的坚守与对父母的尊重。乡间例规与族权或父权在遥远的南洋已不足为道，但她们的自觉守诺与动心忍性，却显得更崇高与纯粹。这正是她们获得乡间亲人与社会民众尊重的重要原因。

均安镇沙头村一女孩当时远在印度尼西亚，端庄清秀，与一位医生两情相悦。她去信父亲，征询结婚意见，但父亲不作任何回应。女孩就一直去信，焦灼地等待父亲首肯回音。一直到最后，始终没有获得父亲允许的女孩子只得痛苦地与医生分手，成为她一生最为哀痛的情事。她深深怨恨更无法原谅自私的父亲。最终，她默默孤独一生。

在海外劳作一生的自梳女，成为顺德海外移民史上独特而令人敬佩的群体——（均安镇沙头村委会供图）

　　然而，她们对家庭与亲人的牵挂从未中断。特别是抗日战争时期、经济困难时期、改革开放初期，她们为亲人寄回晒干的米饭、干净的衣服、大罐的生油、香脆的饼干，维持着家人的生活，成为艰苦年代不可或缺的物质来源和精神支撑。如今，不少人仍津津乐道当年收到姑婆们寄来包裹时的兴奋与自豪。

　　进入21世纪，大批自梳女渐入垂暮。她们因国籍问题而难以在国内享受医疗、社保、分红等福利。2009年，均安镇联合顺德区外事侨务局、顺德区侨联，向公安部门递交申请，希望按特殊情况处理，恢复这些老人的中国国籍。后经各方推进，2011年，欧阳琼等14位老人恢复中国国籍，这令她们更安心地享受晚年生活，也是家乡后辈对她们一生奉献的真诚敬意。

2011年，重新获得中国国籍的顺德自梳女们——（均安镇沙头村委会供图）

附录：相关历史图片资料

1994 年马来西亚雪兰莪顺德会馆区焕全会员证，内附会员月捐收条——（顺德华侨博物馆供图）

1980 年马来西亚雪兰莪顺德会馆冯忠诚会员证，内附会员月捐收条——（顺德华侨博物馆供图）

马来西亚霹雳顺德会馆同人合影翻拍资料照片——（顺德华侨博物馆供图）

马来西亚霹雳顺德会馆翻拍资料照片——（顺德华侨博物馆供图）

马来西亚霹雳顺德会馆旧图——（顺德华侨博物馆供图）

香港长洲会馆创始人冯振威
——（顺德华侨博物馆供图）

19世纪居住在美国的顺德人——（顺德华侨博物馆供图）

20世纪初顺德人在非洲开设店铺
——（顺德华侨博物馆供图）

非洲当地人到顺德人开设的店铺购物
——（顺德华侨博物馆供图）

乐从镇上华陈氏家族在马达加斯加设立上华别墅，联
系同乡，传承文化，教育后代——（顺德华侨博物馆供图）

20 世纪 70 年代顺德人在香港——（黎淑贞供图）

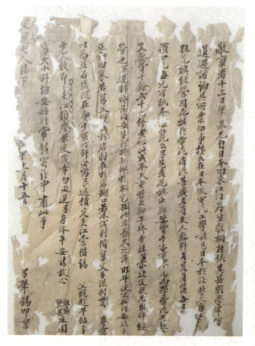

这是一位从日本回来的乐从镇良教村乡亲在 1908 年建议族人到美国经营实业的信件，可知当时顺德人行走天下，开眼望洋——（何启松供图）

20 世纪 70 年代生活于香港的顺德女孩——（邓巧儿供图）

顺德女同乡聚会——（顺德华侨博物馆供图）

同乡合唱——（顺德华侨博物馆供图）

武术表演——（顺德华侨博物馆供图）

马来西亚雪兰莪顺德会馆同乡合影——
（顺德华侨博物馆供图）

顺德会馆旧图与文艺活动——（顺德华侨博物馆供图）

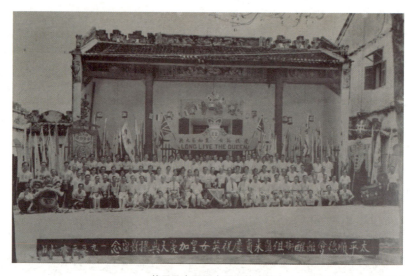

昔日马来西亚太平顺德会馆——（顺德华侨博物馆供图）

今日马来西亚太平顺德会馆——（顺德华侨博物馆供图）

马来西亚雪隆顺德会馆——（顺德华侨博物馆供图）

马来西亚霹雳顺德会馆——（顺德华侨博物馆供图）

第三节　英才渐出

散布各地的顺德人，以顽强与坚忍，深耕本土。他们迎风冒雨，笑傲霜雪，更绽蕾吐艳，展现出生命的亮丽色彩，为所在国、祖国贡献深远，成为引人注目的群体。

一、经济贸易领风骚

（一）南洋巨商陈文泰

陈文泰，乐从镇沙滘村人，1850年出生，"业矿南洋，多获巨万，知人善任，尤其所长"。清末，陈文泰父子出巨资参与建造陈氏大宗祠。凡乡中创办书院、善堂、修路、建桥、施药、救济，陈文泰父子无不积极捐款。清光绪二十九年（1903），陈文泰获朝廷赐"乐善好施"牌匾。

乐从沙滘陈家祠在陈文泰倡议和捐资带动下顺利落成

（二）儿科圣药制造者马百良

马百良，乐从镇杨滘村人，1822 年创立马百良药店，享誉清末岭南，素称"儿科圣药"。其通关散、盐蛇散、回春丹、附桂理中丸、六味地黄丸、熊胆丸、发汗酒等成药，素为良药。抗日战争期间，马氏家族南移香港，在上环开设马百良药铺，东南亚商家都慕名进货，深获清誉。"北有同仁堂，南有马百良"的嘉誉令其成为华人世界的居家名药。如今，"马百良"已是香港著名医药品牌。

马百良及其家族积极参与家乡慈善公益

（三）顺德首富何鸣石

何鸣石，伦教街道羊额村人，1886 年出生，12 岁随父远赴马来西亚，后接任怡保（霹雳州首府）何广昌金铺经理。其业务延伸到缫丝、绸缎、米机等，分店遍布太平（霹雳州城市）、怡保和棉兰（今属印度尼西亚北苏门答腊省），顺德的大良、勒流、容奇，以及广州、香港等地，成为顺德首富。

中西合璧的鸣石花园，成为中外文化交流的园林典范——（李清华摄）

何鸣石慈怀善德，无私帮助谋生乡亲，后成立马来西亚霹雳顺德会馆，出任会长。他接济穷困，联络乡谊。后在家乡羊额村祖居重建房舍，称"鸣石花园"。此为顺德典型中西合璧建筑，也是中西文化交融展现地。2000 年，政府征得现居马来西亚的何鸣石孙女何芷莲同

33

意，对其修缮一新，现为顺德著名景点。

（四）矿业巨子陈占梅父子

据《顺德县华侨志》记载，陈占梅（1875—1944），顺德县桂洲镇人。1880年赴马来西亚，后归国完成学业。1892年返吉隆坡，后赴新加坡学习商道，5年后回吉隆坡，应陆佑聘，任芙蓉富生锡可矿办事处书记。此后，他潜心矿业，先后独资、合股经营合益、万发、占利锡矿，员工超千人，成矿业巨子。后任马来亚（Malaya，即今马来西亚的半岛地区）矿务总局董事、中华总商会董事。

陈占梅早年参加民主革命。孙中山、黄兴、胡汉民等暂居其家期间，陈占梅协助组织吉隆坡同盟会，任同盟会雪兰莪支会总干事，创办《益群报》。1923年回国任盐务总办；1925年任大元帅府参议；1931年任侨务委员。七七事变后，在马来西亚号召华侨支持抗日，率先捐出上万元作筹款基金，后任南侨筹赈总会主席团兼常委、雪兰莪华侨筹赈中国难民委员会常委、广东省政府参议兼广东筹赈会委员。陈占梅热心公益，捐资教育、慈善，为慈善名家。历任吉隆坡坤成女校总理、人镜剧社社长、广肇会馆总理、雪兰莪广东会馆受托人等。

陈氏有五男五女。长子光汉、四子强汉承接父业，经营锡矿，皆为马来西亚拿督、著名矿业家与华人领袖。

陈光汉（1909—1978），生于吉隆坡。1933年协助父亲经营矿业，为马来西亚著名侨领。陈光汉独资经营占利锡矿，后任雪森彭（指雪兰莪、森美兰、彭亨）矿务公司副总经理、雪兰莪铁船有限公司董事主席、全马华人矿务总会会长、雪兰莪华人总商会会长、马华商联会主席、马来西亚各民族商会联合会主席、雪兰莪顺德会馆主席等职。1948—1954年任吉隆坡市和雪兰莪州议员，1959—1978年任马来西亚国会上议院议员。1965年获最高国家元首颁授J.M.N勋衔，1970年获雪兰莪州苏丹颁授D.P.M.S拿督勋衔。

（五）创立药行的梁润之

梁润之（1896—1971），伦教羊额村人，壮年时远赴新加坡创梁介福药行和文氏兄弟制药公司，分设药厂于新加坡、马来西亚和中国台湾、香港等地。同时，梁润之在新加坡兴办报业。曾任新加坡中华总商会董事、广东会馆董事、中药入口商会董事、广惠肇方便留医院董事、顺德会馆主席、南华女中董事长等职。

创立斧头标驱风油的梁润之——（伦教街道文化站供图）

（六）首家华人银行创立者简东浦

在顺德本地金融业随时世变化的同时，远赴港澳的顺德人施展自身的金融经营才华，在香江开辟一条不同寻常的道路。

简东浦（1888—1963），勒流街道连杜村人，早年留学日本。后入日本正金、万国银行工作。1918 年，简东浦集资 200 万元在香港创立第一家华资（指由中国人出资，全书同）银行——东亚银行。西方完备的银行体系和金融资本的现代运作，令其在大变革时代成为香港"最稳健、实力最雄厚的华资银行"，也成为华人最乐意存款的金融机构。

他更在香港九龙、广州、越南河内等地设立分支机构。1920 年，他在上海设立内地最早华资银行。1935 年，东亚银行大楼矗立在香港皇后大道中，成为当时香港最高建筑物。

（七）南洋卷烟业巨子卢枢机

卢枢机，又名卢南亨，伦教羊额村人，早年赴新加坡、马来西亚谋生。1925 年创立南洋卷烟有限公司，生产知名品牌吕宋烟，行销南洋。

卢枢机——（伦教街道文化站供图）

（八）社会名流卢缉甫

卢缉甫（1905—1986），伦教羊额村人。1924年远赴马来西亚任店员，1931年合作经营绸缎、金饰。卢缉甫热心公益，历任槟城顺德会馆会长、金银商业工会主席、中华总商会董事。1967年获马来西亚政府颁发勋章。

（九）海外英才　群星璀璨

从清末到民国初年，大批顺德人扎根世界各地，艰苦创业，渐积财富，慷慨捐资，经营社团，更以身作则，投身公益与正义事业，率领民众砥砺奋进，成为不同地区与不同领域的首领和先

对马来西亚与家乡伦教贡献深远的卢缉甫——（伦教街道文化站供图）

锋，为时代做出杰出贡献。现根据1990年1月《顺德修志》第五十期对顺德杰出华侨的记载，略作删减修改，呈现如下。

周敬梁（1879—1958），号调发，乐从镇路州村人。1895年赴旧金山，1900年创办工衣制造厂，历数十年而崛起。历任顺德行安堂、三邑总会英文书记及值理数十年。

何卓竞（1880—1922），1908年赴加拿大温哥华任维新会《日新报》主笔，旅加8年编成《加拿大志》。1916年移居旧金山，任中国邮船公司书记，编有《中国邮船公司报告录》。1920年任旧金山晨钟学校校长。

李星南，勒流街道江村人。新加坡巨商陆佑助手。辛亥革命前，主持新加坡广肇会馆，常与革命党人接触，介绍陆佑、邓泽如与孙中山认识，并参加革命。孙中山就任临时大总统时，授予李星南六等嘉禾章。

何国廉（1886—?），乐从镇良教村人。怡保兴和鞋店东主，霹雳顺德会馆元老，贡献良多。1977年，91岁高龄的他尚精神矍铄，荣获霹雳顺德会馆"寿

星公"美誉。

何国柱（1887—1983），乐从镇小布乡三社坊人。南非华侨，后居中国香港。他一向热心家乡公益事业。20 世纪 30 年代，何国柱筹款铺建三坊街巷，发动华侨捐款购粮赈灾逾十万斤；40 年代，何国柱为桂圃小学募捐经费；50 年代，何国柱捐款修建乐从医院，又赠送三部汽车给家乡；1957 年，何国柱当选顺德归国华侨联合会首届主任。

梁荫芝（1889—1960），乐从镇良教村人。早岁，梁荫芝从澜石梁芳洲习医。1911 年，梁荫芝应聘为马来西亚霹雳霍广益矿务公司书记；1912 年加入同盟会，后转赴南非。1942 年，梁荫芝回乡，为时驻顺德的广州市区抗日游击队第二支队（简称"广游二支队）医务。他一向热心家乡公益事业，为创办乐从同仁医院筹款，在良教村开办夜校，办理赈济村民工作。

陈信宁（1889—1971），乐从镇沙滘西村人。陈信宁早年赴留尼汪为雇工，后为著名侨商，曾任中华总商会秘书长。抗日战争期间，陈信宁任华侨救国后援会会长，办报宣传抗日。1956 年，陈信宁举家回国，定居县城，向县华侨投资公司投资 10 万元，为全县最大股东。陈信宁曾连任省政协委员、县政协副主席。

黎东生（1889—1981），乐从镇路州村人。1909 年，黎东生赴毛里求斯；1922 年在路易港开办保寿堂，经营药材、杂货；1928 年倡办培英小学，自任董事长、校长。1937—1941 年，黎东生任华商总会会长。抗日时期，黎东生任抗敌后援会总务主任等职。1943 年后，黎东生任南顺会馆会长、关帝庙董事会会长。

冯绳伯，大良街道隔岗人。冯绳伯早年在上海、澳门、槟城经营烟酒，抗日时期在怡保开办星宝酒行，任董事长。冯绳伯热心家乡和华侨社会公益，为怡保中华医院和霹雳、太平、槟城顺德会馆永远名誉会长、会长。

杨教忠（1899—1976），容奇人。杨教忠早年初到新加坡开设杨教记，从事建筑修葺，后为建筑商，后历任新加坡建造行主席、顺德会馆主席等。

何耀平（1911—1965），伦教街道羊额乡人。何耀平 14 岁到马来西亚为金饰工人，1937 年与兄在新加坡创办安昌金铺，后设分店并经营汇庄物业。何耀平曾任新加坡广帮金饰商会会长、顺德会馆主席。

梁汝彬，伦教人。梁汝彬 17 岁赴新加坡，后在马西来亚从事金饰珠宝业，1942 年于怡保创立信益金碷行。梁汝彬历任马来西亚金商公会主席、兵如港马华公会主席、顺德总会和霹雳顺德会馆会长等。1977—1979 年，梁汝彬获霹雳州苏丹颁授 PJK 勋衔及国家最高元首颁授 AMN、KMN 勋衔。

梁根（？—1940），陈村镇大都乡人。梁根早年赴马来西亚，1910 年在霹雳经营木材业，后发展至五金、自来水公司。梁根为霹雳顺德会馆创办人之一，任会长多年。

黄健臣，勒流街道黄连乡人。怡保永康保险公司东主。黄健臣热心公益事业，历任各慈善团体要职，曾任霹雳广东会馆会长、中华总商会董事、顺德会馆会长。黄健臣获霹雳州苏丹颁授"太平局绅"。

陈礼纯（1915—1986），乐从镇沙滘福南村人。1934 年，陈礼纯赴马达加斯加继承父业，经营"同昌泰号"，收购土特产。抗日战争时期，陈礼纯率先发起义捐救国活动，成为当地华侨抗日救国总会领导人之一，曾任当地华侨总会会长，参与创办华侨学校。1981 年，陈礼纯回乡治病，数年后逝世。

二、政治民生倾心力

（一）孙中山法文秘书韦玉泉

韦玉泉（1890—1945），乐从镇路州村韦家坊人，生于留尼汪，父亲韦坤，母亲马利奥利维亚（法国人）。韦玉泉求学于巴黎大学，后定居广州，曾任孙中山法文秘书；后远赴上海，任《中法新汇报》主笔。当时，孙中山、宋庆龄就住在报社楼中。凡是他们的信件，均以韦玉泉的名义寄出和收取。宋庆龄晚年还特意回忆此事。孙中山病重时，韦玉泉与杨杏佛等人负责接待中外记者。孙中山去世后，韦玉泉潜心从事出版工作。

（二）留尼汪侨领刘文波

刘广源，字文波，乐从镇滕冲人，系留尼汪侨领。1916 年在圣但尼市（Saint-Denis）成立的中华会馆由刘文波任首任会长。[①] 他于 1922 年当选为圣但尼市参议员，成为第一位参与留尼汪社会管理的中国移民，也是第一位进入此国政界的顺德人。他对当地影响深远。当地政府后来将一条街道命名为"刘广源街"，以表彰其突出贡献。

（三）华人领袖霍恩祺

霍恩祺，乐从镇人，生于1911 年。曾任毛里求斯南顺会馆会长、华商总会会长。霍恩祺长期致力公共交通发展。1965 年，当选为路易斯港市议员，1967 年任路易斯港市市长。1967—1976 年，作为路易斯港市中南区代表，霍恩祺成为毛里求斯国会议员。

霍恩祺积极奔走于中国、毛里求斯之间，促成佛山市与路易斯港市结为姊妹城市，推动两地文化经济交流。

霍恩祺——（顺德华侨博物馆供图）

（四）国家荣誉获得者陈福胜

陈福胜，乐从镇沙滘村人，1935 年来到马达加斯加。第二次世界大战期间，他深感土地有潜在价值，趁低价投资地产，开启山林，后专营贵重木材出口。

---

① 详见李安山：《非洲华侨华人史》，中国华侨出版社，2000 年，第 361 页。

为马达加斯加做出重要贡献的陈福胜——（乐从镇宣传文体旅游办公室供图）

何海天——（顺德华侨博物馆供图）

他种植甘蔗，开设酒厂，渐积财富。1959年马达加斯加大水灾，陈福胜组织华侨与本地民众消除水患，重建家园。1960年，马达加斯加宣布独立。作为华侨首领，他号召华侨积极支持总统齐拉纳纳为首的政府，捐款支持社会建设。1963年获马达加斯加"功绩骑士勋章"；1964年获"大摩洛哥明星骑士勋章"；1989年获马达加斯加"大将士衔民族勋章"。他是第一位获该国国家荣誉的乐从人。

（五）槟城侨领何海天

何汝涛，字海天，乐从镇良教村人，生于1920年。约1939年，何海天来到马来西亚槟城，经营中药。40多年间，精专此业，质优信良，名闻远近。

何海天急公好义，致力慈善，贡献卓著。1976年获槟城州州长颁授PJK勋衔；1983再获州长颁授PKT勋衔；1986年7月16日荣获州长颁授"太平局绅"（JP勋衔）。

作为马来西亚侨团重要领袖，他不仅联络各方，更倾心华文教育，潜心延续传统文化教育。

何海天参与捐建的家乡建筑

（六）"香港金王"胡汉辉

胡汉辉（1922—1985）之父早年在广州创立"儒记丝绸庄"。抗日战争爆发后，胡汉辉辗转入港，就读新闻学院，成为该校首届毕业生。毕业后勤奋工作，后入外汇公司。他于1950年创办"利昌金铺"，经营黄金买卖。因预测精准，获利渐丰。他1955年加入香港金银业贸易场并任理事，1964年出任副理事长，并于1970年任理事长，自此连任16年。

因长期深耕理论又具备丰富的实践经验，胡汉辉视野开阔，友交广泛，涉足地产、证券、投资等领域，加上他性格平淡谦和，处事稳健睿智，见识深远，常以个人魅力与经济实力促成国际金融巨头落户香港，推动香港金融业发展，有"香港金王"雅称。

1981年远东、金银、香港、九龙四家证券交易所合并时，胡汉辉众望所归，出任过渡委员会主席。香港联合交易所成立后，胡汉辉当选为第一届主席。1977年香港商品交易所成立，他出任副主席。1983年胡汉辉与金融巨头们协助政府拟定中英双方联合制止外汇投机、港元兑美元固定汇率挂钩等方案，其杰出贡献深得同行敬重。

第四节 正义斗争

> 顺德乡亲对故乡感情真挚。他们更希望通过彼此努力，改良制度，优化民生，天下为公，民安众乐。从反清革命运动到抗日战争，一直到解放战争，顺德华侨不畏艰险，投身其中，书写顺德历史夺目篇章。

一、支持孙中山

支持孙中山革命的杜南

杜南（1854—1939），出生于顺德，19世纪吉隆坡著名教育家，曾在吉隆坡创办男女兼收的新式学堂"杜南学校"。孙中山曾师从杜南研读中文。后孙中山在吉隆坡从事革命运动，杜南全力支持，更筹措资金，招募义士，致力正义斗争。

二、支持民主革命

清末，杏坛镇北水村人尢列早年经营蚕业，支持孙中山革命运动，后居香港，积极协助孙中山成立兴中会总部，并加入同盟会。他常年奔走于南洋诸岛与日本，宣传民主，呼吁变革，与孙中山、陈少白、杨衢云并称"四大寇"。

1896年，杨衢云在南非何彼得马尼士堡和约翰内斯堡成立兴中会，一批顺德人庄严加入。他们是商人马学方、何益、江均与工人陈妹、何炽、何禧、梁伯桂。他们积极捐资，支持孙中山民主革命。

43

三、不畏牺牲参加斗争

北滘人周之贞早年旅居新加坡。1911年4月，周之贞回国参加广州黄花岗起义，担任敢死队成员，浴血奋战，顽强不屈。同年9月，他与李沛基炸毙清政府广州将军凤山，有力震慑清军。辛亥革命后，周之贞督办肇庆、阳江、罗定一带军事管理，有条不紊，纲举目张，后参加讨袁、护法斗争，成为正义斗争积极参与者。

1894年，乐从镇路州人黎耀坡抵达南非。为支持孙中山民主革命，他变卖店铺，以资金支持革命。他还秘密回国，参加斗争。中华民国成立后，黎耀坡获铜制"革命军功牌"一张，上刻"光复中华民国，华侨炸弹队"。可见他铁肩担道义，为国奋勇先。至今，这一军功牌成为黎氏家族珍贵传家宝。

四、呼应正义运动

早期，大批顺德人积极参加兴中会和同盟会。他们虽然散布各处，但如星星之火，点燃各地，成为正义斗争领头羊。如何炽、何益、陈妹、马子方、霍荫枝、霍秀石、霍起来、杨寿彭、胡心泉、陈祖颂等华侨，以及旅居港澳地区的卢信、廖平子、罗景泉、梁壁联等，成为呼应革命运动的重要力量。

五、一战英雄刘养成

据美国学者黄倩、乐从腾冲刘瑞琼的文章记载，美籍华裔刘养成（1896—1967），小名"成记"，历史记载译名"刘成基"，顺德乐从镇腾冲村人。

刘成基出生在加州圣何塞西南的萨拉托加（Saratoga），父母于1891年前自广东顺德前往加州。1917年，刘成基在纽约市应征入伍。其所服役者为美国远征军第77师，306号步兵团，G连。

1918年8月14日，刘成基所部驻扎在法国北部圣母山村。战斗一开始，德国军队就以每分钟30发炮弹发起攻势，并释放毒气。当时阵地上共有通讯兵20名，刘成基为其一。很快，战友们就纷纷倒下或受伤。战斗艰难延续到第二天下午，刘成基也身染毒气，但他强忍剧痛，冒着枪林弹雨，坚守三天三夜，更独自支撑阵地通讯，往返于阵地与指挥部间，直到传递完最后一条讯息，他才倒在阵地上。

随后，美军炮火覆盖敌阵。

刘成基孤胆英雄的事迹传遍军营，他从中士提升为上士，一代名将潘兴将军授予刘成基"杰出服役勋章"，此为陆军第二高荣誉奖。同时，刘成基获"紫心勋章""法国英勇十字勋章"，成为第一位获美国战斗勋章的华裔美国人。勋章颁奖词如此描述："在关键时刻，刘成基表现出了非凡的英雄主义、高度的勇气和对职责的执着奉献，置个人安危为度外。"

1919年6月13日，加州圣何塞市民为刘成基及其父母举行英雄欢迎仪式，让他们接受大众欢呼与赞美。

退伍后，刘成基担任移民局翻译，后在纽约唐人街勿街（Mott St.）开设中国海外旅行社，还在布鲁克林与斯坦顿岛开设中餐馆。

刘成基与妻子刘陈绮贞养育两儿三女。长子刘德光于1955年成为纽约唐人街上第三位执业律师，致力推动中美关系。二子刘永光行医于唐人街，为地区领袖。孙子刘蔼明在唐人街担任律师，2014—2015年出任纽约州律师协会主席，为第一位华裔会长。

六、飞虎队员何永道

何永道，1920—2024年，乐从镇良教村人。1940年，他考入香港大学，后赴广西桂林投考空军。在美国接受严格训练后，他于1944年回国，担任中美联队第一大队的第一中队飞机师，成为著名"飞虎队"成员，完成轰炸日军基地、火药库、火车库等战斗任务。抗日战争结束后，何永道返回南洋，侍奉父母，在新加坡安度晚年。

神采奕奕的何永道——（冯玉珊摄）

七、驼峰航线飞越者龙启明

1923年，大良人龙启明出生于香港。1941年12月，香港沦陷，龙启明正在香港政府工学院机电工程专业学习。1942年，龙启明离开香港，来到桂林，成为空军学员，后赴美国，接受专业训练。1943年龙启明加入中国航空公司，执行以美国援华空军为主的"中国—印度"空中运输任务。抗日战争期间，日军早已切断中国陆地国际通道，盟军需飞越喜马拉雅山，从印度将战略物资空运到中国，全长约805千米。沿途山峰起伏，状若骆驼峰背，为举世闻名"驼峰航线"。当时基地100多架飞机，每天需往返中国昆明与印度，但运输机爬高只达3000米，他们只能贴近飞越最低山口，惊险万状，更要提防敌机骚扰，故称"死亡之旅"与"制造寡妇之旅"。与龙启明一道参军的26人，战争结束时，只余8位。龙启明冒着生命危险驾机航行运输超2000小时。1944年，龙启明调入由陈纳德将军率领的美空军第十四航空队，成为最年轻"飞虎队"轰炸机飞行员，执行对云南腾冲、缅甸腊戍、安徽立煌、湖北汉口等地轰炸任务，直到胜利。龙启明为抗击侵略者挥洒热血青春。

龙启明——（舒翔供图）

龙启明及家人——（舒翔供图）

八、支持祖国抗日的侨胞与香港同胞

抗日战争期间，定居世界各地的顺德华侨积极支持家乡抗日。

新加坡归侨谈季燊任六十六军一五九师上尉副营长，1937年9月参加上海保卫战，英勇牺牲。

作为马达加斯加抗日救国总会领导人之一的乐从镇沙滘村人陈礼纯（1915—1986）发动华侨捐款救国。他与陈文石一道带领华侨体育会剧团义演，募得50万法郎，全部寄回家乡。

在声势浩大的捐款捐物热潮中，毛里求斯华侨虽地处偏僻，仅数千人，但抗战齐心，共捐款七次，源源不断，支持正义战争。

香港金融名家、勒流连杜人简东浦利用自身在香港的广泛号召力，发动全港华资银行捐款近 100 万港元。

九、全力协助华工的苏剑泉

杏坛人苏剑泉为越南归侨。抗日战争期间，苏剑泉任昆明市两广同乡会理事长及粤秀中学董事长。他致力救助缅、越难侨，接待工作于滇缅公路的南洋侨胞，协助他们在昆明谋生。他还组织消防队积极扑灭火灾，挽救民众财产，更在旅越华侨中组织华声篮球队、香港侨联篮球队举行竞赛，将门票收入和捐助化作善款，救助贫困者。同时，他组织粤秀中学师生演出粤剧，活跃文艺生活，在艰难岁月中为人们增添丝丝人性温暖。

抗日战争胜利后，苏剑泉积极联系美国十四航空队司令陈纳德少将，请求他派出飞机远赴越南，将难侨送往昆明。苏剑泉奔走联络，为难侨提供住宿医疗，默默贡献，永藏大家心中。

十、参加解放战争的侨胞与澳门同胞

解放战争时期，顺德华侨不远千里，回国参军。

印度尼西亚归侨、均安镇沙头村人黄有权在家乡设立"忠义社"，秘密发动乡民"反对国民党当局征兵、征粮、征税"，并以"忠义社"成员为骨干力量，建立人民武装队伍，被编为中国人民解放军粤赣湘边纵队顺德独立团，本人获任为团长。

新加坡归侨梁振中担任容桂地区支前委员会成员，发动群众支援解放战争。

旅居澳门青年蔡少鹏亦毅然回乡加入中国共产党地下组织，参加容桂人民武装起义。

顺德的热血青年们，积极投身正义事业，为家乡发展作出独特贡献。

黄有权——（顺德区档案馆供图）

第五节　投资家乡

清末民初，顺德机器缫丝业逐渐崛起。分布于世界各地的顺德人纷纷回乡投资，推动家乡发展。

在 20 世纪 20 年代，乐从镇良教村已有街灯，在其他乡村，可谓闻所未闻——（何启松摄）

据统计，当时华侨集中投资缫丝厂、电灯公司、碾米厂、电力厂，企业集中在大良、乐从、陈村、容奇。20 世纪 20 年代，乐从镇良教、沙滘就有华侨为乡亲安装的路灯。

中华人民共和国成立初期，华侨和港澳乡亲为家乡捐赠数十辆运输汽车，帮助家乡发展经济。

此后，顺德县华侨投资公司共吸收海外投资一百多万元，港澳乡亲投资十多万元，设立顺德华侨玻璃厂。

当时化肥为农业生产的重要物资。1960—1962 年，港澳乡亲为支持家乡恢复生产，代购化肥 1000 多吨，全部货款转为投资。

如今，顺德区档案馆内保存着一封乐从镇小布村人何国柱回复刘炳聪的信件。已过去 50 多年，墨水已渐淡干，但何国柱那份热情仍让人感动。

顺德华侨支持家乡工农业发展获得表彰——（顺德华侨博物馆供图）

提及向家乡捐赠化肥一事，他认为："为生产发展更好，对于家乡发展生产……每一个海外侨胞应有责任……弟但尽绵力为之。"1957年，何国柱当选顺德侨联首届主任。他为家乡化肥事项全力以赴。

在旅港乡亲中，旅港伍若瑜子孙笃亲会、乐从沙滘人陈光鉴、罗灿和杏坛昌教人林文恩等捐资回乡设立生产基金，购置各种生产设备与运输车辆、农艇，帮助乡亲发展经济。

在寒素岁月，这些资助有力地帮助乡民优化劳动方式，提高生产效率，也为后来经济高速发展打下基础。

顺德华侨捐资建造的玻璃厂——（顺德华侨博物馆供图）

第六节 守望相助

华侨与港澳乡亲素来倾注心血与资金，投身公益，减轻乡民负担，助推家乡发展。来自世界各地的资金流进各种公益项目中，修路建桥、赈灾扶贫、施医赠药，无微不至，一片丹心，令人感动。

一、捐资办学

1927 年，乐从镇葛岸村人、新加坡华侨岑叶良兴办葛岸明新学校，为顺德最早侨资学校。此后，南非华侨开设小布小学、良教庆源小学；危地马拉华侨捐建平步义成小学、大墩荣川小学；留尼汪华侨捐建藤涌小学、上华崇德学校；此外，由来自多国华侨资金建设的杨滘簿传小学、藤涌德良学堂、新隆明德小学、路州中山民国小学、大门植本小学等，分布各处，为乡民后代提供优质教育。

坐落在葛岸村的明德小学春晖阁——（方晓维摄）

1957 年，顺德侨联与工商业联合会倡议创办中学，称"顺德县侨联中学"，此举得到海外华侨热情支持。

1958 年，学校在大良龙家祠建成，定名为"顺德县华侨中学"，设初中、高中各 4 个班。1959 年，学校发展为 12 个班，学生 600 多人。此后几十年，华侨中学成为顺德著名中等学校，也延续并弘扬着顺德乡亲读书育人、青出于蓝的教育理想。

凝聚顺德乡亲深情的顺德华侨中学——（顺德华侨博物馆供图）

二、救济贫苦

（一）旅港顺德绵远堂：百年侨团　慈善范本

旅港顺德绵远堂又称绵远堂，1876 年创立于香港，1930 年正式注册为慈善机构，是中国历史上为数不多的具有百年历史的善堂之一。"绵远"之名，寄托着创立者祈愿虽远离家乡，但乡情仍可延绵不断的苦心。

1. 发起缘由

清末以来，怀着生活憧憬的顺德人远赴港澳及海外，追寻新生活。成功立业者，固然衣锦还乡，风光无限；但更多的是艰苦备尝，魂断异乡，心念故土，不胜凄苦，于是便诞生在顺德华侨史上影响深远的"绵远堂"。

清光绪二年（1876），移民香港的顺德绅商梁鹤巢、曾月溪、陈瑞生、李泽庭、李凤山、梁侣偕、刘荫泉、梁炳南等，为告慰同乡同根的孤魂，萌生筹备建善堂之意。

发起者之一的梁云汉，又名梁安，字鹤巢，顺德人，是19世纪60年代香港社会重要的华人领袖和慈善人物。1870年，他创办中国香港历史最久远及最大的慈善机构"东华三院"并出任主席，向在港华人开展施赠医药、兴办义学、兴建义冢、赈灾恤难等慈善救济活动；1871年他参与创立广州爱育善堂。

对筹建绵远堂、援助同乡归故里，以梁鹤巢为代表的热心慈善人士，自是不甘人后，绵远堂建设费用由在港经营商业的顺德人集资，参与者来自各行各业，金山行曾荣珍、岑月泉，当押行黄宗晓、梁侣楷，银业界李阜声，杉木行谈振男，油漆行霍熙亭，搭棚行何信，街市肉行梁昌茂，省陈渡黄文耀，杂行陈瑞生、苏澄溪、李凤山等皆乐捐巨款，群策群力、集腋成裘，终筹得银币共达2780余两，成立"旅港顺德绵远堂"，在香港东区咖啡园及西区大口环设义冢(后迁新界和合石社基地)。为使春秋二祭不至支绌，他们筹建产业，建成尝产楼宇二幢，部分出租以稳定财政。百年慈善，由此奠基。

2. 慈善为本

1930年的《旅港顺德绵远堂征信录》是这样阐明绵远堂的职能：

※ 绵远堂组合团体，纯粹属于慈善性质，俾顺德县籍华人前时或将来在外埠身故，其骨殖运回原籍，则予以经济上之助力。

※ 顺德县华人或其远祖是顺德县华人之业已在香港身故埋葬者，每年于夏历清明重阳两日举行拜扫其坟墓之典礼，本堂会友及非会友均可参加。

※ 顺德县属若遇水火灾殃饿谨病疫或其他惨灾，则捐款救济难民，每次捐款不得超过本堂是年进款之二成五，无论何年捐款之总额，不得超过本堂该年进款之实额。

可见，绵远堂是一个以处理逝者为核心、兼顾慈善救济的善堂，承载的是中国人最质朴、最根本、最强烈的心愿——"落叶归根"。

（1）妥置先人

其主要业务：一是建义冢，让魂归异乡的顺德乡亲入土安息；二是春秋二祭。为不使逝者冷清，绵远堂登报公告，广邀同乡齐聚祭拜。隆重的祭拜仪式凝聚在港顺德人的精神符号，同乡情谊得以加深，群体认同得以加强，更为团结；三是助力落叶归根，海外身故的顺德人灵柩，一般先运抵香港，再从香港转运至家乡顺德安置。

（2）慈善教育

一方面，绵远堂致力办教育：1938—1942 年在香港举办养正义学，为顺德旅港同乡子女提供平民教育。1949 年，成立绵远中学，以作育英才为任。1971 年起，捐助香港华侨日报举办救童助学。

另一方面，绵远堂广泛开展慈善活动。救济区域更超越地域局限，以顺德家乡为中心，辐射到广东省及上海。慈善内容上，囊括救灾、赈济、建医院等。1930 年前后，筹建顺德陈村公立医院；1931 年广东水灾，为响应东华医院赈灾，绵远堂联合捐款，送交东华医院代为施赈。1932 年上海风灾，再次响应捐款，得到东华医院总理致赠"克广德心"巨匾。1938—1941 年，顺德农业失收，绵远堂与旅港顺德商会发起募捐赈灾，得到温哥华及南洋邑侨响应，买米运返顺德各乡以赈济饥民，救济饥民达三年之久。

日军占领香港之后，绵远堂的陈伯益、李间笙、黄灼臣、简尊云、潘晓初、区汇川、刘基相、罗提赤、梁秀彝、何智煌等协助政府解决劫后民生问题，联手筹募善款，租赁专门的船只，运送在港的顺德人返乡避难。

纵观绵远堂百年历程，始终践行着成立之初的创会宗旨：推进及提倡香港及他处人士之福利、慈善、救济、教育、赈灾、敬老等；有怀乡观念，精诚团结，以桑梓福利为职志。

3.怀远义庄

绵远堂开设之初，先将殁外洋者遗骸寄贮在香港东华医院。但远在家乡的家属，无从侦悉、领葬。但如想让旅人归骨故土，跨境运馆，路途遥远，何其艰难。此时亟需一个顺德本土对接的善堂机构。

光绪廿一年（1895）在顺德筹建义庄的事宜，纳入绵远堂工作议程。港商刘荫泉、顾煜炜等乡贤发起募捐，并商请身在顺德的龙光与港商吴干卿、刘荫泉、顾耀棠等，一同筹办义庄。这段创立历程记录在1939年的《旅港顺德绵远堂征信录》：

光绪廿一岁次乙未，顾煜炜、刘荫泉、吴永年、卢荣光、何斐然、顾洪熙及龙光等邑人，鉴于海外邑人，远离桑梓他乡作古，旅榇无归，仁者所惜。有感于此，邑中贤达，发起筹慕倡建怀远义庄之举，由绵远堂发起，募得巨款，觅得大良佩江碧鉴海边龙窝社坊内兴建义庄。自怀远义庄建成后，从此先友不致凄风冷雨，骨骸无所栖息，海外先友在天之灵，足慰于泉下矣。

经过多方募集，共得白银2070多两，龙光等人再在大良募捐得银180余两，启动资金顺利解决。义庄的用地，则来自清晖园龙氏龙光、龙裕光兄弟的支持。《顺德县志》载："邑绅龙裕光送出大邑茶步基地一段（即珮冈山麓），怀远义庄即建于此地。"《香港顺德绵远堂与凤城怀远义庄》一文则述："大良龙福耕堂捐出在碧鉴边龙窝社坊内的基地一段，再由邑人顾耀堂、吴干卿出资购入连近地二段，联起来建庄，并用顾耀堂名义向县府备案。"

至民国十二年（1923），梁粥予、刘星昶发议，以义庄正座日久恐防倾塌，应当筹款重修，共推苏震朝、龙翰臣等办理，需款9000余元，历八个月而竣工，是役由何华生经手向南洋各埠劝募得银1800余元。

和兴建义庄时相比，此时筹款网络扩展到"南洋各埠"，可见绵远堂在顺德海外华人同乡群体中的影响力逐渐得到提升和扩展。

当代，绵远堂与怀远义庄、顺德家乡的联系仍在持续，1977 年兴建"怀远海外先友公墓"，1990 年兴建"大良怀远纪念堂"，绵远堂的根仍在顺德。

4. 当代赓续

历经一百多年，绵远堂"福利、慈善、救济、教育、赈灾、敬老"的创会宗旨，一直未变。当代绵远堂主席、会长均与时俱进，革固鼎新，秉承绵远堂传统，锐意推展香港社会及顺德家乡的医疗、教育、敬老三大事业。

因而，当代顺德大型和专项的公益慈善活动，总可见绵远堂的身影。参与顺德政府发起的大型公共事业的募捐活动，如顺德教育基金百万行，筹建顺德体育中心、顺德职业技术学院；捐资兴建凤城敬老院、大良医院、吴宗伟托儿所（社区活动中心）、清凉法苑幼儿园，修缮锦岩公园等。

2000 年以后，绵远堂与大良医院合作建设健康管理中心及口腔中心并进行持续的捐赠和医生培训，促成顺德职业技术学院与香港理工大学合作培养人才，在大良慈善会设立贫困大学生助学金。刘鼎新主席则致力推动顺德医疗发展，引荐顺德医疗人员到香港大学医学院、中文大学医学院进修；推动顺德区小儿微创外科手术进程，并引荐中文大学杨重光教授等 20 多名香港专家教授作现场示范。

此类善举，难以一一列举，绵远堂百年历史的慈善精神，渗透于顺德教育、医疗、敬老、文化等领域，历久弥新。

（二）乐从同仁善堂：致力公益

清宣统三年（1911），乐从同仁善堂由侨居旧金山的顺德华侨创办，屋址在今乐从医院之东侧。[①]

同仁善堂的活动以施医赠药和为孤寡老人提供棉被过冬为主。无钱入葬者由乐从"和茂杉铺"和马来西亚华侨陈文泰等襄助。遭遇天灾人祸，如饥荒兵乱，

---

① 资料来源：《乐从同仁善堂与华侨医院史略》，内部资料，第 21 页。

则由同仁善堂出手襄助。

　　分布世界各地的乐从人积极上进，勤奋劳作，成就出大批精英家族。他们也以各种方式支持家乡亲人，推动乡村经济发展。此为乐从沙滘陈氏族人为陈汝添贺寿并合影于马达加斯加　　——（谢惠娟供图）

　　清光绪年间，良教良沙村乡亲在家乡设同益救济会，家乡有灾必赈，至今仍不断。

　　同仁善堂荟萃海外华侨力量，于20世纪30年代兴建乐从同仁医院，后重建，称"华侨医院"。中华人民共和国成立后，海外华侨和港澳同胞再度捐资，发展为乐从医院。此外，大良赠医社、留医院、大都赠医社、陈村公立医院等，分布各处，成为人们求医问药、治病救伤的首选。

三、团结合作

　　从明代开始，陆续外出的顺德人或单枪匹马，或成群结队，迎风逐浪，求生异域。

　　均安镇沙头村人黄国林（1914—1991），1936年赴新加坡，1950年发动新加坡乡亲成立"顺德江尾沙溪黄族同乡会",担任该会主席。

杏坛镇西岸村人何智煌(1902—1983),曾任香港东华三院保良局及博爱医院总理、香港盆栽会会长、香港顺德商会主席等。

他们以顺德人的敏慧与沉着、勤奋与节俭,更以顺德人的乐观与豁达、宽容与慈悲,扎根各地,咬定青山,取长补短,海纳百川,成为一股巨大力量,开拓出一片片芳草地,更成为屡遭战乱、饥荒、动荡的人们内心深处一片生存与希望地。

四、组团回乡

据陈杰乐《建国后我县首届港澳同胞回乡观光团》一文介绍,1958年6月,顺德港澳同胞首次组团回乡观光。由香港华商总会董事、华人食品企业公司董事长李间笙任团长,香港鸡鸭行商会主席陈昭庭和澳门知名人士吴槐庭任副团长。成员有香港《文汇报》总编辑、勒流江村人李子诵,香港顺德联谊总会理事长杏坛马宁人何享绵、周鸿标,顺德联谊总会会长何智煌夫人周妙仙,香港华商总会董事、香港工业品贸易协进会李仲潮,中国皮鞋公司总经理余汉伟暨夫人马琼玉等共30余人。

观光团下榻凤城旅店,参观大良区云路农业生产合作社,重点参观农业生产与风力抽水、大良潮水发电站和船闸、华侨玻璃厂、顺德丝厂、顺德糖厂、顺德酒厂、大良至广州乡渡、容奇及三洪奇渡口、勒流区麻江小学、县机关幼儿园、清晖园、锦岩庙、伏波桥、文化公园等。

李子诵题诗二首:

题观光留影(一)

结伴好还乡,乡亲建设忙;

凤城美似凤,观光神飞扬。

题观光留影(二)

顺德顺潮洋,缫丝第一芳;

农工兴旺事,画图见真详。

观光团返回港澳后,举行报告会介绍家乡建设成就。次年10月1日,第二届观光团在李仲潮带领下回乡观光，开启华侨与港澳同胞回乡建设新历史。

1979 年 6 月，顺德县华侨旅行社成立，专门服务侨胞和港澳乡亲。1985 年，中国华侨旅游侨汇服务公司顺德支公司成立。1987 年 2 月，广东省华侨房产建设服务公司顺德分公司成立，1990 年易名为"顺德华侨实业发展公司"，专门经营华侨旅游、侨汇商品，更开拓各种实业。

1985 年 6 月，侨福金饰厂建成投产；1988 年，侨宝首饰加工厂投产。它们成为早期来料加工企业，探索内地与香港经济合作发展新模式。

分布于各处的顺德人，以会所为核心，保存珍贵传统历史、文化精神、珍贵文物，更化作顺德精神的海外星火，点燃世界各地辽阔旷野，延续与弘扬顺德文化。

五、建设家乡

几十年间，大批港澳同胞以各种形式参与家乡的建设发展，其贡献令人无法忘怀。

何日东（1912—1993），杏坛镇西岸村人旅港乡亲，曾任香港顺德联谊总会永远名誉会长。1988 年，何日东独资捐赠 60 万港元兴建学校，于 1989 年 9 月投入使用。现改为幼儿园。

均安镇力沙村人李信钊（1915—2000），新加坡商人，20 世纪 50 年代回乡，带回大批御寒布料及食用油。

乐从镇良村人何良（1918—1991），爱国华侨，牵头为良溪小学、良村旧牌坊、卫生站及村委会办公楼的兴建捐赠款项和物资。

知名乐从华侨霍广镜，捐建公园支持家乡公益事业。霍永沃（1926 年生），旅港乡亲，1982 年捐资整修村路；1995 年捐资助建小学，带动港澳同胞共同支持家乡事业。

杏坛镇西岸村人何植发（1931 年生），曾任香港顺德联谊总会名誉会长。1975 年，何植发作为绵远堂会员，受委托回乡了解早年香港同胞在家乡设立的怀远义庄情况。当时义庄由大良水上子弟学校借用，昔日所停棺柩已移后山存放。

何植发与民政局妥善处理此事，立"怀远海外先友公墓"石碑。后绵远堂同人多次组织港澳乡亲在清明、重阳回乡铭怀同乡，同时开展慈善活动，一直延续至今。

顺德乡亲在100多年间不断用资金、技术、文化、信息回馈家乡，支持家乡正义事业、促成各种公益慈善，成为顺德经济文化发展的重要支撑点，更化为顺德改革开放后技术革命、社会建设、教育发展的潜在推动力，构成海内外互通有无、并行共进的巨大合力，推动彼此深度发展，朝着更深远、开阔的远方有力前行。

几十年间，海外乡亲一直默默支持着家乡亲人，为他们的生活、学习、发展提供着各种帮助，更为整个顺德后来的全面崛起奠定扎实基础
——（谢惠娟供图）

第二章　各领风骚

民国时期，大批顺德人奔赴沧海、谋生异乡。他们从底层开始，不畏辛劳，沉实奋进，在不同领域深耕细犁，扎根拔节。几十年间，他们砥砺自强，最终根深叶茂，撑出一片片生命绿荫，成为不同国家和地区的时代英才。他们造福社会，德高仁深。他们更深情回眸故土家园，倾力捐资，助建家乡，成为顺德迅速崛起的重要力量。

第一节　产业世家　薪火相传

清末，顺德不同家族就开始经营抵押、银号、手工业、缫丝厂、机械制造厂、中成药等实业，虽屡经沉浮，但经半个世纪积累，到20世纪40年代中后期，多成产业世家。

从产业世家中成长起来的年轻英才，在前辈道路上继续奋力前行，以更沉敏风格与更开阔视野在更激烈竞争中奋斗、突围。他们在原来产业上锐意进取，谨慎延伸，日积月累，各领风骚，渐成宏大事业，成为从传统转向现代的时代俊彦。

一、承前启后

（一）林文恩

杏坛镇昌教村林文恩之父林猛醒早年在广州创办"林大成染织厂"，生产"大成蓝布"，料良质佳，享誉远近。林文恩后远赴香江，承接父业，潜心经营，深得长辈赞赏。1967年他成立"浪淘花纱公司"，经营出入口业务。20世纪70年代，发展成为代理内地棉纱的华润纺织品有限公司的香港四大经销商之一。

他看上去白手起家，实则传承父辈经营心得，不断吸纳长辈经验。这是他快速崛起、超越同行的重要基石。

（二）胡锦超

胡锦超，佛山市荣誉市民、顺德荣誉市民，桂洲（今容桂街道）外村人，出生于一个小镇经商家庭。他们家在外村潜心经营酿酒与酱醋营生。抗日战争期间，胡锦超赴港谋生，工作于其姐夫的德昌银铺，后赴澳门分店，潜心积累技术与经验。1957年，胡锦超投资刚刚兴起的面包与西饼业，殚精竭虑，越挫越勇，后涉足饮食行业，开办嘉诚酒楼，成立嘉诚集团公司，同时经营房地产，实现父祖辈脚踏实地、多方经营的宏愿。

梁庆经（图片来源：《情倾故里　光耀伦常——伦教旅外乡亲关爱家乡纪实》）

二、坚守祖业

（一）梁庆经

伦教羊额村人梁庆经，佛山市荣誉市民、顺德荣誉市民。出生于新加坡，后协助父亲梁润之经营梁介福药行。几十年间，他坚守祖业，潜心经营，将"斧标驱风油"发展为畅销世界的居家必备良药。同时，拓展相关药品，如斧标红花油、金牌风油精、退热止痛黑人丹等，最终令斧标驱风油拥有世界卫生组织颁发的"良好生产规范"产品优质证，打通世界各地市场，完成上辈宏愿。

（二）陈强汉

容桂人陈强汉，佛山市荣誉市民、顺德荣誉市民。其父亲陈占梅为马来西亚锡业巨子。陈强汉几十年砥砺自奋，与长兄俱为马来西亚

陈强汉的父亲陈占梅及其母亲的画像——（顺德华侨博物馆供图）

锡业与政坛闻人，成就家族在马来西亚工业界显赫地位。

（三）梁适华

陈村镇绀村人梁适华，佛山市荣誉市民、顺德荣誉市民。出生于一个珠宝玉器金银首饰世家。受其父梁钊林言传身教、点拨熏陶，他继承父业后，扩展钻石与珍珠批发业务，发展南洋珠养殖场。如今，康源贸易公司为世界重要的南洋珠生产商与批发商。

此后，他致力维护消费者权益，设立优质足金标志。其义利并重风范，深孚众望。梁适华担任香港珠石玉器金银首饰业商会理事长与香港钻石会主席及会长多年。究其根脉，多源自父亲早年熏陶与后来自励奋进、更上层楼。

梁适华捐建的梁钊林纪念小学——（张志明摄）

这批引领潮流的商业精英并未坐享其成，而是迈出更坚定与阔大步伐，不断完善原有商业模式与思维定势，走出一条传统脉络清晰深刻、拓展精神鲜明耀眼的产业新道路，开拓出众多崭新领域。

第二节　白手起家　艰苦创业

抗日战争期间，越来越多的顺德人远赴港澳地区、海外，谋生于异乡。他们多从餐厅杂工、工地苦力、店铺伙计开始，日夜劳作，从未停息，只为一日三餐，果腹安睡。他们将工钱日积月累，天长日久，渐积赢余，便自立门户，潜心经营，更延伸到不同领域。顺德人以沉实厚道、精明和善的秉性广受欢迎，故能得道多助、事半功倍。经过几十年磨砺与奋进，他们多成行业精英，引领产业前行。他们联手并进，造福社群，深孚众望，成为顺德人引以为傲的时代俊彦。

一、投身餐饮业

顺德为美食之乡。村民自小刣鱼杀鸡，煲汤做菜，手脚干净麻利。他们远赴异乡后，一无所有，但凭一身烹饪技艺便可绝处逢生。他们大多从厨房杂工开始，拔毛摘菜、切瓜刮鳞，日夜不息，技巧熟练，积累下丰富经验。待到宾客盈门，声名远播后，他们才自立门户，经营门店。这是顺德人早年选择最多的职业。

（一）伍荣

伦教街道羊额村人伍荣，少年时供职于香港一笑酒楼，后在马来西亚霹雳州万里望（Menglembu）合创莲香酒家、怡保日华酒家、国民酒楼、简成酒楼，后到槟城创设粤华酒楼，又回中国香港创鸿图酒楼。他热心公益，历任姑苏行产业受托人、福利组财政及副会长等。

（二）陈芬

大良人陈芬，于抗日战争期间在番禺、顺德各地做厨工，劳累难言，但从未气馁，而是精进奋发。他赴港发展后从事餐饮业，先后与友人合作经营冯不记、食为先菜馆等。他将产业延伸到贸易、房地产，声望日隆，成为老行尊。

陈芬（左二）潜心实业，热心家乡发展，捐资助教，不遗余力——（顺德华侨博物馆供图）

（三）陆润和

伦教人陆润和，佛山市荣誉市民、顺德荣誉市民。早年辗转各处，曾到新加坡、马来西亚酒楼打工；后在中国香港设"小上海菜馆"；在泰国开办"大上海酒楼"。同时，涉足巴士出租、农场、草虾养殖、贸易等。尽管事业日隆，早年在厨房艰难的岁月成为他愈发节俭志坚的砺石。

（四）冯均

大良人冯均，抗日战争期间来到澳门，合资兴建"龙记酒家"。几十年间，料精烹妙，名闻遐迩。

（五）梁拔祥

杏坛镇北头村人梁拔祥，16岁赴澳门，打工于面店，后开设玉记饭店与文苑面家。1975年在经济渐入繁盛的澳门开设顺德公饭店、巴黎餐厅。1982年经营大福菜馆、碧瑶菜馆、荷里活（好莱坞）餐厅等。1984年，接管澳门国际大酒店。

经几十年经营，他组建澳门濠江饮食集团，成为澳门餐饮行业翘楚。

（六）梁盛波

均安镇四埠村人梁盛波，于1967年赴德国谋生。他从厨工做起，一步一个脚印，潜心经营北京饭店、玉龙轩酒家、龙腾阁酒家、龙凤酒楼，成为在德国传扬中华美食的重要使者。

（七）卢滔汉

勒流街道众涌乡阜南坊人卢滔汉，1930年远赴澳门。他在十月初五街设"英记茶庄"，后经营茶叶对外贸易。其产业从龙凤饼家、德记到会、鸿合饼家一直延伸到鱼栏及永大钟表行。20世纪50、60年代，"英记茶庄"为澳门著名茶庄，人们皆慕名而来，购买茶叶。

经营近一个世纪的"英记茶庄"名播澳门——（黄乐昕摄）

（八）卢铸勋

勒流街道众涌人卢铸勋，早年工作于"英记茶庄"，从事茶饼、六堡茶、沱茶销售，后利用云南茶青发酵，发展为普洱熟茶。其制作的"福华号宋聘唛"茶饼，汤色和雅，口感醇厚，深受市场欢迎，成为澳门"英记茶庄"著名品牌。经过近百年积淀与传承，"英记茶庄"已成澳门著名老字号。[①]

（九）霍广球

乐从镇良教村人霍广球，生于 1959 年，早年远赴毛里求斯。曾从事鱼类买卖，后经营酒店，更延伸至船务、游艇、出租车。他将旗下两酒店命名为"顺德""顺风"，潜心事业，渐为"班多庇玛"地区企业骨干，致力于地方经济发展与公益，获政府授予"荣誉公民"称号和"突出贡献奖"。2000 年，霍广球筹集资金，建成南顺会馆大厦。开幕式当日，毛里求斯共和国总统贾特纳与夫人、中国大使许孟水与夫人、波累市（PortLouis 的粤语音译，即毛里求斯首都路易港）市长、中国国务院侨务办公室（简称"侨办"）、佛山市代表团等出席盛典。

出海打鱼——（顺德华侨博物馆供图）

顺德人从人们最不经意的一日三餐入手，朝作夕息，不舍昼夜，锱铢积攒，不仅可安身立命，为家人遮风避雨，更为自己与社会营造出一片充满绿意的新天地。

二、传统产业到多元化发展

（一）经营日用品

顺德人流落异乡，大多身无分文。他们只能在建筑工地、简陋工厂或一片荒芜中日夜不息，胼手胝足，以求一日三餐，温饱自足。艰辛与困苦，笔墨难描，但他们从未懈怠与放弃，而是从简单工作逐渐转换为安身立命的产业。经几十年

---

① 资料源于《庆祝众涌几美卢氏总会成立暨卢公祠重修落成两周年创刊特辑》。

积累与拓展，他们成为不同行业的领军人物，实现个人价值最大化，成为磨砺奋斗、登高望远的典范。

1. 何波

陈村镇潭村人何波，于 20 世纪 50 年代在澳门开设"何波记铜铁工程"，专营五金锻造，为街坊朋友锻打日常铜铁用品，既能养家糊口，又可帮助亲朋，后发展为五金机械制造。40 年砥砺，何波最终在澳门五金行业位重誉高，出任澳门五金机器联谊会副理事长、澳门顺德联谊总会监事长。

2. 周鸿标

伦教街道荔村人周鸿标，顺德荣誉市民。20 岁出头时独闯香港，创立百货店铺，经营羽绒、皮革，销售土产、海产、粮油食品，终成企业经营主。

3. 高明华

大良北门村人高明华，早年驻足马来西亚，专营百货，尤以销售中国货为主，薄利多销，名闻远近。1972 年始，他一直受邀参加在广州举办的中国进出口商品交易会（广交会），事业也不断壮大，成为中马两国经济交流重要推动者。

（二）经营纺织业

早年，针织业、纶织业、印染业一直是港澳地区的重要产业。一批顺德人伴随着经济腾飞，也适时融入这股大潮中，乘风奋起，扶摇直上，如何显朝（1908—1985），伦教街道羊额村人。少年时在马来西亚怡保商行见习，后归国。1937 年在香港创办元兴祥绸庄，设分店于广州、上海。虽经战争，百折不挠，成为绸缎行业领袖，战后事业更盛。何显朝热心公益，关注教育。其遗孀何罗腾芳以子女名义捐赠巨款，在家乡羊额村助建"羊额何显朝纪念小学"，实现其夙愿。此外，伦教霞石村人苏善祥，早年踏足香港，创办染整厂和百货公司，紧密对接市场需求。

这些崛起于草根的顺德人，都因置身纺织产业而跻身精英云集的港澳商界。

羊额何显朝纪念小学成立，实现其推动教育的梦想——（伦教街道文化站供图）

（三）经营制造业

金饰、塑胶花、塑胶玩具、塑料、装饰珠片、文具，是香港人争相追捧的家庭装饰与玩具。这些看似利润微小的产品，经顺德人苦心经营，形成庞大产业。顺德人不舍锱铢微利，积小成大的企业精神，成为他们从艰难中走出，从柳暗花明走向一马平川的妙道。

1. 何耀平

伦教街道羊额村人何耀平，1925 年离乡下南洋，在槟城南隆金铺当学徒。1936 年移居新加坡，获兄长何炽藩鼎力相助，设安昌金铺。历经沉浮，越挫越勇，开设广益金铺、南京金铺，更涉足汇兑业，后投资设立进口丝绸的利生公司，名闻远近，但简朴素淡，悉心教育儿女。其子何乃强 1971 年毕业于新加坡大学医学院，获医学硕士学位。

何耀平创立的安昌金铺——（伦教街道文化站供图）

2. 何尚平

容桂街道人何尚平，顺德荣誉市民。早年经营塑胶回收再造业务，后生产港澳地区逐渐兴起的塑胶玩具生产设备与贸易，后在顺德、珠海设玩具厂。

3. 黄振民

龙江人黄振民，赴港开设广兴公司、新生公司及新兴贸易公司，专营文具、金笔批发零售，讲究信誉。其公司产品成为经济崛起时代香港人必备的书写工具，更成为一代人的美好记忆。

（四）经营地产业

建筑业与房地产是顺德人最早涉足且拓展空间巨大的领域。顺德人早期从建筑工人或建筑企业经营者开始，将自己的生命岁月与产业生涯融入不断腾飞的大

时代中，不仅成就自己，更成就一座城市、一个时代。

1. 吴祯贻

杏坛镇光华村人吴祯贻，顺德荣誉市民。早年任助理工程师，1968 年创办永大建设工程公司，专营建筑工程。当时香港经济起步，大型建筑拔地崛起。业精于勤的吴祯贻于 1978 年创办香港土力混凝土有限公司，专营混凝土等建材及构件化验，后又涉足木厂项目，全身心致力香港建设，实现自身价值。

2. 胡永辉

胡永辉，早年就读于武汉的中南财经大学，1962 年秋前往香港，1969 年创办永常置业有限公司，专营房地产，多元发展。

第三节 专业英才 投身商界

20世纪50年代开始，一批生活求学于港澳地区、海外的顺德人进入高等院校，完成系统而精尖的学科深造。

他们将深邃的知识与活跃的市场相融合，形成深具活力的新兴产业，与父祖辈交相辉映，成就家族辉煌产业与声誉。

一、法律与商业人才

一批精通法律、财经的年轻俊彦投身法律、地产、金融领域，深研细耕，十年树木，最终硕果累累。

（一）冯钰声

容桂街道马冈村人冯钰声，早年毕业于加拿大渥太华卡尔顿大学，1978年进入香港永亨银行，1992年任董事，主管人力资源、信贷，令永亨银行成为贷款优质银行，后上市。他一直与兄长冯钰斌潜心完善经营，使永亨银行成为资产丰厚、广受好评的华资银行。

（二）区镇洪

陈村人区镇洪，英国皇家统计学会院士、英国皇家亚洲学会院士、英国科学管理商务学院院士等。20世纪70年代，区镇洪创办法德工商社会事务所、亚洲太平洋事务中心，参与推动国际贸易。1980年，他受聘为瑙鲁共和国政府传译部主任，同时负责华人事务。

二、科技人才

大批赴英美国家攻读机械、设计等专业的年轻英才归国后，着力提升企业技术，深化管理，令企业朝着更深广的方向挺进。

（一）梁柏源

北滘镇莘村人梁柏源，毕业于悉尼理工大学，专门从事室内与商业广告设计。1996年，他为顺德梁銶琚图书馆作室内设计。1997年设计、承造世界最大的花灯"东方之珠"，成为1997年香港回归祖国的重要项目。

此后，他成功设计新南威尔士州展销会，在日本设计推广澳大利亚大型展览会，实现自身多元发展梦想。

（二）叶锦培、叶锦华昆仲

陈村镇仙涌村人叶锦培，现任香港松柏电池厂、松柏（广东）电池工业有限公司、深圳横岗松柏企业董事长，松柏实业始创人，顺德荣誉市民。叶锦培1962年远赴香港，1971年进入电池制造领域，1975年创立松江实业，80年代开始电池家族事业。叶锦培务实低调、谦和慷慨、重义崇德、守信循道，深获称颂，他在家乡投资设厂，致力家乡经济发展。2021年，松柏（广东）电池工业有限公司捐赠60万元，支持陈村教育基金。

陈村镇仙涌村人叶锦华，顺德荣誉市民。毕业于加拿大多伦多大学核能专业，后赴港投身电池制造，于1980年创立松柏电池厂。1996年，他在家乡陈村投资开办松柏（顺德）电池工业有限公司，致力家乡"青山、碧水、蓝天"环保建设，深受颂扬。2017年成为广东省第十三届人民代表大会代表。叶锦培、叶锦华昆仲均为佛山市荣誉市民、顺德荣誉市民。

（三）龙永雄

大良人龙永雄，留学澳大利亚，从事广告设计。1987—1990年，主编出版《澳洲华人手册》《今日澳洲》《澳洲地产投资指南》[①]，深受欢迎。

专业的融入令这批顺德英才逐渐开拓出一个更广阔空间。

---

① "澳洲"系民间对澳大利亚的俗称，在港澳地区和海外尤为流行。我国官方不使用这一俗称。

第三章 情倾故土

改革开放后，大批海外乡亲、港澳台同胞积极捐资建设家乡。从早期的捐赠汽车、农艇、化肥到后来捐资助推教育、医疗、公益发展，再到后来合资开发技术、经营产业，他们以充裕的资金、先进的技术、融合的文化、开阔的视野、深沉的乡情，融入顺德40多年的经济发展中，彼此合力，汇成一股从未停歇的巨大动力，推动顺德一路前行。

第一节　助推发展　全家参与

从 20 世纪 70 年代末开始，海外乡亲、港澳台同胞接续清末助力家乡建设的优良传统，以个人、家庭或家族为主体，投资家乡，推动顺德快速发展。

一、梁銶琚父女

无私奉献家乡的梁銶琚——（梁舒扬摄）

梁銶琚（1903—1994），杏坛镇北头村人，出身银行业世家。第二次世界大战后，他出任香港恒生银号（今恒生银行）协理，主持大昌贸易行业务。作为香港金融、贸易界巨子与慈善家，梁銶琚先后出任香港恒生银行常务董事、大昌贸易行执行副董事长、香港顺德联谊总会首席名誉会长。顺德荣誉市民。

梁銶琚从 1979 年起为家乡捐建杏坛北头大会堂、北头小学、杏坛梁銶琚中学、杏坛医院留医部、老人康乐中心、顺德梁銶琚图书馆、顺德梁銶琚中学、梁銶琚夫人妇幼保健中心、梁銶琚夫人幼儿园、顺德体育中心等，更捐资设立顺德梁銶琚博士福利基金会，为刚刚起步的家乡教育、医疗、文化事业注入一股无私而庞大的力量。

杏坛梁銶琚中学门口——（顺德华侨博物馆供图）

梁銶琚为香港大学与香港中文大学的重要捐建者，更助建中山大学大礼堂（梁銶琚堂）、捐建清华大学建筑馆（梁銶琚楼），成立清华大学图书基金，为港澳人士助建内地高校始创者。

1994年，梁銶琚连同何善衡、何添、利国伟，各捐资1亿元港币，成立"何梁何利基金"，每年为中国内地科技、医学等领域成就杰出者颁发奖金。

从家乡北头村捐到首都北京，梁銶琚通过这一务实行为，履行自身对社会与时代的责任。"得志当为天下雨，立身需有古人风。"这是梁銶琚的座右铭，也是他时常传给女儿王梁洁华（其夫家姓王）的人生心得。

王梁洁华自幼研习中西美术创作与金石书法。她于1992年起设"精艺轩画廊"，举办华人艺术家画展，促进艺术交流；1995年合绘巨幅国画赠予联合国世界妇女大会。

1994年，梁銶琚去世后，王梁洁华恪守父亲"造福乡梓，作育英才"庭训，捐助中国青少年历史文化教育基金会、"中国健康工程"精神病专科梁洁华医院、第四军医大学梁銶琚脑科研究中心、北京中华女子学院、山东曲阜孔子博物馆等。

王梁洁华致力推动广州市教育文化艺术事业。她捐资建设或维修中山大学梁銶琚堂、广州华文写作中心、广州书画学院、广州美术馆、广州雕塑公园等，捐资支持中山大学梁洁华艺术基金、广州华侨文化发展基金会、广州炎黄文化研究会等。

王梁洁华情倾家乡。1994年先后捐资成立杏坛梁銶琚中学及杏坛北头小学奖教奖学基金会；1995年捐资兴建杏坛中学梁銶琚纪念礼堂；1996年捐资兴建或参加梁銶琚职业培训中心、杏坛北头幼儿园、梁銶琚图书馆、宝林寺、教育基金百万行。

王梁洁华接续家风，以身作则，公而忘私，令人敬佩，先后获得"佛山市荣誉市民"及"顺德荣誉市民"称号。

二、李兆基家族

（一）李兆基

大良人李兆基，佛山市荣誉市民、顺德荣誉市民。从20世纪50年代开始深耕房地产，1973年创立恒基兆业有限公司，在这个领域继续挺进。1975年，李兆基联合新世界、长江实业、新鸿基地产合力推动沙田第一城项目。填海建城，开天辟地，工程浩大，至1988年完成。期间，千头万绪，纷繁复杂，但事无巨细，李兆基均完满解决。新城可容纳5万余人居住与生活，成为香港屋邨成功案例，也让人领略到李兆基先谋后断与运筹帷幄的商业才华，感受到其每临大事有静气与排除万难不畏艰的为

李兆基——（顺德华侨博物馆供图）

事风格。多年间，李兆基多元发展。1977年成功收购香港中华煤气有限公司；1979年收购香港小轮（集团）有限公司；1993年收购美丽华酒店集团，稳打稳扎，一路挺进，令"恒基兆业集团"实力倍增。

1. 促进地方商业发展

1980年，国内经济逐渐蓬勃，李兆基参与投资中国大酒店与花园酒店。前者为当时国内第一家中外合资经营的著名酒店，后者为当时国内规模宏大、装饰

精良的五星级商务酒店，两座酒店矗立广州，在改革开放初期，对国内商务与酒店发展起到深远的示范与推动作用。此后多年，李兆基在北京、上海、广州、深圳等地致力地产投资，如北京建国门内大街的恒基中心，上海"不夜城"，广州地铁上盖、广州芳村区建设、深圳福田建设等，为促进地方商业发展不遗余力。

2. 支持教育不遗余力

一直以来，李兆基深知教育与地方和国家未来的关系。1977 年，李兆基向香港中文大学捐款，开设"三年制工商管理硕士课程"，为正在腾飞的香港源源不断培养地方商业管理精英；1978 年，李兆基出资七成资金，为香港培侨中学建设新校，令这座著名中学继续高举培才火炬，奋力向前；同年，李兆基捐资支持香港顺德联谊会推进葵涌李兆基中学建设。李兆基还设立"李兆基奖学金"，遴选香港青年俊才入读牛津大学，为世界培养大批国际顶尖人才。此外，他设立的"温暖工程李兆基基金百万农民及万名乡村医生培训计划"，通过培训 200 万中国农民，让他们通过系统学习真正获得谋生技术，自养自足，帮扶家人。从 1982 年开始，李兆基在霍英东、郑裕彤、王宽诚等支持下，成立"培华教育基金会"，就国内经济、工商管理、旅游与酒店管理、英语等不同领域作专业人员培训，为国内发展不断输送急需的现代人才，其百年树人的贡献，受到国家领导人的特别嘉许。在李兆基朝着房地产奋力推进的背后，却能让人看到他对教育不遗余力的支持，折射出他对百年树人与国家大业深刻而独特的理解。

3. 推动家乡建设

少年时代，李兆基在顺德县城大良长大，对家乡深怀情感。他一直说："顺德是哺育我成长的故乡，美好的童年回忆常常萦绕心头"。所以，他认为：支持家乡建设是他的多年心愿。1978 年，顺港两地刚恢复接触，李兆基立即回乡与顺德政府领导会面，决定捐资 180 万元，参与扩建顺德华侨中学，令这座拥有几十年历史的老学校焕然一新，学校后发展为顺德著名中学。1980 年，李兆基捐资 310 万港元兴资建顺德医院，为本地患病乡亲提供更多的治疗养病场所。1991 年，李兆基捐赠 500 万港元支持顺德体育中心建设，为市民拥有现代体育运动场馆奉献出自己一片心意。1992年，他在华侨中学设立教学设备维修基金，让这座自己倾注一片心血的学校的教学设备得以不断完善。

顺德李兆基中学创建于1995年，是一所全日制、全寄宿制公立区属重点中学，由李兆基斥资8000万元、原顺德县政府投资2000万元创建。学校建成后，李兆基又在1996年年初捐资500万港元设立李兆基中学奖学及维修基金。在学校的建设与发展中，李兆基坐言起行，积极支持，令其成为顺德著名中学，更有力促进本地教育发展，在港澳同胞中发挥着榜样作用。

李兆基先生在李兆基中学讲话——（顺德区侨联供图）

此外，1996年，李兆基捐资200万港元兴建游泳池；同年，顺德市举行首届教育基金百万行，他带头捐资150万元，并全程参加活动，深受家乡民众颂扬。改革开放以来，李兆基为顺德捐资超过1亿港元。

在四川汶川大地震后，作为香港恒基兆业地产有限公司及恒基兆业发展有限公司主席兼总经理，李兆基先生心系灾区，在第一时间以集团名义捐出1000万港元后，又从私人基金再度捐出1亿港元，用于地震灾区的医疗急救及灾后重建，折射出一位商界巨子的慈怀仁心和为国家分忧解难的赤诚之心。

4. 贡献卓越，声名远扬

李兆基因其杰出商业成就，于 1995 年在香港被授予"亚洲企业家成就奖"的殊荣，并名列榜首。1994 年李兆基成为香港首富；1996 年排名全球富豪第四名，成为亚洲首富。

1987 年，李兆基获英国牛津大学授予华顿学院荣誉院士衔头。多年来，李兆基荣获澳门东亚大学颁授荣誉工商管理博士学位（1988）、香港中文大学荣誉社会科学博士学位（1998）、香港理工大学荣誉工商管理博士学位（1997）、香港大学名誉法学博士学位（1998）。

2007 年 12 月，在顺德华侨中学五十周年华诞的庆典上，李兆基先生发表了热情洋溢的演讲。他对家乡的一片深情，对学校的高度关注，尤其是那地道纯正的大良话，让在场校友听得分外亲切和感动。

倾注李兆基先生心血与期待的李兆基中学——（李清华摄）

看着这位在微风中字正腔圆地念着讲稿的乡贤，谁都难以将他跟商界里叱咤风云的华人巨商联系在一起，只觉得他就是一位熟悉的邻居和善长辈，在平和地跟晚辈们叙说着淡淡家常。但是，他就是李兆基先生，一位佛山市荣誉市民、顺德荣誉市民，一位以创造瞩目财富、贡献社会并在华人地区名声远播的顺德人。

（二）李家杰与李家诚

1985 年，李兆基长子李家杰伦敦大学毕业，后出任恒基兆业执行董事。李家杰长期协助父亲从事慈善事业，其重点为救危扶贫、协助与改善弱势社群和低收入家庭生活，同时，推动防止自杀工作及关注内地贫病儿童等。

在中国内地，李家杰高度关注贫病儿童群体。他投资救助贫困先天性心脏病患儿，为他们作免费心脏手术，救助贫困儿童超过 2 万人。

2007 年，李家杰成立"李家杰珍惜生命基金"，推动防止自杀工作，后成为清华大学"李家杰珍惜生命基金 — 精神卫生研究与心理危机干预中心"赞助者。

同时，李家杰积极推进"千名中西部大学校长海外研修计划""温暖工程李兆基基金百县百万农民及万名乡村医生培训"，完成超万名乡村医生培训。李家杰还致力新疆、西藏、贵州毕节等地区职业技能培训，推动双语教育，成功培训超百万农民就业，切实为偏远地区培育人才。

2008 年，李家杰在香港注册成立百仁基金。他汇拢一批热心公益的年轻企业家，潜心推动香港青年未来发展。其中，"童拥 AI"项目，积极推动学生编程教育普及化。自 2019 年到 2023 年底，共有超 6 万名基层学生系统性学习编程，为香港未来发展奠定人才基础，同时，为响应国家"双碳目标"，"百仁基金"设立"科技向善"与"可持续发展"方向，着力培养科技精英和拔尖人才。此外，"百仁基金"与联合国等机构一起，以香港、深圳为基地，为年轻科技精英提供研究与展示解决气候变化空间，致力于降低气候升温速度的研究。

2024 年 7 月 1 日，因其在慈善公益、教育、科技等领域的杰出贡献，香港特区政府为李家杰颁授"大紫荆勋章"荣誉。

李家杰为第十四届全国政协常委、恒基兆业地产集团主席、恒基兆业发展有限公司副主席、香港中华煤气有限公司主席、中华职业教育社副理事长、"一国两制"研究中心主席、中华海外联谊会副会长。2007年，李家杰获中华职业教育社颁授首届"黄炎培杰出贡献奖"；同年，获国家民政部颁发2007年度中华慈善奖"最具爱心个人奖"。

李兆基次子李家诚早年攻读于加拿大，1993年返港，工作于新鸿基地产，后协助父亲管理恒基兆业业务。现任恒基兆业地产集团联席主席、恒基兆业有限公司及恒基兆业发展有限公司副主席、香港中华煤气有限公司及美丽华酒店企业有限公司董事。

（三）李兆麟

李兆麟，大良人，李兆基哥哥。曾任香港兆安地产有限公司、香港大信财务有限公司董事长总经理、顺德市教育基金会董事、香港顺德联谊总会永远名誉会长，为佛山市荣誉市民、顺德荣誉市民。1948年李兆麟前往澳门，从事金银业；1951年赴港发展；1965年设立"兆安置业有限公司""大信财务有限公司""天和建第公司"。1973年，"兆安置业有限公司"更名为"兆安地座有限公司"，成功上市。1986年后，李兆麟在上海成立"兆安房地产发展有限公司"，参与开发浦东，后成立"广

李兆麟——（顺德区侨联供图）

州捷利房地产发展有限公司"，参与广州地铁上盖物业。李兆麟在家乡顺德成立"兆丰地座有限公司"，参与推动家乡城市化发展。

李兆麟谦逊和雅，德高仁深，热心公益。1990年，他捐资重建闹市中的一所破敝医院，定名为"仁爱医院"，后再度捐资，兴建分院，切实改善居民就医条件。

1996年，李兆麟、李兆基昆仲的父亲李介甫老的房产（祖屋）赔偿一事得到落实。李兆麟将补偿款捐出，并增资为原大良新路小学新建教学大楼一座，政府将学校易名为"李介甫小学"，以彰其德，后捐资扩建，今已成顺德名校。

此外，李兆麟倾力资助顺德教育基金与宝林寺重建。

兄弟二人，乐善好施，造福桑梓，人皆称善。

三、伍氏家族

杏坛镇古朗人伍宜孙、伍絜宜昆仲于1973年分别捐资设立香港大学"永隆银行医学研究基金"及香港中文大学"永隆银行发展中国文化基金"，后捐款建九龙慈云山伍若瑜健康院、新界葵涌伍若瑜夫人纪念中学、新界葵涌伍若瑜夫人健康院、东华三院伍若瑜护理安老院等。

伍宜孙为铭怀伍季明当年培育恩德，特捐建荃湾伍季明纪念小学及家乡伍季明纪念堂。

伍宜孙桑梓情深，与其弟伍絜宜合共捐

伍宜孙——（顺德区侨联供图）

资2000多万港元，建龙潭至古朗公路工程、自来水工程、伍蒋惠芳中学、古朗学校、南朗小学、北水小学、卫生站、托儿所、会堂、桥梁、风雨亭等，并为家乡古朗设立发展工副业基金。同时，捐资于顺德慈善基金、教育基金、兴建顺德伍仲珮纪念医院，助建顺德体育中心、勒流医院、龙江卫生院、勒流光大幼儿园等。

伍氏昆仲深情回报家乡，无微不至，深获民颂，同时获得"佛山市荣誉市民""顺德荣誉市民"称号。

多年来，伍氏族人热心家乡发展，慷慨捐资，从1980年开始，旅港伍若瑜子孙笃亲会捐资，兴建古朗新校，而香港伍宜孙基金会有限公司执行董事伍步功，共为顺德职业技术学院、顺德慈善会、顺德慈善万人行活动等捐资近900万港元。

香港伍宜孙基金会有限公司董事伍步高，为家乡教育与福利事业捐资超850万港元。

香港心脏基金会主席、伍絜宜慈善基金董事伍步刚，为家乡捐助医疗机构和社会福利机构超500万港元。

香港中华总商会永远会员伍尚丰，共为伍蒋惠芳中学易地重建和改建古朗小学等福利项目捐资500万港元。

伍氏家族后人伍尚匡、伍尚敦、伍尚宗、伍尚修，分别为家乡慈善福利事业捐款超 500 万港元。

2008 年，伍步高、伍步功昆仲捐资 700 万元，建造顺德职业技术学院酒店管理烹饪专业实训大楼。

2008 年 1 月，伍步功（左一）、伍步高（左二）昆仲向时任顺德区区长李亚娟（左三）、顺德职业技术学院院长陈智（左四）致赠 700 万元支票——（顺德区侨联供图）

2010 年，香港伍氏第二代后人伍步高、伍步刚、伍步功，第三代伍尚宗、伍尚丰、伍尚敦、伍尚匡、伍尚修因杰出社会贡献获评"顺德荣誉市民"。

30 多年来，伍氏家族三代成员为顺德教育、医疗与慈善等事业捐赠超 6000 万港元。

四、何庆家族

何庆先生一生扎根澳门，不忘家乡。营商之余，大力推动家乡建设发展，积极参与社会事务和慈善公益活动。早在 20 世纪 70 年代，他发起社会人士捐助家乡伦教镇修建柏油路，贯通五乡。为推动发展家乡建设做了大量工作，包括伦教北海小学、何显朝纪念小学、荔村小学、伦教翁佑中学、伦教中学、伦教康乐中心、大良青少年文化官、顺德体育中心、顺德慈善基金、顺德教育基金，以及伦教镇社会福利基金等。1990年起，何庆在家乡参与设立骨伤科中医院，投资印刷及饮食业等。2015年，何庆获澳门特别行政区政府颁授工商功绩勋章，顺德区人民政府特致函祝贺。

得到父亲的言传身教，何庆长女何桂铃接续父亲事业，自我砥砺，奋力前行。1983年，她出任联兴针织厂有限公司总经理，产品行销全世界。 潜心业务的同时，何桂铃致力服务社会。她曾任深圳市政协委员、江苏省政协委员、中国光彩事业促进会深圳分会常务理事。现任中华海外联谊会常务理事、澳门基金会行政委员会委员、澳门中华总商会副理事长、澳门厂商联合会副会长、澳门出入口商会副会长、澳门发展策略研究中心副会

何庆——（顺德华侨博物馆供图）

长、澳门顺德联谊总会会长、澳门何族崇义堂联谊会副会长、澳门佛山社团总会副会长、澳门深圳经济文化促进会副会长等。她积极引进资源，推动家乡发展。

次女何小敏在加拿大深造后返回中国澳门工作，从事家族实业，现任澳门联兴针织厂有限公司董事经理、信兴制衣厂有限公司董事经理、澳门佛山社团总会秘书长、澳门中华总商会理事、澳门管理专业协会副理事长、澳门深圳经济文化促进会秘书长、澳门镜湖慈善会常务理事、澳门日报读者公益基金会副秘书长、澳门顺德联谊总会副理事长等。在内地，何小敏曾先后担任全国青年企业家协会常务理事、山西省青联委员，现任佛山市顺德区政协常务常委及深圳市妇联执行委员、顺德华侨中学校董。2023年捐资20万元支持顺德华侨中学的建设。何小敏自小常随父亲回乡，亦耳濡目染，深爱家乡，致力社会公益事务，弘扬家风。

儿子何汉辉早年毕业于多伦多大学精算系，现为澳门永联发船务有限公司董事总经理、澳门联兴针织厂有限公司董事经理、澳门美联洋行董事经理、顺德东华骨伤科医院董事经理、澳门厂商会副理事长、澳门出入口商会副会长、澳门顺

德联谊总会副会长、旅澳顺德伦教同乡会会长等。何汉辉深受父亲 何庆影响，热心公益，投身家乡建设。1995 年成立江苏盛龙投资有限公司；2019 年初成立"何庆教育基金"以捐助伦教北海小学发展校务。

何庆一家，两代传承，为善故里，可谓"积善之家，必有余庆"。

五、周君令家族

周君令——（顺德华侨博物馆供图）

1986 年，伦教荔村人周君令率先将家乡对其家族落实房产政策的赔退款捐出，同时，增资捐建荔村爱莲桥。其高风亮节，深得民颂。他还捐资助建伦教中学、伦教镇康乐中心、陈村体育馆、顺德体育中心等。此外，他捐建吴玉卿纪念馆、周君令中学，以实现其父母回报家乡的心愿。

二弟周君廉为香港周生生集团董事长兼总裁、香港珠石玉器金银首饰业商会理事长等，曾为香港顺德联谊总会永远名誉会长、世界顺德联谊总会副会长等，为顺德区政协常委、佛山市荣誉市民。早年，他与兄长们在澳门经营"周生生金铺"，主营珠宝玉石金银首饰。20 世纪 80 年代，出任香港周生生集团董事长兼总裁职务，令"周生生"成为名扬海内外的著名金饰品牌。

周君廉致力于香港公益金、医爱会、童军总会、青少年培育会发展，先后获颁 MBE 勋章、太平绅士等，并获上海复旦大学颁授名誉教授，再于 1998 年获香港中文大学颁赠名誉社会科学博士学位。周君廉桑梓情深，捐资支持顺德首届教育基金百万行、顺德首届体运会，助建宝林寺。他还在家乡投资，合办金饰加工，振兴经济。

三弟周君任为香港周生生集团国际有限公司（简称"周生生集团"）及多家公司董事，还任香港钟表业总会理事长。周君任热心公益，出任香港乐善堂永远顾问，不求回报，多年来捐资致力改变家乡荔村风貌，助建伦教康乐中心、伦教新中学、伦教社会福利基金等。其夫人张玲对家乡情深难忘，捐建爱玲幼儿园等。

20世纪80年代中，周君廉儿子周永成进入周生生集团，以微机代替算盘，提高企业运作效率；同时，将现代企业制度与家族式管理中强调的人性化、执行力强、主人翁精神相融合，不断吸纳现代人才，深化工艺设计，兼容并蓄，推陈出新，精益求精，青出于蓝，令企业不断跃上新台阶。1999年，周生生集团通过ISO9002国际质量认证，成为珠宝金饰业内首家获此殊荣的机构。2004年，周生生集团与迪士尼签约，成为唯一入驻的珠宝首饰店。近年，作为周生生集团领航人，周永成致力推动伦教珠宝名镇建设。2011年，投资建成企业先进的生产基地——"周生生工业园"。周永成为顺德区政协委员，积极参政议政，为家乡发展出谋划策。

伦教周氏族人合资捐建荔村小学、荔村公所、医疗站，成立乡事基金会，致力家乡全面发展，德高义深，倾情公益，周君令、周君廉、周君任昆仲三人均获政府授予"顺德荣誉市民"光荣称号，成为当代致力实业、乐善好施者楷模。

六、郑裕彤家族

（一）郑敬诒郑何义伉俪

郑何义，伦教街道羊额村人，为乡贤郑裕彤昆仲慈亲。

郑何义辛勤操持家务，引导小孩读经典，精进奋发。家庭事业成功后，她简朴如昔，不务奢华，更慈怀善德，言传身教。

昔日常教村解放路为沙土路，凹凸不平，路人行不易，郑何义一直记挂心中。1982年，

郑裕彤母亲郑何义——（图片来源：《情系故里 光耀伦常——伦教旅外乡亲关爱家乡纪实》）

郑何义捐款铺设水泥，令路面平整干净，便利乡民出入。伦教医院陈旧简陋，她带头发动众儿媳合力捐资，建综合大楼一栋，解决求医困拙。其低调简朴、求真务实、慈怀善德，成为郑氏家门英才辈出的摇篮。

郑裕彤父亲郑敬诒——（郑敬诒职业技术学校供图）

（二）郑裕彤

深受母亲影响的郑裕彤为佛山市荣誉市民、顺德荣誉市民。郑裕彤从 20 世纪 80 年代初开始回内地投资。1983 年，在广州兴建"中国大酒店"，后投资广州北环高速公路、深圳—惠州高速公路、珠江电厂，在北京兴建新世界电子大厦，在上海兴建陆家咀金融大厦等。

郑裕彤曾捐资设立美国旧金山市加州大学郑裕彤博士奖学金、香港大学教研资金、香港中文大学与美国耶鲁大学合作发展中国学术基金、香港顺德联谊总会、中山医科大学（现为中山大学医学部）郑裕彤博士国际眼科培训中心、广州市科技进步基金会、中华文化促进会等。

1978 年，郑裕彤捐资扩建顺德华侨中学，以其父郑敬诒名义设奖学金。此后，他捐资助建顺德医院、伦教医院、伦教康乐中心、新伦教中学、顺德体育中心。1994 年，捐资兴建郑裕彤中学，后投资家乡伦教，开设首饰加工厂，兴建新世界酒店等。贡献深远，有目共睹。

郑裕彤的夫人周翠英，伦教荔村人，伦教乡亲周至元女儿，佛山市荣誉市民、顺德荣誉市民。"周大福"创始人之一。

几十年间，周翠英先后参与捐资建设伦教医院门诊部、妇产外科综合楼、住院部，并引进各种医疗器械，促成伦教医院建设，更持续多年捐款解决医院维修费用。1993 年，周翠英捐款 115 万元建立医院维修基金，令医院维修获得稳定而长期的支持。此外，周翠英致力于推动家乡福利事业，更担任伦教镇社会福利基金会名誉会长，带头捐款参与伦教中学、荔村小学与各种公共卫生设施建设。

郑裕彤伉俪（右一、二）欣悦地看着自己捐助的教育事业蓬勃发展——（顺德华侨博物馆供图）

郑裕彤中学——（郑裕彤中学供图）

（三）郑家成

郑家成，郑裕彤长子，顺德荣誉邑贤。现为新世界发展有限公司董事，新世界中国地产有限公司执行董事等。

郑家成潜心经营事业的同时，致力于公益慈善。他一直担任周大福慈善基金主席、周大福医疗基金主席及志琳卫施基金会有限公司主席等。

周大福慈善基金及周大福医疗基金为其父郑裕彤博士及家族成员所创私人基

金会，通过慈善项目，承传家族行善精神。

郑家成走进基层，深入调查，调整思路，完善项目，力求将款项落实到最需求群体，切实解决民众渴求。

同时，郑家成致力经济、环保与教育发展，出任香港经济促进会副主席、环保促进会董事、香港中文大学联合书院校董及香港中文大学伍宜孙书院院监等，全力以赴推动社会发展。

作为顺德联谊总会永远名誉会长等，郑家成积极参加家乡顺德侨捐学校奖教奖学活动，更推动顺德郑裕彤中学、伦教中学、郑敬诒职业技术学校设奖教奖学金。

2017年秋，郑家成亲率周大福慈善基金团队回乡，捐资800万元人民币，助力伦教小学扩建，深受推崇。

（四）郑家纯

郑家纯，郑裕彤次子，顺德荣誉邑贤。新世界中国地产有限公司主席兼董事总经理、新创建集团有限公司、周大福珠宝集团有限公司主席兼执行董事、新世界发展有限公司主席及执行董事等。2013年当选为第十二届全国政协常委。

郑家纯自幼得父母言传身教，传承郑氏家族为善爱群家风，深爱家乡。1998年，随父母回乡，参加伦教中学、伦教颐老园等落成活动。2000年，得知家乡易地新建伦教医院，立即捐款200万元，支持购置设备。

近年，郑家纯积极支持家乡"珠宝名镇"建设。2013年，投资超500万元在伦教产业园设顺德首家珠宝专业检测中心；同年12月，开设周大福珠宝文化中心，致力树立珠宝文化品牌：2013年，投资智能物流配送项目；2019年建成"匠心智造中心"，深化珠宝美丽产业。

郑家纯素重民生。其香港新世界在内地投资扩展至20多个省市。同时，参与北京与天津市中心旧城改造项目，也是第一家在内地引进香港"居者有其屋"安居工程项目的香港地产商。

郑家纯心系教育。1998年，他率领集团与国家外国专家局及哈佛大学肯尼迪学院签定协议，成立"新世界哈佛中国高级公务员培训计划"，支援国家人才培训工作。2006年，外专局向郑家纯颁发"炎黄奖"，以表彰其特殊贡献。

2011年，郑家纯与外专局再度合作，设立"外专千人计划基金"，计划在10年间引进1000名海外专家前往内地工作。2007年，他与菲尔兹奖得奖者丘成桐教授合力成立"新世界数学奖"，致力培育华裔数学英才。其情深与襟怀，令人敬佩。

郑裕培独资捐建的培教中学，现为郑敬诒职业技术学校——（郑敬诒职业技术学校供图）

（五）郑裕培

郑裕培，郑裕彤弟弟，担任香港周大福珠宝金行有限公司董事、香港周大福企业有限公司董事、香港新世界发展有限公司董事。为香港顺德联谊总会永远名誉会长、顺德区政协常委，获"顺德荣誉市民""佛山市荣誉市民"称号。

改革开放初，郑裕培与母亲捐款兴建伦教医院，首创旅港乡亲捐建福利项目，在社会引起高度关注。后捐资助建外科综合大楼、顺德医院、熹涌医疗站、伦教康乐中心、顺德体育中心。

此后，郑裕培捐资重建位于伦教的母校，在仕版、羊额、熹涌等村修建学校，并捐资建设顺德华侨中学科学大楼。1987年，他独资兴建培教中学，后助建伦教新中学、杏坛北水小学、南朗小学等。

郑裕培心怀老幼孤寡。1991年捐款建伦教颐老园，成为顺德一级敬老院。他曾捐建伦教幼儿园、熹涌幼儿园、霞石叠石幼儿园，后筹建伦教社会福利基金会，首创捐资设立镇级社会福利基金组织。

此外，在20世纪80年代初，他与母亲合资铺建伦教环城新马路，后捐资兴建伦教少年娱乐场。

（六）郑锦超

郑锦超在 20 世纪 90 年代初随父亲郑裕培回乡，参与顺德首家四星级港资酒店与顺德新世界酒店建设。

多年来，郑锦超捐建郑敬诒职业技术学校，赞助郑敬诒职业技术学校奖学金和顺德郑裕彤中学、伦教中学奖教奖学金，捐资支持伦教社会福利基金会，修缮伦教颐老院、伦教小学等。

2014 年，郑锦超促成香港伦教同乡会成立，推动两地发展。2018 年，郑锦超与太太郑沈玉明回乡，参加伦教镇教育基金募捐活动。

郑锦超任香港新时代能源有限公司主席、长虹发展（集团）有限公司董事总经理、香港顺德联谊总会会董、香港伦教同乡会会董、伦教社会福利基金会副主席等，为顺德区政协委员、顺德荣誉市民。

（七）郑锦标

郑锦标早年深造于美国，学成后归港，工作于周大福珠宝金行，从基层做起，积累经验与技术，后专注财务，管理公司运营。从 20 世纪 80 年代开始，郑裕培、郑林淑芳夫妇每年开春后必回乡探望学子、老孺，郑锦标必随父亲郑裕培和母亲郑林淑芳探亲访友。

公务余暇，郑锦标致力家乡公益，捐建何显朝纪念学校，修缮培教小学，资助贫困学子，赞助熹涌、羊额、荔村等村敬老活动。

郑锦标现为香港周大福集团执行董事、财务总经理，香港金银业贸易场副理事长，香港伦教同乡会会董，为"顺德荣誉市民"。

郑氏家族，家风优良，三代接续，为善乡里，不求回报，朴实无华，声闻内外。

七、马荣业昆仲

乐从镇水藤人马荣业，抗日战争期间，辗转来到南非，后在约翰内斯堡开设"同乐饭店"，为南非著名中国菜餐馆，鼎盛时超 20 间，遍布南非各大城市。

"同乐饭店"主营顺德菜。在南非，这是独领风骚的中国招牌菜。它将中国餐饮文化的精髓渗透到这个多彩的非洲国度。马荣业选聘顺德厨师，聘用当地黑人跑堂，对于用餐各色人种全部以礼相待，备受瞩目。对此，马荣业表现得异常勇敢和坚定，不仅令他在侨胞中拥有崇高威望，更赢得当地人的尊重和敬佩。

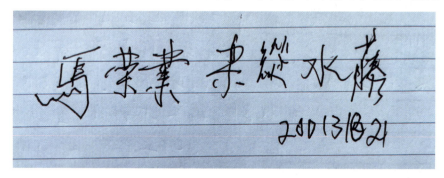

马荣业珍贵笔迹

马荣业深爱祖国。从 20 世纪 50 年代开始，马荣业就汇款回乡，认购公债，后捐赠汽车，协助运输，更组织同乡，归国参观。

1990 年，受南非华人委托，马荣业与广州有关部门商讨收回原南非联卫会所广州旧址之事，并妥善解决所有细节，令南非归国华侨在广州拥有一个方便的落脚点。这个旧址，一直记录着南非华侨与故土的许多故事。

1992 年国内华东地区水灾，马荣业率先捐资，更发动筹款，被华侨们公推为中国赈灾筹委会主任。

1997 年，筹建中的广州香江野生动物园到处寻找各类非洲动物。马荣业立刻连同几位乡亲四处张罗，帮忙搜集 130 多种动物。随后，这些动物乘上货运包机千里迢迢运回中国。

马荣业在南非得到广大华侨的拥戴和社会各界的敬重。他主持筹建南非顺德联谊会，出任首任会长。

马荣业故乡情深。他曾率团回乡参加顺德 13 项建设庆典。举凡家乡建设，他无不率先捐款，深孚众望。

马荣业致力推动中国与南非建交，功不可没，备受尊崇。南非前总统曼德拉与他是几十年老朋友。他俩常在一起侃侃而谈，关系亲切融洽，充分体现出旅居南非华侨在当地的地位。

其弟马荣带为南非约翰奈斯堡最大肉铺商。马荣带素怀桑梓深情，参与助建顺德藤溪水厂、沙滘中学、水藤医院，后兴办一所集幼儿园、小学和中学为一体的学校——南非华侨国定中小学，出任董事长。

兄弟二人带领族人捐助家乡，不遗余力，深获清誉。

八、李伟强伉俪

北滘镇莘村人李伟强对乡邦素怀深情。

改革开放初，李伟强投资近亿元在家乡莘村兴办意大利款式的艺恒信制鞋厂与佛罗伦制衣厂。同时，投资 2000 多万元兴办鳗鱼场，发展现代农业，推动家乡经济。

1980 年，李伟强捐资近 500 万港元，完善母校陈村青云中学改建、之贞礼堂兴建、学校易地重建等工程，创建"青云中学奖教奖学基金"等。

同时，李伟强捐资助建北滘中学、杏坛北水小学、南朗小学、李伟强医护学校，支持顺德首届教育基金百万行。

李伟强投资实业，助力家乡发展，更兴学育才，造福桑梓，素获佳誉。

其夫人李何辉仪捐建爱心幼儿园、莘村小学，后易名"广远小学"，现为佛山市一级学校。多年来，她全力支持丈夫回乡创办企业，贡献家乡，屡获称誉。她还合资建莘村中学，经多年发展，现为顺德乡村名校。贡献良多的李何辉仪获莘村授予"模范村民"称号。1992 年，李伟强获顺德政府颁授首批"顺德荣誉市民"称号。

1995 年，李何辉仪获政府授予"顺德荣誉市民"光荣称号。夫妇二人先后获此殊荣，成就一段佳话，也可见出他们确为善不让品德。

九、陈登父女

乐从镇新隆村人陈登捐资 1000 万元人民币，设立陈登职业技术学校，培养地方技术人才，贡献深远，获"顺德荣誉市民"称号。2005 年，陈登逝世，其女陈德勋秉承父亲遗愿，继续捐资支持家乡教育事业。

陈德勋除继续每年向"陈登教育基金"注资20万元人民币外，更捐资助建生活大楼。同时，为表彰陈登职业技术学校全体教师常年的辛劳，特意捐款100万港元，为每位教师配备一台手提电脑。

父女两代接力捐资办学已成顺港两地美谈。

凝结陈登家族深情的乐从镇陈登职业技术学校——（劳慧容摄）

十、翁祐家族

伦教羊额人翁祐为探索投资内地的先驱。1986年，蚬壳集团在顺德设立生产基地，与北滘镇经济发展总公司合作，兴办蚬华电器制造厂，将已然畅销世界市场的"SMC"牌吊扇厂移到北滘新厂。1990—1991年，工厂荣获全国乡镇企业产销第一位，10 年内生产豪华吊扇近 5000 万台。

此后，翁祐在北滘兴办全国生产与出口量最大的微波炉厂。1995 年引入美国惠而浦有限公司的技术，推动顺德微波炉跳跃式发展。

翁祐慈怀善德，曾任东华三院总理，先后被评为"佛山市荣誉市民""顺德荣誉市民"，支持夫人翁何韵清出任保良局总理，造福妇孺。

翁祐出任香港顺德联谊总会副会长，后为首席荣誉会长，对会务贡献深远。

1983 年起，翁祐捐建翁祐中学、羊额何显朝纪念小学、伦教中学、北滘中学、南朗小学、顺德医院、伦教文化康乐中心、羊额公园、顺德体育中心、羊额福利基金、伦教社会福利基金、顺德慈善基金、顺德教育基金、顺德首届教育基金百万行、顺德首届体育运动会等。

翁何韵清为善不甘人后。她曾任香港蚬壳电器工业（集团）有限公司常务董事、香港顺德联谊总会永远名誉会长，获"佛山市荣誉市民""顺德荣誉市民"称号。她更悉心培养子女，令他们皆深造于名校，学业卓越。

致力家乡发展的翁祐——（图片来源：《情系故里 光耀伦常——伦教旅外乡亲关爱家乡纪实》）

其子翁国基留学返港后，协助父亲翁祐管理集团业务，迅速打开欧美市场，更成为父亲投资内地重要助手。他现为香港蚬壳电器工业（集团）有限公司董事总经理、香港东区少年警讯活动委员会名誉会长、香港贸易发展局之电子及家电业咨询委员、香港特别行政区政府资助之设计创新（香港）有限公司董事局成员，是"佛山市荣誉市民""顺德荣誉市民""广州市荣誉市民"。

1995 年，翁国基在家乡成立顺德蚬华多媒体制品有限公司，成为当时中国第一家影碟机生产基地。

深受父母影响的翁国基，积极参与父母的各项善举，捐资总额逾 4000 万港元。

因其卓越功德，获"顺德荣誉市民"称号。

翁祐一家两代人先后接力，投资家乡，致力公益，皆成楷模。

十一、梁孔德伉俪

自 1993 年以来，杏坛镇人梁孔德与夫人梁刘柔芬一道投资建设广东康宝电器厂，创办金华利亚服装有限公司与顺德高宝真空表面处理有限公司。

梁刘柔芬于 1997 年香港回归前加入香港临时立法会，1998 年 5 月当选为立法会议员，致力香港繁荣发展。她参与创立"香港联合国儿童基金委员会""文娱慈善基金"，积极参与"志莲安老信托基金会"的活动。

1993 年以来，她积极支持丈夫投资家乡，推动工业发展，与丈夫一道慷慨捐资助建杏坛中学教学大楼，设立杏坛中学奖教奖学金，不遗余力联手推动家乡发展。

梁孔德伉俪合力支持家乡发展，成为新一代顺德港澳台同胞中的典范。他们一同获授"佛山市荣誉市民""顺德荣誉市民"称号。

十二、冯钰斌昆仲

容桂街道马冈人冯尧敬桑梓情深，曾捐建桂洲马岗医院，为民众排忧解难，深得民颂。其子冯钰斌为永亨银行董事长兼行政总裁、香港美丽华酒店企业有限公司董事。1989 年，捐赠巨资助建桂洲冯尧敬纪念医院，更为医院添置高级医疗设备；同时，捐资推动家乡教育、自来水工程、交通建设发展。他曾获"顺德荣誉市民""佛山市荣誉市民"光荣称号。

冯钰斌的弟弟冯钰声于 1989 年参与捐建桂洲冯尧敬纪念医院、冯尧敬夫人医疗大楼，以香港冯尧敬纪念基金会名义积极为家乡捐资助发展，获"佛山市荣誉市民""顺德荣誉市民"称号。

2016 年，冯钰斌得悉家乡顺德正筹建顺德华侨博物馆，还专程将"永亨"版匾捐赠回乡。

昆仲二人，弘扬为善乡里、不求回报家风，深得家乡民众称誉。

冯钰斌在捐赠仪式上讲话——（顺德华侨博物馆供图）

十三、梁季彝家族

（一）梁季彝

梁季彝出生于勒流黄连，后赴广州刘杏樵私塾求学。毕业后，经二姐夫卢培生介绍，工作于"祐安银号"，后由家族注资入股"祐安银号"。日本侵华期间，梁季彝携眷赴澳门，设"祐安银号"，后停业，专心经营"广安银号"，发展为广安银行。1947年，梁季彝与何智煌、卢子荣、潘博文、伍宜孙、伍絜宜等响应冯华甫、尤汉烈、黄信象、关竹林等人倡议，推动成立香港顺德联谊总会。梁季彝夫妇素重教育，子女多从事医学、金融、商业，成就卓异，多投身公益，尤重教育。

梁季彝

梁季彝夫妇与十个儿女合照

（二）梁定邦

长子梁定邦，香港太平绅士。1959年，梁定邦获香港大学内外全科医学学士学位。梁定邦行医济世，是香港医学会会员、圣约翰救伤队医师，曾任前香港吸烟与健康委员会主席、香港防癌会主席，考取并当选英国伦敦皇家内科医学院院士、英国爱丁堡皇家内科医学院院士、英国格拉斯哥皇家医学院内科院士等。1991年获颁大英帝国勋章。梁定邦虽未投身商界，但上辈产业经营积累、令其心无旁骛、精进奋发，投身社会服务。他曾任香港东华三院总理、香港特区第

梁定邦

一届政府委员会委员、港事顾问委员，他更不忘回报家乡，弘扬家族精神，是广东省政协委员。

1978年，梁季彝逝世，梁定邦参与广安银行业务，后任董事长。广安银行

后改称"星展银行"。1979 年，梁定邦成为英国伦敦银行学会会员。

梁季彝家族捐建梁季彝纪念学校

1984 年，梁定邦获政府委任为香港市政局议员；1991 年当选香港市政局主席。在任期间，他致力改善香港公共环境卫生，尤重公用厕所设计与卫生，有"厕所博士"雅称，更完成香港中央图书馆、香港大球场等工程。

梁定邦重视家乡发展，多次组织香港市政局、广安银行高级职员返乡考察。

梁定江

他捐建或支持项目众多，包括勒流新医院门诊大楼、新勒流中学、黄连梁季彝纪念小学、梁季彝纪念小学奖学基金、黄连梁季彝纪念中学、顺德体育中心、黄连扶阁梁氏宗祠等，获授"佛山市荣誉市民""顺德荣誉市民"称号。

（三）梁定江

梁定江，排行第二，生于广州，少时随家族赴港。1954 年，攻读于悉尼大学医科学院。1957 年，回香港协助父亲管理银行业务。1967 年，梁定江再回悉尼，入读悉尼大学经济学院毕业后回港。梁定江为澳洲会计师学会会员、香港会计师学会会员、香港会计及核数师税务会会员、大安地产董事长，成就瞩目。

（四）梁定中

梁定中，排行第三，出生于广州，幼年时随父母赴港，后攻读于悉尼大学牙科学院。后回香港设诊所，并在香港圣约翰救伤队服务超十年，获圣约翰救伤队长期服务奖。梁定中除在香港执业牙科外，还进入家族银行业务。梁定中谦和谨敏，深得各方赞赏。

梁定中

（五）梁定谋

梁定谋出生于黄连，排行第四。毕业于美国加州州立大学，工作于广安银行，曾任香港广安银行、广安财务公司及广安保险公司董事总经理兼行政总裁、香港银行华员会名誉顾问、香港布业商会名誉会长、京港人才交流中心香港董事、国际商会—中国香港商务局执行委员会委员、国际商会—中国香港商务局银行业界主席等。

1973年，广安银行与日本富士银行合作，发展为国际性业务网络银行，后与新加坡星展银行

梁定谋

合营。1982年，梁定谋组团远赴美国考察，吸收先进科技与管理制度，在其领导下，1996年，广安银行上市。

1993年，梁定谋率银行客户考察团赴广东省考察；1997年，共约250名客户于广东省各县市投资，引入投资总额约达35亿港元，为珠江三角洲提供大量就业机会，其中长城聚怡、天利针织、普华国际会计公司、堡狮龙集团等在广州设厂、设店，他更将IBM中型计算机赠予广州市政府决策服务中心。

1995年，梁定谋率家族成员回家乡勒流黄连，建立纪念其先父梁季彝的梁

季彝纪念学校。1996 年，获授"广州市荣誉市民"；2000 年，获"顺德市荣誉市民"称号；2004 年，佛山市人民政府授予"佛山市名誉市民"称号。

（六）梁蕙芳

梁蕙芳，排行第五，为家族长女。出生于香港，攻读于澳大利亚悉尼音乐学院，专修钢琴专业。1963 年，赴美入读加州省大学修读文科，后留美工作。婚后移民加拿大，后定居于美国加州沙加缅度，参与小学、钢琴教育工作。2008 年，参加美国华人社区首府中乐团，表演柳叶琴。夫妻热心支助中国国内音乐工作，积极参与捐建梁季彝纪念学校。

梁蕙芳

（七）梁定基

梁定基，1942 年出生广州，排行第七。后随父移居香港，留学美国，攻读数学与机电工程。毕业后，在美国、澳大利亚及香港工作。

梁定基致力国内扶贫学生工作，积极参与香港及家乡顺德家族学校活动。不为名利，投身慈善，为香港·顺德慈善会理事。

梁定基

（八）梁定仁

梁定仁，1947 年出生于香港，排行第十。1970 年毕业于悉尼大学，为荣誉医学士，后为澳洲皇家医学院及多间英国皇家医学院外科手术院院士，是肝、胆、肠胃手术权威。曾于香港，新加坡，英国及澳大利亚讲学，行医 27 年。梁定仁现为澳洲新南威尔斯省太平绅士等。梁定仁性情率直，平易近人。

梁定仁

（九）梁定一

梁定一，排行第十一，出生于香港。就读于英国纽卡斯尔大学，后任职于澳大利亚政府邮政局。

梁定一热心慈善与教育工作。从 1993 年起，联同十二弟梁定安，在清远资助 200 多位学生入读高等学院，并资助活泉基金会在国内及国外各项慈善项目。如今，每年支持逾 60 名安徽省合肥市留守儿童。

梁定一

（十）梁定安

梁定安，排行第十二。1950 年出生于香港，1970 年攻读于悉尼大学牙医学系。毕业后在澳大利亚私人诊所及牙科医院任职。

1976—1978 年入美国乔治城大学深造，为牙齿矫正科硕士。1979 年任职于香港政府卫生；1980 年，私人执业，为博爱医院总理、香港活泉基金会董事长、活泉基金会主席等。曾获国际扶轮社—保罗哈利斯奖、美国加利福尼亚州州奖。

梁定安

梁季彝家族部分成员合影——（1978 年 1 月摄于香港）

1992 年，梁定安参与勒流梁季彝纪念学校捐建工作；2022 年，代表梁季彝家族与容燕文校长、黄连社区萧国松书记、梁季彝纪念学校筹建发起人关庆锭一道，建立梁季彝纪念学校教育发展促进会，推动勒流梁季彝纪念学校提升。

十四、汤国华父子

汤国华

汤国华，勒流街道新启人，佛山市荣誉市民、顺德荣誉市民，素重家乡发展。1991 年开始捐建勒流医院、新勒流中学、勒流新启新龙小学、圆玄幼儿园等。同时，创办圆玄学院福利中心，修缮石龙岗道路、桥梁、幼儿园与老人康乐中心，还与夫人刘素绚一道，参加顺德首届教育基金百万行。汤国华以其为代表的香港圆玄学院，于 1994 年捐资 1000 万元，与家乡共建大凤岗公园；2021 年，香港圆玄学院将所属权益部分无偿捐赠至勒流街道办事处。1992 年，在汤国华促成下，其子汤伟立与台湾商人合作，兴办天任车料有限公司顺流自行车厂，产量与出口量均为全国冠军，令连杜管理区一带成为独具特色台商工业村。后汤伟立以其父亲汤国华名义捐资勒流中学、富安中学，成立勒流中学汤国华图书馆基金，更以家庭名义捐建宝林寺、勒流新龙小学。父子乡梓情深，反馈乡里，助力家乡发展，传为佳话。汤伟立获授"佛山市荣誉市民""顺德荣誉市民"称号。

汤伟奇，汤国华儿子，顺德荣誉市民，早年赴美留学，主修化学工程。1962 年大学毕业后返港，加入汤国华所创皇后洋行有限公司，任总经理，后创办美仕玩具有限公司，为香港玩具业界先驱。汤伟奇热心服务教育及慈善，曾任博爱医院荣誉顾问等，为香港社会服务英才。汤伟奇致力家乡各项事业发展，深受家乡民众称颂。

勒流富安中学凝结着汤氏家族对故乡的深情——（黄宏欣摄）

十五、梁开伉俪

梁何八，大良人，其夫梁开生前是香港伟兴德记有限公司董事长，大良梁开中学捐赠人。梁何八热情支持丈夫梁开捐资家乡教育建设的善举。

梁开夫人（左六）等冒雨视察工地——（顺德华侨博物馆供图）

梁开早年小本经营,后开设花纱厂,渐具规模。1990年,他捐资兴建梁开中学,首开顺德一次性捐赠 1000 万港元建校历史。建校期间,梁开不幸去世,其夫人梁何八不顾体弱,坐轮椅回乡,事无巨细,多必躬亲,使学校顺利落成。学校一砖一瓦,凝聚着梁开伉俪倾情教育的一片深情。梁何八被授予"顺德荣誉市民"。

梁开伉俪情倾教育,联手共建,令人动容。

十六、杨全家族

1972年,伦教鸡洲村人杨全和表弟创立德丰证券投资有限公司,担任董事长。

杨全虽旅居香港,却情牵乡梓。1978年起,他就率先带家人回乡,投身公益。1984年,他与同乡李锡合资,将鸡洲小学易地重建,称"鸡洲锡全小学"。1993年,他又与李锡设立"锡全小学奖教奖学基金"。2016年适逢其90大寿,成立"杨全扶贫助学基金",以助学助困。

杨全多年助建伦教体育馆、伦教中学、锡全小学、华侨中学、杏坛小学等,以兴学育才。2002年始,他与李锡在家乡鸡洲举办敬老大会,致力敬老扬孝,深得民颂。

其女杨凤仪、子杨浩东秉承父志,积极支持家乡公益。女儿杨凤仪为眼科专家,为学生开设保健讲座。

这些源自家庭、家族的善举成为上辈言传身教的良好家风,化为乡间民众口耳相传的佳话,更因彼此引导与激励,转化为推动顺德早期经济发展的重要力量。

第二节 投资家乡 探索先行

20世纪70、80年代，大批港澳台同胞将先进技术与大量资金引入家乡，不仅为家乡提供大量就业机会，改变了人们的人生历程，而且以现代管理与产业技术，助推顺德迅速崛起。

一、李锡家族

20世纪80年代初，李锡率先回到故乡伦教街道鸡洲，投资兴办德兴塑胶制品厂，招收本地员工，解决乡亲就业，注入澎湃力量，成为最早回顺德投资创办实业的乡亲之一。

此后，他与人合办信达电器有限公司，生产充电器与微型变压器等，令封闭乡村渐渐生机勃发。他还带动大批乡亲投资鸡洲，形成后续力量。

回顺德投资的李锡

90 年代初，他在鸡洲创办保利达有限公司，生产电器配件，销售海外，名声远播。

改革开放初，李锡为家乡捐赠交通工具与发电设备，捐资修筑道路，更与旅港乡亲杨全捐建"鸡洲锡全小学"，后助建永丰小学、杏坛南朗小学、伦教康乐中心，更捐资支持伦教社会福利基金会和顺德教育基金会、体育中心，资助贫困户、五保户等。此外，他率先捐资助建伦教中学。

李锡无私回报家乡，率先垂范，引领风尚，深获嘉誉，先后获授"顺德荣誉市""佛山市荣誉市民"称号。

其侄李福林为伦教鸡洲村乡贤，现任香港顺德联谊总会总务部副部长、香港伦教同乡会会董、伦教社会福利基金会委员等。

李福林深受家族慈怀善德的传统影响，一直率先捐款，为贫困学生购置课桌椅、文具、教学用品，足迹遍布怀集、翁源、罗定等地。2017 年，他捐资在甘肃省定西市筹建希望小学，深具家族为善争先古风。

二、梁伟明

1979 年，北滘镇碧江人梁伟明目睹家乡虽水产品丰富，但因资金技术限制，无法打开对外贸易，于是向有关部门建议，引进先进技术作为投资，所费资金以渔货抵偿，款项还清，设备归国有，探索"补偿贸易"新模式。梁伟明与广东省水产厅签署的合同编号为 001，成为中国内地第一份"补偿贸易"合同，其事迹载入史册。

1987 年，梁伟明与北滘镇共建"兴顺食品发展有限公司"，发展海产与肉鸡加工出口，帮助乡民通过饲养土鸡走

1982 年，梁伟明（左）与时任顺德县县长吕根为北滘伟明医院揭幕——（北滘镇档案馆供图）

上致富道路。过程虽曲折坎坷，但他从未退缩。1996年春节，顺德极寒，梁伟明以高价收购冻鱼，及时解除乡民困境。此后，其企业成为顺德创汇重要大户。

梁伟明引入资源，帮助建设广深珠高速公路顺德路段与顺德"八路五桥"，力助顺德完善交通，提升经济发展。

梁伟明为家乡捐款修建村道、梁伟明医院、职工宿舍楼、北滘妇幼保健所、泮浦托儿所和幼儿园、坤洲颐老院、碧江中学、北滘中学，设立北滘镇教育基金、北滘中学奖教奖学金，助建顺德体育中心、老干部活动中心。

其仁心善举，世人钦颂，先后获授"顺德荣誉市民""佛山市荣誉市民"称号。

三、廖新源

勒流街道勒北人廖新源出身贫苦，深知人间不易，几十年间，粗茶淡饭，精进奋发，但乐善好施，不甘人后。

改革开放以来，廖新源一直致力家乡经济发展。

20世纪80年代初，他与亲友合力在家乡兴办恒德微型摩打厂，为800多名乡亲提供就业机会。

多年来，廖新源共捐建勒流新球英文书院（中学）、新勒流中学、勒北新球小学、龙湾公园、龙湾大桥、新球医院、新球敬老院、忠义幼儿园、新球婴儿乐园、新球福利基金大楼等。他还全力完善家乡交通道路与环境建设，同时，为村中孤老村民施医赠药。

1998年，廖新源在大良捐资兴建"顺德新球医院"，是一所多功能现代化医疗机构。

廖新源不仅为善家乡，更在北京、上海、延安、连南（属清远市）等地捐资办学，造就英才。他的捐资项目有北京市平谷区新球书院、延安市延川县新球书院、上海大学新球演讲厅（在该校设立新球青年科技发展奖励基金）、广东省连南县民族小学新球大楼。

基金会为乡民提供切实而恒久的支持

廖新源还分别被聘为北京市平谷区新球书院名誉校长、上海大学客座教授、连南新球书院名誉校长。

廖新源兼任香港顺德联谊总会下属多所学校校董及顺德梁銶琚中学校董，贡献良多。

为表彰廖新源的深远贡献，各级政府分别授予他"顺德荣誉市民""佛山市荣誉市民"等光荣称号。

廖新源所捐项目，多以"新球"命名，内含自己与太太余宽球之名，深含情谊，令人感动。

四、黎君刚

从1985年起，龙江镇陈涌人黎君刚就专注助推家乡龙江镇陈涌村各项事业。他捐建聚龙城大道、聚龙医院、陈涌聚龙小学、体育馆、人工湖、保龄球馆、陈涌各村文化室。

同时，他引资设立裕山织造、港龙纺织、金星针织等企业，兴建南丰花园、南盛花园等大型商住楼和商业大厦、山村酒店、大富豪酒家、龙城美食、卧龙居等。

陈涌管理区在1996年获评全国造林绿化"千佳村"。

黎君刚切实支持家乡建设，助建龙江自来水工程、金紫阁公园、龙江镇人民政府大楼、仙塘管理区学校，更支持龙江中学奖教奖学基金会、"希望工程"、顺德龙江商会、国庆龙舟公开赛等。1995年，获授"顺德荣誉市民"称号。

五、黎时煖

黎时煖（1923—2002），乐从镇路州村人。曾任香港保良局总理、东华三院董事局主席，为香港顺德联谊总会总监、世界顺德联谊总会名誉会长、顺德市政协顾问、顺德荣誉市民、佛山市荣誉市民。

1946年，黎时煖在香港经营绸缎，创办四海绸缎商行，任香港四海绸缎有限公司董事长，赢得香港"绸缎大王"的美誉。

1971 年，黎时煖获港英政府委任为非官守太平绅士（MBE JP）；2005 年，获香港特别行政区政府授予铜紫荆星章；2017 年，再获授银紫荆星章。

一生谦朴、无私奉献家乡的黎时煖

黎时煖在获选九龙西区扶轮社社长后，牵头捐献巨资，同时发动社员筹建水上医疗船"友爱号"，为当时生活于船上的渔民提供完善医疗服务。

黎时煖深爱家乡。60 多年间，黎时煖不遗余力地为家乡发展捐资，致力公益事业，如投资建设路州乡泽甫大道、瑞颜幼儿园、路州车站、路州小学东楼、路州侨联大厦、黎时煖松柏大学等，助建路州会堂、西街水泥路、南江楼、康乐楼、鹭洲侨联大楼、鹭洲小学东楼等。他更率先捐资助建乐从医院、沙滘中学、红棉幼儿园、顺德体育中心、顺德名胜宝林寺等工程，积极参与首届顺德慈善百万行活动。

2008 年，"黎时煖慈善基金"成立。黎时煖将在广州和家乡的物业租金全数拨入慈善基金，惠及家乡的教育、医疗、敬老、扶弱、助学等事业；2018 年，他又注资逾 4900 万元继续支持慈善公益事业发展。其善举与嘉德，深得社会各界及乡亲们敬重和爱戴。

黎时煖捐资家乡不遗余力，平时生活简朴素雅，在香港获"太平绅士"，在内地获"顺德荣誉市民""佛山市荣誉市民"，德高望重，质朴谦和，深受尊敬。

六、罗景云

1979 年，容桂街道马冈人罗景云率先回到家乡，助建马冈兴办毛织厂、玩具厂、马冈书院、马冈医院、马冈宾馆、乡村道路，改善环境，美化风貌。同时，组建"香港建设马岗筹委会"，亲任主任，推动家乡发展，带头助建顺德体育中心。

罗景云致力家乡发展。此为罗景云（前排左十）参加马冈书院开张典礼——（顺德华侨博物馆供图）

罗景云素重家乡教育，曾担任华侨中学、梁銶琚中学、李兆基中学、郑裕彤中学及李伟强医护学校等校董事会主席，更一直支持均安女子篮球队、顺德男女龙舟队赴港比赛，任香港顺德联谊总会接待委员会主席。罗景云调动社会资源，力推家乡发展，功深德高，世人钦颂，获"顺德荣誉市民""佛山市荣誉市民"称号。

七、叶霖佳

早在 1979 年，龙江人叶霖佳就为龙江医院捐赠救护车与医疗设备，助建龙江华侨旅行社。

多年来，他致力捐助教育、卫生、陈涌五金电器厂、镇蘑菇种植场发展，同时，赞助龙江工业公司幼儿园、西溪幼儿园、紫云阁公园等。1994 年，他捐建叶霖佳中学，设"叶霖佳奖教奖学基金会"。叶霖佳多年大力支持家乡发展，获"佛山市荣誉市民""顺德荣誉市民"称号。

八、陈秋

1982 年，在众多乡亲观望犹豫时，伦教乡亲陈秋在家乡新塘管理区（村）投资兴办手袋厂，成为顺德最早中外合资企业之一。工厂招收工人近 500 名，成为伦教最早一批工人。1990 年，陈秋再次投资兴建大丰手袋厂。此举起到深远示范作用。同时，现代化企业管理与先进设计、技术、观念，有力推动顺德工厂转型，更为本地培养大批专才。

陈秋在 20 世纪 80 年代初捐赠农用汽车数十台，帮助家乡运输发展。此后多年，他

陈秋——（图片来源：《情系故里 光耀伦常——伦教旅外乡亲关爱家乡纪实》）

捐建伦教康乐中心、伦教中学校舍等，成为港澳同胞投资伦教先行者，获"顺德荣誉市民"称号。

九、罗国兴

罗国兴，中山市人。1987年，罗国兴受公司委派回伦教筹办周大福首饰钻石加工厂。此举为内地首创。筹建期间，万难纷涌，但罗国兴抽丝剥茧，化难为简，不仅培养出珠宝加工英才，且令伦教成为中国四大珠宝首饰基地之一。30多年间，作为郑裕培的慈善代表，罗国兴促成其在顺德的100多项慈善项目，涵盖伦教医院、伦教中学、伦教郑敬诒职业技术学校等，总额达数千万元，有力助推顺德社会发展。

作为香港周大福集团原高级经理，伦教侨联顾问、伦教社会福利基金会委员、香港伦教同乡会会董，罗国兴常年资助困难大学生，坚持"光明行动"10年。他于2008年获评"感动伦教人物""顺德好人"；2015获"顺德荣誉市民"称号。其为人低调务实，扎实沉稳，素为同行表率。

第三节　满怀乡情　群星闪烁

从 20 世纪 70 年代开始，一批批来自海外、港澳台的乡亲纷纷回乡。他们捐巨资建医院、筑学校、修桥梁，助老救困，令百废俱兴的顺德获得弥足珍贵的无私支持。他们更将深沉的情感、先进的技术、现代的管理、深远的目光带进家乡，让工厂的机器、外来的文化、新奇的信息、相异的思维去冲击、改变、提升乡人，去寻找更适合家乡与时代发展的路径，一路前行。

一、大良

大门社区李氏乡贤

大门社区乡贤捐建家乡不遗余力，堪称楷模。

大门小学始建于 20 世纪 50 年代初期，至 1986 年，失修陈旧。大门香港同胞、旅港顺德绵远堂长老李君勉返乡获悉此事，与李克勤、李锐志及热心人士捐款，兴建两栋教学大楼、一栋教师宿舍和一间图书馆，深受赞誉。1988 年，李君勉为解决当地幼儿入学问题，捐资兴建幼儿园，成为当年顺德最具规模的乡村幼儿园。村委会以李君勉夫人之名将幼儿园命名为"李杨月琼幼儿园"。

李君勉去世后，其子女感佩于父亲对家乡的深情，计划建纪念堂以缅怀父亲。大门管理区深佩李君勉对家乡的贡献，于 1991 年合资建设"大门李君勉纪念堂"，楼高二层，既为铭怀一代乡贤，也为乡民提供文化康乐空间。2021 年，李君勉纪念堂因片区提升改造需要，进行易地重建。

1991 年，旅港乡贤李楚川目睹家乡公共卫生医疗条件不足，捐资助建"大门李罗彩霞健康院"。同年，李克勤捐助老人康乐中心，并为铭怀其父恩德，特命名为"大门李庆云老人中心"。

1994年，旅港顺德绵远堂长老李锐昌捐资助建幼儿园，并以其母亲之名，将幼儿园命名为"大门李陈兰卿托儿所"。

李氏族人为善争先，深获乡人颂扬。

李氏家族为家乡捐建的幼儿园——（李庆祥摄）

二、容桂

（一）胡锦超

外村人胡锦超自1984年以来先后参与捐建桂洲职业技术学校、桂洲中学、桂洲小学、桂堂小学、桂洲医院、狮山公园、松柏康乐中心；助捐重修桂洲文塔公园、白莲公园、树生桥公园；赞助自来水工程建设，修桥整路，参与赞助桂洲社会福利教育基金、顺德体育中心、顺德教育基金百万行。同时，他将祖居落实侨房政策退还补偿款捐出，支持家乡桂洲外村福利建设。胡锦超先后获评为"顺德荣誉市民""佛山市荣誉市民"称号。

（二）胡永辉

胡永辉情系桑梓，乐于捐输。他曾助建桂镇小学、桂洲新中学、桂洲职业中学、桂洲冯派普颐老院、桂洲社会福利教育基金会、顺德体育中心，捐资顺德慈善基金、首届教育基金百万行。他热心公益，民颂不断。胡永辉先后获评为"顺德荣誉市民""佛山市荣誉市民"。

（三）梁耀明

梁耀明率身履道，为善争先，捐资助建容山中学、幼儿园、南区小学、南区公园、新桂洲中学、顺德体育中心、顺德医院、桂洲冯派普颐老院、蕙风幼儿园、华侨中学，修桥筑路，完善自来水建设，参与捐资重建青云塔、太平塔、锦岩公园、雨花寺等名胜。1995年，梁耀明获评为顺德荣誉市民。

三、伦教

（一）何伯陶

从20世纪70年代末开始，羊额村人何伯陶带头回乡，且联络海外乡亲回乡考察，发动他们踊跃捐助家乡发展。

1980年，他成立同学会，捐建羊额公路。此后，他出任筹委会主席，参与捐建羊额翁祐中学、伦教中学、羊额何显朝纪念小学、伦教文化康乐中心、北海大道等。

1983年，他协助旅港乡亲翁祐首次回乡。翁祐捐资110万港元设立羊额翁祐中学。1984年，他发动50多位港澳乡亲捐款，助建伦教中学。

1987年，何伯陶发动何罗腾芳（何显朝夫人）捐赠110万港元，设立羊额

何伯陶——（图片来源：《情系故里 光耀伦常——伦教旅外乡亲关爱家乡纪实》）

何显朝纪念小学，后合力助建伦教文化康乐中心。

何伯陶捐资支持家乡，不遗余力，从候车室到交通工具，从各类教育、慈善基金到伦教康乐中心、顺德体育中心、陈村文化康乐中心等，无不慷慨解囊，率先垂范，可谓仁人君子，为顺德荣誉市民、佛山市荣誉市民。

（二）苏善祥

霞石村人苏善祥从 1980 年起就捐建家乡幼儿园、敬老院、医院、道路、体育馆。他于 1987 年捐建霞石善祥学校；1988 年带头捐建霞石敬老院，率先在家乡霞石举办首届"百围宴"敬老宴会，为顺德首创；1989 年兴建霞石中心幼儿园；1995 年捐建霞石医院。同时，投资兴办砂砖厂、电缆厂、饭店，有力推动家乡全面腾飞。

苏善祥先后获评"佛山荣誉市民""顺德荣誉市民"称号。

（三）周鸿标

荔村人周鸿标早在 20 世纪 80 年代初回到家乡，参与捐建荔村会堂、伦教中学、荔村小学、伦教康乐中心、荔村敬老院、顺德体育中心，参与重修青云塔、太平塔、锦岩公园，乐善好施，深获清誉。1995 年，周鸿标获评"顺德荣誉市民"称号。

（四）梁汝棉

新民村乡亲梁汝棉为香港蒙利发展有限公司董事总经理、香港顺德联谊总会副主席、世界顺德联谊总会会董。

梁汝棉早年任职于香港周生生金铺，珠宝玉石研究精深，对家乡深情难忘。改革开放初，他为家乡捐赠大货车、农用车、农用降雨机、汽车轮胎等。20 世纪 80 年代中，他参与捐建伦教新民和泽小学、新民和泽幼儿园、原伦教中学、新伦教中学、新伦教初级中学、仕版奋扬学校、顺德体育中心、伦教康乐中心、新民仁和公园等。2010 年，梁汝棉获评"顺德荣誉市民"称号。

（五）陈志民

陈志民为熹涌村乡贤，经营洋服，名扬香江，担任亚洲洋服联盟总会顾问，第七届亚洲洋服联盟总会大会主席，港九洋服商联会名誉会长、理事长。陈志民乐善好施，1989年起捐建或参与捐建熹涌陈佐乾纪念学校、新伦教中学、熹涌医院、熹涌公园，更设熹涌陈佐乾纪念学校奖教奖学金与学校维修基金，深获民颂。

（六）陆润和

霞石人陆润和于1991年首次回乡，目睹家乡蓬勃景象，积极支持家乡发展，捐资修建道路、兴建幼儿园、建设霞石医院，成立霞石教育基金，支持伦教福利基金，投资承办顺德祥和建材厂，不遗余力。1995年，陆润和获评"顺德荣誉市民"称号。

（七）何廷锡

羊额村人何廷锡从1991年起捐建或参与捐建仕版奋扬学校、仕版医疗所、仕版奋扬康乐园、伦教新中学、伦教颐老园、伦教社会福利基金、顺德体育中心、顺德慈善基金等，德高望重，何廷锡先后获评"顺德荣誉市民""佛山市荣誉市民"称号。

（八）何杰文

抗日战争时期，羊额人何杰文赴港，成立"456铁价百货公司"，小本经营，务实守信，渐积财富。20世纪90年代中，深感家乡巨大变化，他捐资助建或参与捐建龙江敬老院、紫云阁、锦屏中学、集北老人活动中心、乐从镇水藤公园、龙江镇新医院、龙江镇城区初级中学等，资金过亿。他平时布衣素食，生活简朴，但一心为公，深得民颂。

何杰文先后获评"顺德荣誉市民""佛山市荣誉市民"称号。

投资家乡不求回报的何杰文——（李子雄摄）

（九）何荣标

新塘人何荣标捐建何润楷幼稚园，后常走访幼稚园，探望老师与小朋友。汶川特大地震后，澳门何泉记建筑置业有限公司主动联络澳门特别行政区政府，捐建利川区儿童福利院、养老院项目。何荣标的善举，折射出情浓于水的真切情谊。

（十）孙国林

熹涌村乡贤孙国林，现任香港恒基兆业地产集团执行董事，曾任香港物业管理公司协会会长、全国工商联香港分会物业管理委员会主席等。他于2005年获香港特别行政区政府颁发荣誉勋章，2011年获委任为"太平绅士"，2015年获颁"铜紫荆星章"，2023年获"银紫荆勋章"。

孙国林曾任佛山市顺德区政协委员、长沙市政协委员、广州市荔湾区物业管理协会名誉副会长、顺德李兆基中学校董、顺德郑裕彤中学校董、顺德华侨中学校董等。

每逢家乡敬老大会，孙国林多返乡参加，捐资为善。他常联络宗亲，支持家乡发展，更推荐专家，提供城市管理、社区物业管理经验，助力家乡发展。

（十一）梁伟炳

梁伟炳，荔村人。伦教华普电器实业集团公司董事长、澳门大正集团董事总经理，顺德伦教总商会创会会长、名誉会长、伦教社会福利基金会委员，佛山市荣誉市民、顺德荣誉市民。

梁伟炳早年生活在伦教，后定居澳门，从事地产。20 世纪 80 年代初，梁伟炳目睹家乡尚无商贸市场，乡民购物不便，他在伦教中心地段捐建华普商场，成为伦教商贸重地。

2012 年，梁伟炳继续投资建华普新翼广场，融饮食、娱乐、商场于一体，深受欢迎。2017 年，梁伟炳在 105 国道伦教路段旁建设幸福汇中心，推动家乡休闲、娱乐、生活建设，对完善家乡珠宝旅游文化贡献深远。

梁伟炳曾任伦教商会创会会长。他联络会员，出谋献策。梁伟炳致力公益。自 1993 年以来，捐资支持顺德教育基金、伦教镇社会福利基金，兴建梁添有夫人幼儿园、助建顺德职业技术学院，并任学院校董，捐资助建新伦教中学。2018 年再度捐资支持荔村小学扩建，深受推崇。

（十二）林炳新

林炳新，1970 年生，荔村人。林炳新从澳门粤华英文中学毕业后，进入澳门旅游娱乐有限公司，后获派驻菲律宾。1981 年回澳门出任管理层，后在澳门东亚大学进修工商管理，并于珠海书画大学进修中文书法。1992 年，公司将投资触角延伸至葡萄牙。林炳新长期驻扎葡萄牙并被邀担任总经理。他所管理的娱乐场成为葡萄牙该行业第二大公司。在海外社团和华侨华人的拥护下，林炳新担任多个社团的主要职务：南欧葡萄牙广东华侨华人协会永远名誉会长、葡萄牙粤港澳联谊会创会会长、葡萄牙华人工商联合总会名誉会长、葡萄牙华人联合总会名誉会长、葡萄牙华侨联顾问委员会主席等。2017 年，在欧洲 13 个国家的广东社团及中美代表全体一致推荐下，林炳新当选欧洲广东华侨华人总会永远名誉主席。

作为侨领，林炳新热心参与当地侨社事务，不但出资赞助当地华人社团开办中文学校，更在中国传统节日里，他管理的娱乐场将演出大厅免费提供给华人社团举办活动。在林炳新的支持和赞助下，华人在葡萄牙电台中获得使用"中国人的声音"播音的机会。每天下午3点到4点，以中文向华人播放资讯和娱乐节目。节目开播后，深受当地华人喜爱，一直保持高收听率。

同时，林炳新长期致力推动葡萄牙当地工商界发展，贡献深远。葡萄牙工商总会于2000年4月向他特别颁发"最高荣誉会士"称号。

林炳新崇诺守信，尚义重情，事不避难，慷慨忘私，深获推崇，他更致力华文教育与广府文化推广，推动家乡城市与葡萄牙城市结为姐妹城市，发挥难以替代的桥梁作用。2022年，林炳新获评"顺德荣誉邑贤"称号。

四、勒流

（一）周潮宗

周潮宗（1898—1980），黄连人，1925年随叔父周敬文定居日本横滨，经营饮食，生意兴隆。他担任日本东京广东同乡会顾问、横滨华侨总会顾问。周潮宗一直心怀故里，爱国情深。周潮宗去世后，其夫人周宽美捐款1500万日元在黄连梁季彝纪念小学和梁季彝中学建设400米跑道运动场，捐款1300万日元筹建运动场基金会，向勒流慈善基金会捐款330万日元，以完成周潮宗先生遗愿。

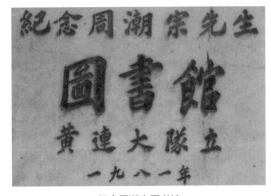

纪念周潮宗图书馆

（二）周富祺

周富祺，周潮宗长子。在日本横滨成立华人华侨商会，并任主席。在20世纪70年代，曾获周恩来总理特邀作为观礼嘉宾出席国庆典礼。其经营的粤菜餐馆曾常接待访日的国家领导人。

周富祺多次回乡探望乡亲，并于1981年在黄连捐建周潮宗图书馆，其后捐款 1500 万日元，在黄连梁季彝纪念小学和梁季彝中学建设 400 米跑道运动场，捐款 1300 万日元筹建运动场基金会，向勒流慈善基金会捐款 330 万日元。

（三）卢德光

卢德光曾任香港永泰行海产有限公司总经理、香港顺德联谊总会主席、香港中华总会会董、世界顺德联谊总会副会长等。

卢德光任香港西区扶轮社社员、西区少年警讯活动委员会副主席。同时，他是香港顺德联谊总会领导中坚。自 1996 年出任主席以来，团结会董，推进会务，发展新生力量，紧密顺港联谊，更致力公益、教育、敬老、救灾等，令香港顺德联谊总会承前启后，蒸蒸日上。

卢德光组织顺德联谊总会中担任顺德区政协委员与顾问的乡亲每年回乡参会，参政议政，务实为事，惠及乡亲，不求回报。每逢各种盛大庆典，他都率先响应，积极组团，支持家乡。同时，卢德光长期重视医疗教育与社会福利。他参与捐资助建华侨中学、首届教育基金百万行、顺德慈善基金、顺德医院及各镇医院、顺德体育中心、青云塔、太平塔、宝林寺等。卢德光先后获评为"顺德荣誉市民""佛山市荣誉市民"。

如今青云塔也留下卢德光当年捐建的历史痕迹——（李清华摄）

（四）梁汉佳

龙眼村人梁汉佳于 1976 年在香港创办嘉纶织造厂。1985 年，梁汉佳回家乡投资设立顺德县勒流区龙眼永恒织造厂。随着企业不断发展，梁汉佳于 1988 年投资成立顺德华纶针织厂；1993 年成立顺德伟纶针织厂有限公司，为村民提供就业机会。2002 年，梁汉佳增资顺德伟纶针织厂有限公司并引入大量德国、日本针织的先进设备。

先后获"顺德市荣誉市民""佛山市荣誉市民"称号的梁汉佳，为人低调朴素，但为家乡事业就热情捐助，包括捐建龙眼村至富裕村公路、西村小学、新勒流中学、龙眼小学等一批项目。

（五）廖宝礼

廖宝礼，勒北村人，加拿大籍华人，现任阿根廷国际科高有限公司董事长。廖宝礼深富爱乡情怀，热心公益，扶贫助困。

廖宝礼通过自己创办企业投身公益，分别捐助汶川地震救灾及希望工程助学资金各数十万元；2010 年至 2023 年期间，向勒流教育基金、勒北村委会、勒北小学等捐款、捐物，累计超百万元，其中出资 10 万元在勒北小学兴建足球场，从 2019 年起每年向勒北小学奖教奖学基金捐赠 10 万元。

（六）何青山

何青山，大晚人，出生于马来西亚吉隆坡。马来西亚集艺亚洲机构有限公司董事经理，曾任马来西亚顺德联合总会会长、马来西亚雪隆顺德会馆主席。

何青山早年赴英国攻读机械工程，1982 年毕业，任职于其父亲所创集艺机械有限公司，后专注油槽制造，满足国内产业需求，企业发展迅猛，后投资兴建新厂，拓展业务，企业命名为集艺亚洲机构有限公司。1997 年，公司上市。何青山致力公益，热爱家乡，周到接待到访马来西亚顺德乡亲，更率团回乡观光，推动两地文化经济发展。

（七）廖志明

廖志明，勒北人。早年投身房产，稳健严谨，守信重诺，深获众誉。1980年合理创办香港新界地产商联会，出任会长，致力推动房地产规范行业标准，守法经营，良性发展，对社会经济发展贡献深远。多年来，廖志明组织青年回乡，让他们亲身领略国内经济发展与文化繁盛，更热心公益，推动家乡教育、慈善事业发展。廖志明为香港新界顺德联谊会理事长。

五、陈村

（一）梁适华

梁适华，绀村人，香港宝光珠石有限公司、康源贸易有限公司、嘉年钻石有限公司董事总经理、香港珠石玉器金银首饰业商会理事长、香港特别行政区区事顾问、香港特别行政区第一届政府推选委员会委员、香港顺德联谊总会永远名誉会长、佛山市荣誉市民、顺德荣誉市民。

梁适华出身珠宝玉器金银首饰世家，深得父亲梁钊林熏陶，潜心钻研，扩大业务，先后创立嘉年钻石有限公司与康源贸易有限公司。

梁适华——（图片来源：《港澳海外顺德邑贤录》）

70年代，梁适华在南洋水域拓展珠养殖场，促进香港与国际贸易。如今，康源贸易公司已是世界重要南洋珠生产商及批发商。

梁适华致力推动珠宝业发展与消费者权益保护，更全力推动黄金与白金成色标准化，深得同行与客户称颂。

因其业精德高，深孚众望，自 70 年代起，梁适华获选香港珠石玉器金银首饰业商会理事长与香港钻石会主席，更获任香港消费者委员会委员、中西区区议会议员及香港贸易发展局珠宝业谘询委员会主席等。1989 年，获任香港太平绅士。

梁适华深爱家乡，倾情文化与教育。80 年代开始，与兄长梁愿宏、挚友周君令、何伯陶等捐建陈村镇文化体育中心、顺德体育中心、绀村梁钊林幼儿园。梁适华以其父之名设立梁钊林纪念基金，助建陈村镇梁钊林纪念小学。

（二）何添、何贤

何添（1908—2004）、何贤（1908—1983），祖籍番禺区石楼镇。早年，他们曾随父在陈村经营粮油店。他们后来虽事业大有发展，但无法忘怀与父母一起在陈村度过的简朴岁月，更难忘陈村乡民的质朴与真诚。

1982 年，何添、何贤昆仲捐资 250 万港币兴建陈村镇初级中学校舍；1984 年，何添在校舍落成时莅临剪彩；1989 年，何添捐款人民币 10 万元成立"何澄溪及何梁秋娴奖教奖学基金"；1994 年，再捐人民币 50 万元完善各项设施；2000 年，捐资人民币 150 元建学校综合楼。其受人滴水之恩，不忘涌泉相报真情，一直传为佳话。何添先后荣获"顺德荣誉市民""佛山市荣誉市民"称号。

（三）陈瑞球

陈瑞球（1926—2018），广东东莞厚街桥头村人。曾任长江制衣集团、YGM 贸易有限公司主席，获香港大紫荆勋章，为顺德荣誉市民、佛山市荣誉市民。抗战前，其父亲远赴顺德陈村拓展事业，设立纱布厂与染纱厂，后为陈村商会会长。早年，陈瑞球在陈村度过，深受父亲影响。谨敏踏实，好学上进，更接受规范教育，为一代儒商。后日军侵占陈村，陈瑞球父亲率家辗转澳门，后定居香港。陈瑞球几十年艰苦创业，为香港纺织大王。1992 年，陈瑞球回到陈村，旧地重游，缅怀先父，追忆往事，深感陈村乡人当年真情厚谊。1995 年，陈瑞球与陈村政府合资 3000 万元，易地重建新墟中学，1996 年改称陈惠南纪念中学。自 2008 年起，陈瑞球每年出资 10 多万元，致力推动学校英语教学。2014 年，捐资 250 万元，开展奖教奖学。自 2008 年始，陈瑞球连续四年组织原全国政协委员与香港知名人士组成购花团，参观陈村迎春花市。陈瑞球对陈村深怀真情，一生难忘，更捐资助教，推广花卉产业，成为东莞陈村两地佳话。

（四）张光德

张光德，绀现清河村人，为比利时房地产开发商，热心家乡公益事业。曾捐资修建祠堂、水月宫观音庙与道路，并资助孤寡老人与困难村民。

六、北滘

（一）黎剑铭

桃村人黎剑铭于 1978 年捐建桃村小学、桃村卫生站，为顺德改革开放初期最早捐赠项目之一。此善举影响深远。此后，他助建桃西中学，切实为乡村小孩提供教育服资源。同时，助建碧江中学礼堂、顺德体育中心、顺德医院，重修青云塔，帮助北滘中学易地重建。黎剑铭先后获评"顺德荣誉市民""佛山市荣誉市民"称号。

（二）苏耀明

碧江村人苏耀明在家乡投资捐建碧江荫老院，令家乡老人得以安享晚年。他还捐建或助建碧江医院、碧江幼儿园、碧江儿童乐园、碧江中学、宝林寺、陈村医院、勒流荫老院等。同时，成立顺德耀铭五金塑料有限公司，通过实业，切实助力家乡发展。苏耀明先后获评"顺德荣誉市民""佛山市荣誉市民"称号。

（三）梁昇

林头村乡亲梁昇在 20 世纪 80 年代初铺设林头大道，成为全镇第一条入村水泥路。同时，他捐建或助建林头小学、北滘中学、林头幼儿园，梁昇先后获评"顺德荣誉市民""佛山市荣誉市民"称号。

（四）梁满铨

莘村乡亲梁满铨是香港梁恩记建筑有限公司及香港富辉发展有限公司董事总经理，曾任香港顺德联谊总会永远名誉会长。

他早年经营建筑。改革开放后，他首次以父亲梁荣恩名义为家乡的莘村中学扩建礼堂与教师楼，后参与捐助北滘中学，与李伟强一道捐建莘村中学。先后获评"顺德荣誉市民""佛山市荣誉市民"称号。

七、乐从

（一）刘胜昭

刘胜昭，1919 年生，乐从镇腾冲人。自 1979 年以来，刘胜昭为家乡共计捐资超 1000 万港元，捐建的项目计有：乐从腾冲学校、腾冲会银会弟幼儿园、腾冲小学育英楼、腾冲卫生院、乐从医院、沙滘中学礼堂等；除重大项目外，刘胜昭还捐款修桥建路，为家乡

1984 年 12 月 12 日，刘胜昭（左）参加乐从镇十项工程庆典——（顺德华侨博物馆供图）

腾冲疏治河涌，修筑凉亭，美化生活环境，使家乡焕然一新。改革开放初，刘胜昭先后捐赠汽车、工业衣车等设备回乡，推动家乡发展。刘胜昭先后获评"顺德荣誉市民""佛山市荣誉市民"称号。

（二）陈光鉴

陈光鉴（1927—2022），乐从镇沙滘西村人。1948 年谋生于香港；1951 年回乐从沙滘创业；1952 年再到香港；1955 年创业，销售藤条；1958 年专营塑料；1960 年创办"光裕塑胶有限公司"，其间开办鞋厂及藤厂，也在新加坡设立"光

裕塑胶厂"分公司。

陈光鉴故乡情深。1981年，他向乐从沙滘西村每个农户赠送一只农用艇，以改善村民出行与生产条件。

几十年间，陈光鉴全力支持家乡。他捐赠的项目包括汽车、道路、教学设备、幼儿园、乐从医院、影剧院音响、大罗小学、振华中学、沙滘中学、球场、老人基金、镇教育基金、镇儿童公园等。

同时，陈光鉴利用同乡资源，发动港澳与海外乡亲参与支持家乡建设，有力推动家乡发展，深获称颂，先后获授"顺德荣誉市民""佛山市荣誉市民"称号。

陈光鉴几十年间一直捐助家乡，不遗余力。1984年陈光鉴回乡出席乐从医院奠基典礼——（乐从镇人民政府办公室供图）

（三）张绍基

张绍基，乐从镇道教村人。1936年来到留尼汪。27岁独自经营一个零售杂货店。几年后，将店铺开设为中兴自动售货大型食品商店，后合作成立中小商联合会。此后三十年，张绍基成为当地深具影响力的企业家。

张绍基深受父母影响，情牵故里。1984年底，祖国第一次派遣侨务代表团访问留尼汪。当时留尼汪没有正式社团接待，张绍基马上成立临时招待会，热情招待代表团，名声鹊起。1987年南顺联谊会成立，张绍基成为会长。

张绍基长年投身于为同乡寻找故乡亲人的工作中，效果显著，备受尊重。他还带领留尼汪人到祖国旅行，让他们认识文化博大精深的中国，更让许多华侨得圆归国梦。

近年，张绍基与同乡成立顺德联谊会，任职副会长。此外，张绍基兼任法国留尼旺中华商会会董、法国留尼汪华人社团联合会会董。2006年，被选为广东国际华商会顾问。多年来，张绍基积极介绍顺德，推动两国交流，深受尊崇。

（四）刘昌荣

刘昌荣，乐从镇腾冲人。现任留尼汪中华总商会副会长，留尼旺顺德联谊会会长。

刘昌荣潜心经营餐饮、超市。1980年，刘昌荣先生入读香港一所烹饪学校，获取文凭。此后，他潜心传授烹饪技术，将所收学费捐献留尼汪南顺联谊会。

刘昌荣每年组团回国观光探亲。华东地区发生水灾时，刘昌荣发动捐款，支持救灾，所筹善款100多万法郎全捐灾区。

1998年，刘昌荣筹得善款60多万法郎，在湖北省建立留尼汪学校。爱乡爱国，深得赞誉。

（五）吴荣恪

吴荣恪曾任澳门乐记行有限公司董事长兼总经理、澳门出入口商会会长、澳门世界贸易中心执行董事、澳门立法会议员、澳门经济委员会委员、澳门基本法协进会副理事长、澳门特别行政区筹备委员会委员、澳门顺德联谊总会永远会长、全国工商联常委、全国政协委员、顺德区政协委员。

1968年，吴荣恪创立乐记行有限公司，从事国际贸易，设厂制作成衣，销往葡萄牙与非洲，后进入美国与欧洲市场，沉稳开阔，声闻远近。1984年获澳门特别行政区政府颁予"工商业功绩勋章"。

吴荣恪为推动社会发展一直不遗余力。1986年起，他担任澳门立法会议员；1998年获任澳门特别行政区筹备委员会委员。同时，他率先捐资购置澳门顺德联谊总会新会址，助建顺德体育中心、水藤医院、沙滘中学、大良镇青少年宫科学楼，参与捐资改建乐从医院。2005年，吴荣恪获评为顺德荣誉市民。

2004年，吴荣恪在春茗上讲话——（顺德华侨博物馆供图）

八、龙江

（一）蔡伯励

蔡伯励（1922—2018），祖籍顺德龙江世埠。香港中文大学荣誉院士、香港真步堂天文历算第三代传人、香港顺德联谊总会荣誉会董、香港龙江同乡会永远荣誉会长、世界杰出华人、香港顺龙仁泽基金会主席、香港金紫荆

慈怀善德蔡伯励——（李子雄供图）

星章获得者、佛山市荣誉市民、顺德荣誉市民、旅港重点邑贤。

蔡伯励于 2007 年牵头筹建顺龙仁泽基金会。此为民间间慈善基金会。基金会开展扶贫济困、促进教育等慈善工作，惠及顺德区与国内外多处地区。

香港特区政府赞扬蔡伯励为"编纂历法的权威"，对保存及推广传统历法贡献良多。他每年编纂的《真步堂通胜》出版超百万册，2013 年获得广东省人民政府公布为省级非物质文化遗产。

蔡伯励情倾家乡。截至 2016 年底，顺龙仁泽基金会共为顺德福利事业捐资港币 12.59 万元、人民币 1514.7 万元。同时，蔡伯励积极支持龙江医疗、教育事业发展。惠泽家乡，贡献杰出，邑人称颂。

（二）吴柱邦

左滩人吴柱邦投身公益，殚精竭虑。他曾任澳门濠江扶轮社社长，兼任国际扶轮社澳门区代表；为《澳门日报》读者公益基金会会董，并任该会紧急救援部部长超 10 年；还任国际红十字会专责中国事务理事等。

1988 年起，吴柱邦任澳门顺德联谊总会主席，现任澳门顺德联谊会永远会长。多年来，他捐资助建家乡水泥路、桥梁、大良镇青少年科学楼、佛山聋哑学校，更亲手设计包公庙、荷花池。1996 年起，每年回乡举办护土节庆活动。同时，合办甘竹滩辣椒酱厂，支持家乡经济。吴柱邦获授"顺德荣誉市民""佛山市荣誉市民"称号。

（三）黄振民

黄振民曾任香港顺德联谊总会主席、香港顺德龙江同乡会会长。几十年间，致力顺港乡谊，融合两地资源，参与会员回乡旅行、"三八"联欢、教师节、国际龙舟赛、筹建顺德慈善基金及教育基金等。

黄振民兼任香港顺德联谊总会属校之梁銶琚中学、何日东小学校监，郑裕彤中学、梁洁华小学、梁李秀娟幼稚园、梁銶琚中学及李兆基中学校董等。多年来，他捐建或推动顺德医院、顺德华侨中学、顺德体育中心、梁銶琚中学、慈善基金、教育基金等，人皆称善。

九、杏坛

（一）何享绵

20世纪50年代初，马宁村人何享绵就积极沟通顺港两地。60年代初，他为家乡捐赠汽车、化肥、发电机等，更捐建杏坛西马宁小学校舍。

改革开放后，何享绵有力推动杏坛西马宁小学、北头小学、右滩胡兆炽学校、梁銶琚中学、华侨中学、顺德医院、杏坛医院留医部、梁銶琚图书馆的建设。1995年，他将80大寿所收贺金全数捐给西马宁小学，成立奖教奖学基金。

何享绵功德深远，备受称颂，曾两度应邀赴北京参加国庆观礼，被评为佛山市荣誉市民、顺德荣誉市民。

（二）林文恩

昌教人林文恩积极赞助香港顺德联谊总会敬老大会、宝珠幼儿基金会、广州老年基金会，成立顺德林猛醒老人活动中心。同时，他赞助残疾人运动会、中国残疾人福利基金会、广州科技进步基金会，并赈济华东、华南水灾。此外，捐款支持顺德教育基金会、广州教育基金会、顺德大成中学、遂溪大成中学、江门五邑大学等。林文恩先后获评"顺德荣誉市民""佛山市荣誉市民"称号。

（三）吴祯贻

光华村人吴祯贻对香港社会贡献良多。他对家乡各项事业的发展同样悉心关注，尤其是在支持教育事业、兴学育才、爱老敬老、弘扬传统美德等，更是热心捐输，造福桑梓。他先后捐资给顺德教育基金百万行、杏坛光华吴添初敬老院、杏坛中学奖学金，捐资助建杏坛中学教室、杏坛南华市场等。他平和谦朴、淡薄名利，令人敬佩。2005年，吴祯贻获评"顺德荣誉市民"称号。

（四）胡宝星

右滩村人胡宝星于1979年捐资重修杏坛右滩胡兆炽学校，1999年捐资扩建杏坛胡宝星职业技术学校；2014年，胡宝星博士捐款1000万元，建立胡宝星博士教育慈善基金，该基金存入杏坛镇教育慈善基金会；2016年，胡宝星博士捐赠2000万元筹建教学综合楼、宿舍楼工程项目。他还向上海博物馆捐资设胡宝星青铜馆。胡宝星获评"佛山市荣誉市民""顺德荣誉市民"称号。

（五）潘祥

光华村乡亲潘祥早年艰苦创业，经营木材。改革开放初期，乡村教育落后，潘祥节衣缩食，不断捐助，建成"光华潘祥中学"，后更助修水泥公路、文化康乐楼。潘祥虽非富豪，却集腋成裘，资助家乡，德醇品高，深孚众望，获评"佛山市荣誉市民""顺德荣誉市民"称号。

十、均安

（一）罗耀淮

罗耀淮出生于均安镇沙浦村，抗战时期旅居新加坡，后创立贸易公司。

罗耀淮积极参与社团活动，致力公益慈善事业，于1989年获新加坡总统颁授公共服务PBM奖章；1990年获新加坡长期教育服务奖章。

罗耀淮心怀家乡，1996年捐款50万元，发动顺德乡亲梁庆经捐款50万元，合力筹建新均安中学。多年来，罗耀淮为家乡捐建医院、学校、敬老院、体育场、奎福古寺等，还投资兴办纸箱厂、制衣厂，致力家乡发展。

罗耀淮为新加坡中华总商会名誉董事、同济医院福利主任、南华小学永远名誉董事、南顺会馆主席、顺德会馆名誉会长、世界顺德联谊总会副会长。

（二）李塔源

南浦村人李塔源，现任香港协荣贸易有限公司、香港荣利（纽约）企业公司董事长、总经理，是香港均安同乡会创会会董及荣誉会长，曾任香港顺德联谊总会常务会董、郑裕彤中学校董，为佛山市荣誉市民、顺德荣誉市民。

自1983年以来，李塔源助建南浦小学、南浦幼儿园、均安中学、均安敬老院、

均安医院、均安女篮体育场、宝林寺、奎福古寺、希望工程等。

　　顺德乡亲在教育、医疗、养老、助困等领域慷慨捐资，不遗余力，功在千秋，为顺德经济腾飞与社会多元发展注入持续不断的力量。

第四节 各个领域 百花齐放

几十年来，一批潜心文化、科学、艺术、体育的顺德人不仅成果卓越，且融合资源，成为中外文化艺术外交穿针引线者，令中外交流更丰富多彩。

一、文化

（一）梁冰

梁冰——（图片来源：《倾情故里 光耀伦常——伦教旅外乡亲关爱家乡纪实》）

梁冰祖籍伦教，生于泰国南部，早年求学，获中文师资文凭，致力于泰国华文教育，后经商，同时专注华文教育。几十年间，她沉潜商务，不忘教育，历任世界顺德联谊总会名誉会长、中国海外交流协会常务理事、黑龙江省海外交流协会副会长、泰国华文民校协会主席、泰华妇女联合会荣誉会长、泰华报人公益基金会永远名誉主席等，获"顺德荣誉市民"称号。

梁冰全力资助华文学校，更支持校长、教师、学生前往中国北京、上海、大连等地进修，令泰国华文教育不断完善。

梁冰深知生活不易，倾力公益。她与丈夫合资支持北京奥运会场馆建设和伦教教育基金发展。

2011年，梁冰荣获泰国教育部颁发的

教育杰出贡献奖，更因卓越成就，荣获"金针奖"。2011年，她获"热心海外华文教育杰出人士"称号。2013年，荣获由中国文化部、国务院侨办、中国中央电视台共同主办的"首届中华之光——传播中华文化年度人物"荣誉称号。

2016年，中国国务院侨办首届华文教育工作专家指导委员会成立大会在广州召开，梁冰获聘华文教育工作专家指导委员会委员。

致力于中法交流的何福基——（图片来源：《情系故里　光耀伦常——伦教旅外乡亲关爱家乡纪实》）

（二）何福基

伦教三洲人何福基致力推动中法两国友好发展，有"民间大使"雅称。2003年，时任法国内政部部长萨科齐向何福基授予"国家功绩士官勋章"，以表彰其对法国政府亚裔事务贡献，成为首位获此殊荣华人。萨科齐于2007年当选法国总统后，何福基应邀出任总统亚洲事务顾问。2007年，萨科齐总统首次对中国正式访问，何福基作为法方代表团成员同行。

2010年6月，家乡政府代表团出访欧洲期间，何福基给予热情接待和切实帮助，令顺德美食周顺利完成，更为顺德成为"世界美食之都"立下汗马功劳。他曾任法国顺德联谊会名誉会长，法国国际饮食协会与旅游联合会副会长。

2010年，何福基获评"顺德荣誉市民"称号。

（三）欧巩华

陈村人欧巩华（1930—2020），文学学者，香港香川文会主席，新界北区文艺协会创办人，春秋诗社总干事，香港电台（艺文天地）节目主持人，香港国际书画家协会顾问，香港中国美术会执行委员会总务。

（四）杨励贤

北滘镇广教村兆地人杨励贤（1931—2021），教育家，曾任顺德联谊总会谭伯羽中学校董香港革新会副会长、香港华侨联谊总会会长。他曾创办香港乐善堂杨励贤幼稚园和慈云山福利会天虹幼稚园等，捐资修建广教小学励贤堂。

（五）杨丽然

北滘镇广教村人杨丽然，瑞京华人协会名誉会长，20世纪70年代初期创办瑞典第一所中文学校"瑞京中文学校"，创立瑞典中华联谊会，获国务院侨办海外华文教育"终身成就奖"及"服务华社荣誉人士"称号。

（六）邓又同父女

1912年，大批前清官员南下香港。其中，何藻翔、岑光樾、温肃、周廷幹四位顺德籍翰林学士等策划推广传统文化。1920年，何藻翔在香港中环半山坚道27号楼下正式登台讲座，传授四书五经，开香港国学公益讲座先河。因翰林学士满腹经纶，纵横古今，名声远播，听者日众。1923年，香港巨商何东、冯平山、

1936年，温肃、岑光樾、周廷幹等一批翰林留影于学海书楼——（李子雄供图）

利希慎、邓志昂等人出资设立学海书楼，地点设于中环般含道 20 号，内设图书馆，供大众阅读，成为香港最早公共图书馆。从此，每周两次，翰林们登坛讲座，名满香江。此后几十年，一批顺德学者热情参与，如陈荆鸿、黄维琚、潘小磐、梁简能等。2004 年，学海书楼因对传播传统文化的杰出贡献而获得香港中文大学颁发的"文艺复兴奖"。在 100 年（1923—2023）文化传承中，学海书楼深刻影响着这座国际化大都市，也让人看到顺德学者"为往圣继绝学"的坚守与"为天地立心"的坚持。

在众多传播者中，邓又同父女最值得一提。邓又同（1915—2003），祖籍龙江镇龙山排沙。其祖父邓华熙清末曾任安徽巡抚、山西巡抚、贵州巡抚。他在出任安徽巡抚时致力安徽近代化改革，对中国近代化影响深远。邓华熙创办求是学堂、安徽武备学堂，开启安徽现代高等教育历史。出任贵州巡抚期间，邓华熙创办贵州大学堂，为贵州大学前身。其父邓本逵（1861—1937）曾为广州知府，后赴浙江出任宁波知府，创办浙江法政学堂，振兴教育，保卫海防，禁绝烟赌，深获清誉。

邓又同与女儿邓巧儿——（邓巧儿供图）

邓又同毕业于广东国民大学，曾任澳门公立孔教中学校长、广东邓氏高密中学校长。教学余暇，他在《大公报》发表大批清末民国历史与轶事，成为难得史料。他长期担任国学公益讲座学堂——学海书楼秘书、顾问，致力传统教育赓续与传播。同时，他撰写《学海书楼藏书目录》《陈湛铨讲学集》《学海书楼讲学录汇集》《邓和简公奏议》《李氏泰华楼三世及其事迹》等，对近代地方文献与历史传承功不可没。几十年间，他先后向广州博物馆捐赠逾千件藏品与珍贵文献资料，包括字画、诗集手稿、圣（谕）旨、奏折、官方文书、友人信函、家书、书籍等。2009 年，广州博物馆在"建馆 80 周年捐献文物展"上展出其所捐甲胄。多年来，他将收藏文物捐给中国社科院历史研究所、香港中文大学、香港市政图书馆、顺德区博物馆等。其化私为公、广播为存、脱手相赠的光风霁月，深获嘉誉。

2004 年《邓又同藏近代名人手札》首发式，邓巧儿（右）与时任广州市文化局副局长陈玉环（左）摄于广州博物馆内——（邓巧儿供图）

其女儿邓巧儿幼受庭训，深研书画，精通文史，更接续家风，沉敏精进，不仅协助父亲管理学海书楼教学与传播，后出任董事，殚精竭虑，全力以赴，以延续这一公益学堂，更协助父亲整理文献，捐赠珍藏文物。2015 年，邓巧儿向广州博物馆捐赠一批家书，大多为邓华熙居广州与香港期间所写，成为其晚年政治理念、子女教育的重要文献。2022 年，《广州博物馆藏邓华熙家族文书信札选编》

由广东人民出版社出版，成为研究近代历史的重要文献。

龙江邓氏父女潜心文献整理，无私捐赠珍藏，成就一段素心澄怀、花开满园的文化佳话。

（七）香港艺文社

1912年后，一批顺德文人陆续赴港后，在华洋杂处之地，他们以自身的学问与魅力吸引着一大批致力文化艺术的青年才俊投身门下，经年历月，黄卷煮字，青灯挥毫，弘扬传统精神，递送文化神髓。

顺德文人们积极参与各种雅集，如"宋台秋唱""北山诗社""正声吟社"，以寄托悠远曲微的家国情怀，更在纸上笔端抒发对传统艺术的敬意与敬畏。春秋佳日，他们相约聚首，论文辩道，将胸中郁勃才情化作笔底诗书、纸上云烟。"揽取云山入画图，当时只道是寻常"。

致力书画诗词创作的香港英才（前排左三为何竹平，左四为罗冠樵，左五为陈芬，左六为何幼惠）

时光，慢慢孕育着一批批翘楚薪火相传，秀发其间。续前清翰林后，陈荆鸿、黄维琚、黎心斋博学深识，承前启后，大纛高举，饮誉香江；纷至沓来的周益伯、梁简能、李棪、潘小磐、张丹、张虹、赖定中、冯影仙，或诗书精妙，或学问深湛，皆雄姿英发，接续前贤高举的火把砥砺前行。一直隐秀其间的邓又同、温中行、陈秉昌、苏文擢、何叔惠、何幼惠、何乃文、马润宪，或任职高校，或投身金融，或设帐授徒，或致力教育，但传播国学，俱不遗余力，更热心雅集，诗书唱和，将文化血脉携手相承。进入 21 世纪，随着顺港两地文化交流深入，社会对艺术的需求越发多样。

2002 年 4 月 26 日，香港顺德艺文社在九龙鹿苑酒家成立。陈芬为社长，罗冠樵为副社长，何幼惠、黎时煖、何竹平为荣誉社长，梁耀明、欧巩华为顾问。社员有关应良、胡大池、何焯会、老瑞松、邓巧儿、梁洁贞、何丽生等。

会员们或承传家学，或师出名门，却都砥砺自奋，谦雅厚朴，无不才深见卓，德高望重，故上可承接顺德历代诗社文会，下可开拓现代文艺风气，可谓群英荟萃，俊采星驰。

同年 6 月，应当时顺德市外事侨务局邀请，会员们回乡参加香港顺德邑贤书画邀请展览。"横扫素缣三百尺，诗成珠玉正挥毫。"两地名家同台切磋，迸溅出时代光华。

20 年间，艺文社成员闭门磨墨，推窗沉吟，以承接悠久文脉与笔墨英华。他们结伴登山，将阔博深沉的现代社会与精彩纷呈的人生百态以柔翰缓缓写出，歌咏时代巨变，颂扬古朴人心，更以丹青翰墨留下香江迷人侧影，成为岭南画派承传地，更为香江翰墨添风华。其中关应良的丹青、何叔惠的诗词、何幼惠的小楷皆妙誉香江；而陈芬的运筹帷幄，罗冠樵的无私奉献，何竹平、黎时煖与梁耀明的鼎力相助，

何幼惠精美小楷誉满香江

令延续数百年的顺德文化篝火再添薪木，映照得香江文艺星空更璀璨迷人，让人在火星扑闪中回溯明末清初陈恭尹结社联诗、诗酒风华的神采，见得清末民初翰林学士温肃、何藻翔、岑光樾登坛讲学的坚定身影，更可看到几十年间陈荆鸿、苏文擢、温中行、李棪、邓又同等前辈高高举起艺文火把，引领后来者更上一层楼。

他们深知，手中柔翰既书写岁月感悟与内心波澜，也抒发顺德人一脉相承的春秋感悟与家国情怀。因此，他们结伴走出，走进更具人间烟火色的大千世界，在春花中感悟生命，在老屋中领悟岁月，在高楼矗立的繁华都市中领略现代文明的魅力。

2012 年，马润宪出任社长。马社长坚守艺术原则，吸纳四方英才。龙江联塑集团创始人、中国联塑董事会主席黄联禧深感艺文同人情寄丹青翰墨，不务虚华，殊为难得，遂鼎力赞助艺文社常年活动，令这一文艺薪火继续点亮前行方向。

岁月迢递，春秋渐深，对人生与艺术识见更透彻的他们已然将自己的生命融进精彩澎湃的现代生活中。笔底愈见气象万千，纸上更显万山云烟。妙墨闲笔处，却见春深时有一花明，无不笑指山林别有天，引人称善。

钟鸣宇内，声闻于外。20 年间，艺文社在广州博物馆、顺德区博物馆、清晖园博物馆、香港大会堂高会、北滘镇文化中心、香港中央图书馆举办书画联展、社员邀请展、十周年社员书画展。近年，陈兴的诗歌创作讲座、马润宪的书法讲座、陈勋培的牡丹讲座不断拓展艺文社服务社会的功能，而艺文社成员常年展览各方，商略切磋，设帐授徒，笔墨相承，诗书应和，已成香江文艺传播重要力量。

二、科学

何乃强

何乃强为伦教人，其父为何耀平。何乃强于 1975 年当选新加坡医学研究院院士；1978 年当选澳大利亚皇家内科医学院院士；1994 年任中国暨南大学客座教授；1995 年获广东省妇幼保健院聘为名誉院长；2003 年获新加坡总统颁赐公共服务星章，获英国女王封赐"圣约翰爵士"；2009 年获任广东顺德妇幼保健院顾问。

何乃强原为《中华当代儿科杂志》副主编（1999—2012），一直在新加坡《联合早报》写专栏。2011年何耀平百岁冥寿，何乃强出版《父亲平凡的一生》，记叙其艰苦创业人生，弥足珍贵，获2014年新加坡文学奖。何乃强夫人冯焕好为达善中学校长、华中初级学院副院长、南洋初级学院院长。

何乃强深耕医学，杏林风清，更言传身教。他和夫人育有三子，其中两位毕业于新加坡国立大学。长子何国申为新加坡医学研究院院士、新加坡外科学院原院长，次子何国元是麻醉科疼痛科顾问医生、新加坡医学研究院院士，幼子为美国西北大学经济学学士、宾夕法尼亚大学沃顿商学院工商管理硕士。

何乃强承接家风，弘扬祖德，丹心妙手，名扬远近。

三、艺术

（一）陈荆鸿

龙江陈涌村人陈荆鸿（1903—1993）早年师从康有为研习书法，诗书画俱佳，与赵少昂、黄少强并称"岭南三子"。后致力书画创作与研究，更撰文传播岭南文史，多年来研究陈恭尹，其著作《独漉堂诗笺》为研究陈恭尹的扛鼎巨著。

（二）周益伯

周益伯，1903年出生于龙江镇龙山苏埠，今为苏溪社区，14岁求学羊城，20岁执教乡内外，后日寇陷粤，远赴越南，生活39年，任教

1987年，陈荆鸿以杰出书法成就获颁授荣誉勋章
——（图片来源：《龙江千年回眸》）

于河内、海防、西贡（现胡志明市）华侨学校。1977年月移居香港。居港10年，其曲折人生，如其诗歌所咏"万里踏残天外路，十年吟老客边身"，1986年去世。

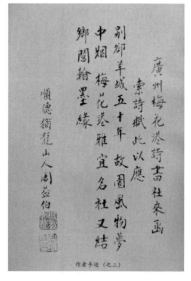

作者手迹（之二）

周益伯手迹——（周铁株供图）

周益伯家学渊源，其父周福霆，才高体弱。太外祖梅梦雄为是龙山小陈涌人，与两子梅友容、梅友颜同为举人。戊戌变法失败后，梅友容授徒乡间，周益伯八岁起随学于外祖父，久习庭训，熏陶浸渍。邻里有陈荆鸿，同从师于梅友容，彼此相知，后陈荆鸿为著名学者。陈荆鸿后游越南，彼此相会，诗歌唱酬。周益伯在心为志，发言为诗，佳作多发表在《华侨日报》，《网珠集》《顺德文艺集》均收编其诗作。周益伯应邀加入健社、春秋社、锦山文社、颂海词社等诗歌社团，交游广泛，与何竹平、陈荆鸿、潘小磐、李兆基、李宝莹及诗书画三绝才女张纫诗交谊深厚。

周益伯著有《拾翠轩文艺集》《诗钟丛辑》《诗钟分脉菁华》《藏山阁诗钟骈锦珍存选集》《拾翠轩随笔》，分别由里人陈荆鸿、潘小磐、温中行作序。《拾翠轩文艺集》由其侄子周铁株编辑，包括文、诗、词、联，为周益伯心血结晶，《诗钟丛辑》1930年编成，价值独特。《拾翠轩随笔》成书于1938年，不乏珍贵史料。此外，有长篇小说《青衫红泪》，惜已绝版，仅存自序一篇。

（三）薛觉先

薛觉先(1904—1956)，龙江镇人。著名粤剧表演艺术家。表演潇洒俊逸，细腻精妙，丑生、小武、旦、净、末诸行当，均造诣深湛，能编善演，有"粤剧伶王""万能老倌""万能泰斗"美誉。薛觉先致力于"融南北戏成一家，合中西乐为一体"，创立"薛派"表演艺术。中华人民共和国成立后，薛觉先任中国戏剧家协会广东分会副主席。薛觉先著名作品有《胡不归》《范蠡献西施》《宝玉哭晴雯》《姑缘嫂劫》《梅知府》《王昭君》《宝玉怨婚》《闯王进京》《龟山起祸》《花染状元红》等。

（四）邓永祥

邓永祥（1916—1997），乐从镇沙边村人。早年入戏班，后随"一统太平剧团"演出，形神俱备，人称"神童"。此后，邓永祥辗转进入薛觉先的"觉先声剧团"，得薛觉先悉心指导，在《貂禅》中饰演吕布，薛觉先扮演貂禅与关公，名声大振。后师从京剧大师周信芳（1895—1975）、马连良（1901—1966），融合南北戏曲艺术。

1952 年，邓永祥主演《万恶淫为首》，声情并茂。深受悲情感染的观众不自觉投钱舞台，后邓永祥与东华三院联合制钱箱，演出捐款，悉数捐给东华三院。

邓永祥精心研究薛觉先、马师曾的唱腔艺术，创出喷口吐字，送音广远的"新马腔"，人们称他为"新马师曾"。

邓永祥文武俱全，唱做俱佳，悲欣交集，深受欢迎。

1960 年，永祥唱片公司成立，专门录制邓永祥名曲名剧，致力推动华夏文化艺术。

从 1953 年开始，邓永祥潜心慈善事业。到 20 世纪末，邓永祥筹款金额多达数亿港元，获"慈善伶王"称号。

20 世纪 70 年代，邓永祥连任香港八和会馆第十六、十七届主席。1977 年，剑桥大学、牛津大学颁授其"名誉艺术博士"。

1979 年，邓永祥获英女皇颁授 MBE 勋章。他在 80 年代成为香港八和会馆第二十三届主席，后更为香港八和会馆永久荣誉会长。

（五）何叔惠

乐从沙边村人何叔惠（1919—2012）幼受庭训，诗文书画名闻香江，更创立凤山艺文院，传播文化艺术，为香港文化名家。其书法秀劲

何叔惠秀雅的书法

洒脱，深获嘉评。其弟何幼惠之小楷古雅俊朗，为一时之选，有"香港小楷王"之称。

（六）何竹平

何竹平（1921—2004），桂洲（今容桂街道）外村人，1946年赴港，曾从事金融、汽车修理与销售、证券等。他守信重诺，深孚众望，曾任香港英华证券有限公司董事、香港顺德联谊总会会长、世界顺德联谊总会副会长，获"顺德荣誉市民"称号。

何竹平为西山庙所题碑记

改革开放以来，何竹平参与捐助家乡桂洲设立学校、医院、敬老院、老人活动中心，支持桂洲教育基金、顺德教育基金、顺德华侨中学、容桂容山书院、顺德体育中心、顺德医院等项目。

何竹平情倾文化，捐款支持青云塔、西山庙、宝林寺、锦岩公园建设，捐资重建大成殿于青云公园内；同时，出资为顺德区博物馆刊印《历代士林书画专集》，贡献深远。

何竹平学识深湛，为港澳诗书画名家，锦山文社十老之一，曾任香港学海书楼主席、香港中国美术会主席、香港孔教学院副院长。

何竹平编著作品有《顺德历代邑人尊孔文选》《顺德诗徵》《顺德艺文集》《顺德联谊总会三十周年纪念特刊》《孝经浅析》《学海书楼七十周年纪念文集》《锦山文社历届春禊艺文集》等。

（七）梁璨缨

勒流黄连人梁璨缨（1921—2005）早年就读于桂林艺术师范学校。抗日战争期间，在西南联大画展上，梁璨缨当场在宣纸上点染芙蓉花，赢得满场喝彩。当时清华大学校长梅贻琦赠以"梁芙蓉"雅号。此后几十年，她与丈夫周千秋一道，在世界各地传播中国美术，为中国文化争得国际声誉。1985年获意大利国立艺术院颁授的"奥斯卡文艺金奖";2001 年获美国中华总会终身杰出成就奖。这丛摇曳的芙蓉花从 20 世纪 30 年代一直盛放到 21 世纪,成为世界认识中国艺术的一扇窗扉。

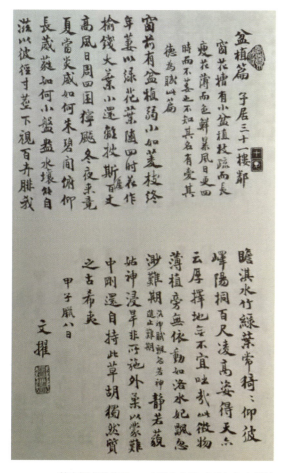

苏文擢书法作品——(图片来源:《邃迦室丛稿》)

(八)苏文擢

伦教三洲人苏文擢(1921—1997),其祖父苏若瑚、父苏宝盉,皆为一代名儒和书法大家。苏文擢曾任教于香港中文大学联合书院中文系,以经史词章名世,又以魏唐神髓书法名誉香江,与饶宗颐、陈湛铨并称"香港诗坛三大家"。其著作有《邃加室诗文集》《邃加室讲论集》《韩文四论》《黎简年谱》。

(九)胡晓风

胡晓风(1922-?),顺德容桂人。早年谋生南洋,侨居印度尼西亚数十年年,用手中笔杆记录日军侵略行径、颠簸流离生活、人们抗争历程。80 年代定居澳门,在《华侨报》开设专栏"横眉集""低眉小语",流畅浅白,力斥时弊,一针见血,深受读者欢迎,后在《澳门日报》设专栏"濠江小唱",温雅婉丽,绵里藏针,备受市民推崇。胡晓风曾任《澳门脉搏》主编,致力推动澳门文化发展。

胡晓风古典诗词典雅深沉,更融入寻常生活,描绘市民内心,充满时代色彩,为濠江健笔。"独持中正春秋笔,揭彼流离世道篇"正是他一生笔墨生涯与耿介清正性情精彩概括。

（十）甘恒

甘恒，顺德龙江人。早年就读于广州美术专科学校。抗战胜利后，回家乡龙江，后赴澳门教授书画，更设"恒艺画院"，培育学生，自我磨砺，行走大江南北，将江山秀色纳入胸中，笔墨灵动，生机勃发。后专注于雄鹰、苍松、人物创作，雄鹰矫健勇猛，英气扑面而来，素有澳门"鹰王"美称。70年代开始，其作品入选广东美展、全国美展。甘恒曾任澳门书画会副理事长、澳门基本法区旗徽评判委员等。因其书画创作与教育杰出成就，1997年获澳门总督颁授"文化功绩勋章"。

（十一）刘春草

刘春草（1925—2014），祖籍顺德容奇（现容桂街道），后赴广州，为清末太史桂坫、陈树人弟子，后定居马来西亚。刘春草一生潜心花鸟、山水、人物，皆生机勃勃，令人欣悦。2010年，刘春草获评"顺德荣誉市民"称号。

（十二）张圣果

张圣果，勒流街道黄连人，九岁习书，临池不辍。曾任香港顺德艺文社副社长，香港国际书法联盟、香港书画篆刻学会、香港岭东书画会荣誉顾问，中国书法家协会（简称"书协"）香港分会执行委员。

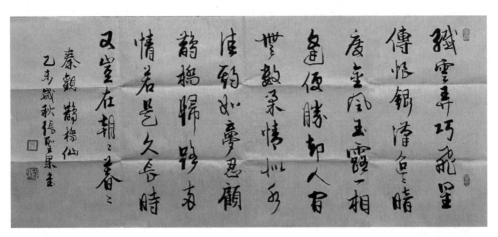

张圣果书法作品

（十三）李香琴

李香琴（1932—2021），原名李瑞琴，勒流街道冲鹤村番村人。粤剧界出身，是香港著名电影及电视剧女演员，前无线电视女艺员。早年生活于澳门，1946年涉足舞台，为著名第一女配角，曾饰演《汉武帝梦会卫夫人》《鸳鸯江遗恨》《街市皇后》《九九九离奇三凶手》等，后合资创"香城影业公司"。1969年，加入无线电视，成为综艺节目"欢乐今宵"台柱，此后，李香琴出演电视剧《亲情》《网中人》《大乡里》《盛世仁杰》《溏心风暴之家好月圆》《再见艳阳天》《法内情》等，获"最突出 TVB 女艺员"奖。2011年，李香琴于"2011年万千星辉颁奖典礼"中获"万千光辉演艺人大奖"。

（十四）罗艳卿

罗艳卿，勒流街道黄连人，1929年出生，自小拜叔公罗小川为师，14岁为二帮花旦。后得薛觉先悉心教导，演技大进，先后与罗品超、邓永祥、林家声合作演出。

抗战后投身影坛，成为粤语武侠片第一位女明星，先后拍过电影超500部。第一部影片是《五鼠闹东京》，主演武侠名片有《碧血剑》《七剑下天山》等；粤剧有《大红袍》《风雨泣萍姬》《西河会妻》等；时装名片有《璇宫艳史》《十号风波》等；与罗家宝合作组成"宝艳红剧团"，演出《双龙丹凤霸王都》《燕归人未归》。

（十五）马承宽

马承宽，1942年生于广州，祖籍顺德伦教鸡洲。旅美知名书画家。1968年毕业于香港珠海大学文史系，文学学士；1988年美国纽约市大学艺术研究所毕业，艺术硕士，绘画专业。师承刘秉衡、王己千等艺术名家，并潜心研究和探索中国古代泼墨画技法，具有深厚的中国传统书画理论。他在纽约大学艺术研究所探索泼墨时，千山我独行，走遍世界各大博物馆和图书馆寻找泼墨资料，即使残篇断简，他都悉心研究，潜心尝试，以两年半时光钻研探索，最终将唐代王洽的泼墨系统地整理出来，并融入光影、气氛、透视和色彩的西洋艺术，渗入寂然静定的禅宗哲理，成为风格独特的新理念艺术。

马承宽先后获香港奥委会颁发"发展香港体育有重大贡献"奖，获时任美国总统克林顿和夫人、美国国会、美国参议院、众议院等颁授的众多艺术成就奖、美国艺术家终身荣誉奖等。美国拉斯维加斯和纽约两地市政府分别将 1996 年 11 月 21 日和 1997 年 12 月 12 日命名为"马承宽日"；1998 年被美国国会授予"荣誉艺术大使"称号；2000 年获香港珠海大学颁授荣誉哲学博士；2003 年世界各国首脑在联合国召开联席会议时，马承宽应邀在联合国总部展出。中国驻联合国代表团永久珍藏

马承宽的作品充满光影质感，成为融合中西美术的
重要探索者

其作品《山雨欲来》。2022 年，在举办第十二届恳亲大会期间，专程回乡举办个人画展。后期还捐赠一批画作给顺德。

（十六）卢稳

伦教人卢稳，原名卢赞林，早年赴港谋生，后移居澳大利亚。

卢稳自幼潜心书画，自设"杏晖草堂"，挥毫结友，更以书画促进中澳两国友谊。卢稳任南番顺会馆会长期间，集资 30 万澳元，重修南番顺会馆。

2008 年，他参加"世界华人庆奥运名家书画大展"。2013 年，他参加澳大利亚中华文化基金会举办的"书画作品展"并获奖。卢稳热心公益，常以书画义

卖筹款为善，为促进中澳友谊作出积极贡献。

四、武术

武打明星李小龙

李小龙（1940—1973），本名李振藩，李海泉之子。李海泉（1901—1965），生于顺德区均安镇上村乡。20世纪20年代末，李海泉出任新中华班小生，主演《锦毛鼠》《夜渡芦花》《罗通扫北》等。30年代，李海泉以"烂衫戏"名闻远近，更以精湛自如武丑、二花面表演艺术风靡一时，其代表作《打劫阴司路》《烟精扫长堤》深受追捧。40年代初，李海泉与廖侠怀、半日安、叶弗弱并称"粤剧四大名丑"。李海泉表演风趣内敛，唱腔浑雄厚朴，演绎收放自如，深受海内外观众欢迎。

李小龙出生于旧金山，早年求学于华盛顿大学，主修哲学，后出演《龙虎争斗》《青蜂侠》《唐山大兄》《精武门》《猛龙过江》等影片，其中《猛龙过江》打破亚洲电影票房纪录，《龙争虎斗》全球总票房达2.3亿美元。李小龙获香港电影金像奖"终身成就奖"、英国传媒协会传奇大奖，美国《黑带》评其为"世界十大武术家"之一。中国武术协会向其颁发"武术影星巨星奖"。

李小龙为世界武道变革探索者、武术哲学家、功夫片始创人、截拳道创始人、好莱坞第一位华人主角。

五、美食

（一）何瑞麟

伦教街道羊额村乡贤何瑞麟为马来西亚霹雳州顺德会馆会长，致力于马来西亚顺德联合总会与各州顺德分会密切交流。同时，他组团参加世界顺德联谊总会恳亲大会，修缮会馆与华侨义冢。2017年，马来西亚霹雳州顺德会馆与顺德烹饪协会联手，在霹雳州怡保市举办顺德美食嘉年华和"凤厨下南洋"，致力推广顺德美食，深获赞誉。

（二）梁榕根

梁榕根（1922—2018），祖籍北滘镇莘村，出生于澳门，曾任澳门顺德联谊总会永远会长。梁榕根在澳门以经营白粥油器食品著称。年仅 15 岁的他随父亲在澳门新桥区打理刚起步的"盛记白粥"。经数十年悉心经营，一间小门店发展为连锁店式经营。20 世纪 80 年代起，凭借"米汤醇滑、豆香奔放"特点，"盛记明火白粥"名声不胫而走，驰名粤港澳。此后，梁榕根逐步将生意交给儿子梁庆裕，与友人合伙投资建筑行业、汽车销售等。

梁榕根心系桑梓，善举如流。1981 年，他捐资兴建莘村卫生站，建筑面积 500 多平方米，为当时北滘镇最大且最好的村级卫生站。1991 年，与旅港乡亲李伟强、梁满铨共同设立"莘村中学教育基金"。2006—2008 年，为"莘村中学教育基金"陆续捐资。2013 年，他捐资投入莘村中学校园建设。

改革开放以来，梁榕根为莘村旅居澳门乡亲支持家乡建设发起人，德深义高，获莘村授予"模范村民"称号。"盛记白粥"历经三代传承，2019 年获评"澳门特色老店"。

（三）何扬

伦教仕版乡贤何扬出生于书香世家，其父钖璜为塾师，后任乡长。早年，他在广州大三元酒家谋生，后潜心学艺，辗转名店，心得渐深。20 世纪 30 年代，他在香港大同等酒家深耕粤菜。

20 世纪 60 年代中，何扬在香港顺德联谊总会主理中餐部，悉心专研凤城美食。其中大良炒牛奶、大良野鸡卷、顺德鱼生等，本味醇正，技法精纯，五蛇羹闻名香江。改革开放后，他常回乡省亲，致力公益。其子何灿燊深得父亲真传，乐善好施，敦睦乡谊，素获清誉。

六、其他

几十年间，大批顺德乡亲投资家乡，致力故里发展。

均安镇新华添元村人欧阳秀芝（1962 年生），又名欧阳四妹，旅澳同乡会理事长，积极捐款捐物支援家乡建设。

乐从镇腾冲村人刘昌盛（1962 年生），香港潜水协会会长、香港工程师学会常任理事，致力于粤港澳间慈善与文化交流。

北滘镇三桂村人何彦明（1961 年生），曾任美国旧金山顺德行安善堂主席、三邑总会馆董事、中华总会馆会董事，参与老人福利、青少年教育、新移民就业等慈善事业。曾于 1995 年率团回乡寻根。

乐从镇良教村人霍应鸿（1965 年生），危地马拉华侨，热爱家乡，推动危地马拉世界广东同乡会会务活动，促进两地文化交流。

顺德海外乡亲、港澳台同胞虽远在异乡，但深情回眸故土，不仅为家乡带来资金、产业、技术、管理与信息，有力推动顺德快速发展，且为家乡带来充满传统与异域相融合的文化科技艺术气息，令顺德各处都散发着独特而令人欣悦的人文温情。

七、特别致敬

在几十年的岁月中，大批顺德乡亲为所在国家、地区和祖国、家乡作出巨大贡献，他们有甘培安、何尚平、周松、周治平、冯钰斌、卢炳坤、何彦明、余霍瑞珍、吴大卫、梁达仁、冯钰声、张文超、周翠英、刘国光、刘国桢、邓球、罗家圣、胡国源、李炽铭、梁锦棠、杨利桓、邓枫、张子方、梁敏仪、周锦辉、何志平、刘鼎新、刘炳、萧剑平、胡杰富、李家杰、黄联禧、郑裕伟、陈宇文、伍尚宗、伍尚丰、伍尚敦、伍尚匡、伍尚修、释净根法师等。

此外，霍英东、蒋震、胡应湘、何炳章及台湾同胞林学圃、张宗明、王国进、蔡丰赐、曾东来、吴宽志、陈富洋、林炳煌、杨江城、陈进丁、郑溪圳、曾建璋、张堂光、赵光中、黄淳义、陈永德、洪金长、黄振财、苗丰强等皆对顺德发展贡献深远。

他们在不同时代为社会作出的杰出贡献，已载入史册，也成为顺德人人传颂与学习的榜样。

附录：相关图片资料（均由顺德华侨博物馆提供）

　　1984年，由番禺县香港同胞何添、何贤捐建的陈村镇中学落成剪彩典礼隆重举行，图为各嘉宾剪彩

顺德医院落成

梁銶琚图书馆扩建落成

伦教镇培教中学落成

157

港澳乡亲回家乡　　　　　　　　　　陈村镇中学初建成

港澳乡亲参加顺德教育基金百万行

顺德海外侨胞、港澳同胞积极参与顺德大学筹建活动

2022年顺德区举办第十二届顺德恩亲大会

159

第四章　当代英才

　　早年顺德人大多一无所有。他们凭借白手起家的勇气和百折不挠的坚韧，不断超越自我，锱铢积累，实现财富的积累与经验的沉淀，更在时代转折中把握机会，更上一层楼，最终脱颖而出，成就一番伟业。

第一节　艰苦创业

近30年，越来越多顺德俊彦独领风骚。他们在前辈足印上砥砺奋行，推陈出新，将事业与人生价值推向时代高峰。他们更深情回眸故土，引入资源，擘划运筹，投资设厂，致力家乡发展，折射出深沉博大的家国情怀，让人感受到新时代顺德英才的云蒸霞蔚、气象万千。

一、吴柱邦：穷而砥砺奋发　达则兼济天下

吴柱邦，澳门大邦发建筑投资有限公司董事长、澳门顺德联谊总会永远会长、佛山海外联谊会永远会长、世界顺德联谊总会名誉会长，曾任广东省政协委员、顺德区政协常委，为"佛山市荣誉市民""顺德荣誉市民"。

吴柱邦——（顺德华侨博物馆供图）

（一）顺势而为，随遇求变，切入建筑业全行业链

吴柱邦，祖籍龙江镇左滩村，1937年10月出生。其祖父早年参加辛亥革命，在左滩犀牛山举起反清义旗，后因剿匪殉难。父母虽桑户蓬枢而自力更生，在左滩村务农及经商操持生计。受祖辈父辈言传身教，吴柱邦穷且益坚，自小心怀济弱扶倾之志，奋发

图强。

1949 年广州解放，吴柱邦随父母到澳门寻求发展。甫至澳门，无依无靠且人生路不熟，父母唯有在火柴厂、炮竹厂等打零工艰苦营生。吴柱邦靠半工半读才中学毕业。

吴柱邦 14 岁当建筑学徒，19 岁步入社会，为建筑木工；1958 年到香港短暂当木工工头。1959 年，澳门经济好转，吴柱邦返澳门工作，安家其中。多年苦练，为吴柱邦日后组建团队在建筑行业大展拳脚打下坚实基础。

1959 年回澳门后，吴柱邦开始接触建筑建设与维修。他召集来到澳门的一百多名顺德同乡，组成施工队，主动承揽政府工程。

1968 年，施工队大多数人转道香港谋生，吴柱邦独自留在澳门。留意到澳门建筑业方兴未艾，吴柱邦转行建筑设计。其建筑设计以突破思维定势，深具时代与地域特色，渐渐在业界打响名堂。至 1978 年，澳门高层建筑设计近六成出自吴柱邦之手。"吴柱邦设计"成为高品质标志。

当时澳门政府颁发新规，"但凡建筑，必须注册建筑师才能承接设计"。吴柱邦当年注册成立"大邦发建筑公司"。恰逢澳门政府需要发展内港码头，吴柱邦提出申请，成功承揽内港码头近八成工程项目。此后，附近商铺、赌场、港澳航运生意渐入繁盛。至 90 年代，大邦发公司几乎承建码头全部建筑项目。1990 年承建的京澳酒店，为澳门第一家旋转餐厅，即由吴柱邦亲自设计。

1989 年，吴柱邦已年过半百，但他再次求变。这一年，他与人合资兴办全澳门规模最大、自动化程度最高的原木处理和加工企业——新发木业综合厂。木厂占地面积 3000 平方米，是澳门唯一一家有条件承接渔船制造的工厂。因渔船龙骨长 30 米，制造工厂必须地方足够大才可承接。90 年代中，木厂从加拿大进口松木，转型做建筑木材。

1990 年，吴柱邦成立太和水泥制品厂，填补澳门建筑材料生产领域空白。它专做大型渠管，最大口径达至 2.5 米，供澳门政府基建之用途，打破以往大型渠管全部依赖香港进口的惯例。

此外，他还成立澳门半岛股份投资有限公司，经营"半岛酒店"和"半岛旅行社"。

吴柱邦从未守成，在创业中不断求变。

太和水泥制品厂成立之初，需要按英国标准，所有沙石、水泥比例，流程、规范要求严苛，他们探索半年才理出头绪，但正因要求严格，保证出品精良，也保证工厂步入正轨后迅速崛起。

后兴办木厂，木房干湿度很难把握，处理稍有差池，木材会变形。试产阶段，常出次品，但在受挫中改良，最终实现自我超越。

吴柱邦（前排左二）参加 2000 年政协第八届广东省委员会第三次会议的提案获评优秀提案——（顺德区博物馆供图）

（二）桑梓情深，反哺乡里，覆盖交通教育医疗多个领域

"穷而守义，达则济世"是吴柱邦从小确立的青云之志。

身在濠江，吴柱邦关心支持澳门发展，积极参加社会各项公益活动，并身兼多项社会职务。他曾任澳门濠江扶轮社社长，并兼任国际扶轮社澳门区代表；是《澳门日报》读者公益基金会监事长，任该会紧急救援部部长历十年之久；还是澳门戒烟会荣誉会长、国际红十字会会员（专责中国事务理事），建筑置业商会会董、厂商会理事等。

根源顺德——吴柱邦对家乡满怀深情。自 1988 年起，吴柱邦就任澳门顺德联谊总会主席，每年都组织澳门乡亲回乡参加各项活动。

80 年代初，他就捐资回乡修建水泥路。此后，多次捐资支持家乡兴建医院、修建道路桥梁，重建宗族祠堂等，其中包公庙、荷花池均由吴柱邦亲手设计，并为大良镇青少年科学楼及佛山聋哑学校慷慨捐输。1996 年起，他倡议并率领澳门顺德联谊总会同人每年一度回乡举办护士节庆祝活动。同时，他在龙江合资兴办甘竹滩辣椒酱厂，支持家乡经济建设。据统计，仅投放于左滩村的慈善项目，已涉及修桥、补路、祠堂、福利院等领域，投资超人民币 800 万元。

吴柱邦为家乡左滩龙田闸门题字——（余小婷摄）

吴柱邦对家乡历史文化极其关注，曾力邀历史学家从蚝壳开始挖掘左滩历史渊源。2008年，历史学家通过论证，确认龙江左滩的麻祖岗是顺德3500年文明发源地。

吴柱邦是政协顺德第七、八、九届委员会委员，第八、十届委员会常委。1992年11月，吴柱邦因多年爱国爱乡善举，在顺德对华侨及港澳台同胞表彰大会上受到政府表彰。

二、罗乐风：诚信为本 大我为先

罗乐风，祖籍顺德大良，旅港乡亲，晶苑国际集团创始人兼主席。

（一）沉潜自砺，终成服装业巨擘

1944年，罗乐风生于顺德，6岁随父亲罗定邦到香港，后在农场谋生。

1957年，父母经营家庭手工作坊，从事服装加工生产，销售则由罗乐风独力开拓。起早贪黑跑销售的同时，罗乐风并未停止学习。这种持续学习精神和关注教育理念亦始终贯穿至今。

1965年，罗乐风代父亲接管合资企业"恒益毛衫厂"。1970年，26岁的罗乐风与妻子蔡玉清自立门户开设晶苑织造厂，心无旁骛，在制衣本业开疆拓土。

罗乐风——（罗乐风供图）

凭借数十年深耕厚积，晶苑国际集团脱颖而出。

1972年，罗乐风已在非洲毛里求斯投资开设第一家毛衫厂。改革开放初，晶苑国际集团在中山设立首家来料加工厂，成为首批在内地发展的制衣港商。

1980年与美国万事达公司成立合资中纺有限公司，产品全部出口美国，后由罗乐风全额收购股权。

20世纪90年代初，罗乐风未雨绸缪，拓展日本市场，先后取得吉之岛、生活创库、日产、优衣库等品牌订单。

此后，罗乐风谨慎拓展，将投资办厂的重点转往与中国邻近的越南、柬埔寨、孟加拉等国。随后，又前瞻性地收购英国上市公司马田国际控股公司，晶苑国际集团遂主营五大产品——毛衣、休闲服、运动服及户外服、牛仔服、贴身内衣。

经过 53 年发展，现晶苑国际集团生产基地布局多个国家和地区，与优衣库、玛莎百货、盖璞、H&M、李维斯等企业合作共赢，成为亚洲三大制衣企业之一，是产量位居全球第一的服装代工之王。据统计，全球十大领先品牌服装公司中，有多家是由晶苑国际集团代工生产，包括深受 80、90 后欢迎的快消服装品牌 ZARA、H&M、优衣库。2016 年美国《财富》杂志公布的"50 家改变世界的企业"榜单中，晶苑国际集团位列第十七，在所有获奖亚洲企业中排名第一，亦是中国香港地区唯一上榜企业。

2017 年 11 月 3 日，业界称为"全球制衣第一股"的晶苑国际集团在香港联合交易所主板上市。

稳健的经营作风与瞩目的企业业绩，令罗乐风屡获大奖：2012 年获香港工业总会颁发"杰出工业家奖"；2014 年获"安永企业家奖（中国）"中的"消费及零售业企业家奖"与"香港·澳门地区大奖"。

罗乐风和他的晶苑国际集团——（罗乐风供图）

尽管已成服装业巨擘，罗乐风始终坚持"以诚为本，责任担当；以客为尊，利人利己"。他将理念提炼为"改变自己，改变企业，改变世界"，并身体力行，推动企业可持续发展。

（二）热心社会福利，惠泽四方

罗乐风执掌的晶苑国际集团，一向积极履行企业社会责任，号召员工投身社会服务。2010年，晶苑国际集团获颁"首届香港杰出企业公民奖金奖（制造业）"。

自2018年卸任集团行政总裁后，目睹全球气候变暖问题日益严重，罗乐风积极成立气候基金会，透过重视及支持与气候相关教育、环保扶贫、环境保育等全球性项目，培育年轻一代成为下一代气候倡议人才。而晶苑国际集团早在2007年已规划可持续发展策略，以应对全球挑战和缔造可持续绿色未来。罗乐风亦把净零愿景植入公司文化，于2022年公开承诺公司在2050年实现净零碳排放，致力将全球暖化升幅控制在1.5°C内，支持及配合中国政府减碳排放政策，并为全球减碳目标做出贡献。

罗氏家族名下设立"宏施慈善基金会"，由罗乐风担任主席，致力于关心弱小、纾困解难。2004年，在罗乐风鼓励支持下，妻子蔡玉清设立"玉清慈善基金"，其宗旨为"尽己所能，造福社会"。此后每年，晶苑国际集团均联同"玉清慈善基金"前往内地，服务贫困地区。

罗乐风热心助学，早在1997年已参与香港义务工作发展局开展的内地"希望小学"计划。"玉清慈善基金"多年来亦持续在韶关市曲江区等地捐资办学助学。

秉承父亲罗定邦遗愿，罗乐风更热心家乡办学。1993年，父亲捐建顺德罗定邦中学后，罗乐风及其弟妹罗家圣、罗嘉穗等，垂承父志，心系教育，常回乡探访。2003年，罗氏家族以罗定邦教育基金的名义向顺德职业技术学院捐赠300万港元。2005年起，罗乐风担任顺德罗定邦中学校监，出资改善办学条件。2011年，罗乐风出资为全校班主任及行政管理人员进行培训。2013年，在罗定邦中学奖教基金颁奖大会上，罗乐风代表罗氏家族捐资300万元。此后，罗乐风每年必亲临学校奖教奖学颁奖典礼，实地了解学校发展需要，鼓励学生秉承"诚正思行"的校训，修身律己，努力奋进。"取诸社会，用诸社会，我从社会获得成就与财富，当然要回馈社会。"慈善胸怀亦是罗乐风"大我为先"又一呈现。

2019年，因热心捐赠扶持社会慈善事业，晶苑国际集团获韶关市曲江区表彰——（罗乐风供图）

三、王屏生：引领家居　低碳环保

王屏生祖籍安徽省合肥市，1949年出生于台湾省屏东市，毕业于台湾淡江大学英国语言文学系。他曾任佛山台商协会会长，全国台湾同胞投资企业联谊会副监事、常务副会长、会长；现任锡山集团总裁、全国台湾同胞投资企业联谊会荣誉会长。

1989年，王屏生在北滘镇投资建厂，创立锡安家具有限公司，后更名为"锡山家具有限公司""锡山家居科技有限公司"，将户外休闲家具引入中国大陆。王屏生带领锡山集团研发并制造家具数十年，坚持不使用木材，全部使用可循环再生材料，引领家具行业低碳、绿色、循环发展，使锡山家具独树一帜，被誉为"不用木材的户外家具大师"。

1989—2002 年，锡安（山）家具公司成为一家集设计、开发、生产、销售于一体的全面发展型企业。2012 年以来，锡山集团斥巨资引进德国 Resysta 高端前沿材料技术，以废弃稻壳为原料，生产环保绿色装饰材料"ResystaWood"（谷木），2018 年获德国专业建筑领域绿色产品奖。

王屏生数十年来从未停止捐资助学、扶贫济困、救灾抗险。20 世纪 90 年代，他在北滘镇创立锡安奖教助学金和李惠屏慈善基金。2005 年，他响应共青团中央组织"保护母亲河"行动号召，捐资在大渡河段种植百亩林木。2007 年，锡山集团与美的、碧桂园共同捐资支持北滘福利事业。2019 年 6 月，锡山集团组织"把森林还给地球，用谷木替代树木"环保公益活动，首站走遍西双版纳。

王屏生——（王维供图）

王屏生获"北滘镇杰出贡献人士""顺德荣誉市民""静海县荣誉公民""海河荣誉奖""天津荣誉市民""佛山市荣誉市民"等称号（奖）。因其在环境保护领域的卓越贡献，2019 年，中国林产工业协会授予其"中国林产工业 30 周年功勋人物奖"，锡山集团被授予"中国林产工业 30 周年突出贡献奖"。

四、陈兆驹：电饭锅大王

陈兆驹生于 1945 年，祖籍桂洲（现容桂街道），为顺德荣誉市民。现任香港嘉康贸易公司董事长，顺德新天地房地产有限公司董事长，曾任广东电饭锅厂（原顺德桂洲电饭锅厂）厂长。

在改革开放初期，陈兆驹以敏锐的商业触觉，开拓顺德家电的品牌之路，成为大家熟知的"电饭锅大王"。作为家中老大，陈兆驹 16 岁就辍学营生。他做事卓有远见，又勤快踏实。早年组装容桂全镇首家私人大板车，从事运货业务。

20世纪60年代初，国家开放"三自一包"，城镇居民允许小组承包，发牌经营。陈兆驹参加五金组，经营打钉生意。70年代开始，他先后任职于桂洲五金社、桂洲机电社、电珠丝绵社。1978年，陈兆驹接手经营亏损严重杂品厂，将其发展为先进企业，令产品具省电、安全、美观特点，月产量达几十万台。他敏锐洞察改革开放先机，联系外商，开拓"三来一补"业务，开拓收音机线圈等部件来料加工，扭亏为盈。

1985年，陈兆驹团队研制出中国第一台直筒式自动保温电饭锅，鼎盛时期占全国电饭锅产量六成，后更名为"桂洲电饭锅厂"。1989年创立自主品牌"爱德牌"，"桂洲电饭锅厂"升级为"广东电饭锅厂"。

广东电饭锅厂——（顺德区档案馆　邝润棠摄）

1993年，在"爱德牌"鼎盛时期，陈兆驹南下香港，承包桂洲镇在香港的进出口贸易公司——宏图公司。

多年来，陈兆驹不忘公益。他先后捐建南方医科大学顺德校区、顺德职业技术学院教学楼、新桂洲中学校舍、南区小学重建工程（凤肖教学楼）、容山中学硬件设施等工程，并支持南区小学教育基金、容桂慈善教育基金、桂洲中学奖教奖学金、马冈书院校友基金等教育基金。此外，他以企业名义或个人名义资助桂洲医院及南区、上佳市、海尾、马冈等多个社区的福利事业，实现其"取之社会，回报社会"的初心。

五、蔡彪：地产精英　惠泽邑人

蔡彪，香港纪丰投资有限公司、康富（国际）有限公司董事长，先后担任广州市及顺德等地多家公司董事长、总经理，香港广东社团总会创会会董、现任副主席，曾任顺德商会顾问及容奇商会创会副会长、香港龙江同乡会会长，现任香港顺德联谊会副会长、顺德区侨联副主席。

蔡彪——（蔡彪供图）

蔡彪，1951 年出生于龙江镇。父亲早年到香港创业。1970 年，蔡彪赴港谋生。

蔡彪 1973 年初创业，进入饮食业，从经营小餐厅开始，逐步发展到海鲜酒家。1978 年，蔡彪转营中西药进出口贸易。1989 年转型房地产投资。他以广州为试点，首试成功，后与振华房地产公司合资，开发建设康富花园。1994 年，康富花园建成对外发售，因建筑格调高雅、自然空间开阔，配套中学、小学、幼儿园、商店、体育场地、公园等生活设施一应俱全，成为居民置业优选，获评容奇镇文明示范区。

蔡彪素来支持家乡教育事业发展。1996 年，他捐资建设容奇镇中心小学，力促中心小学与香港何日东小学结成姊妹学校。

2018 年，世界顺德联谊总会第十一届世界恳亲大会在加拿大温哥华召开，蔡彪（左）与世界顺德联谊总会荣誉主席黎子流（已故）合照——（蔡彪供图）

1999 年，蔡彪向振华管理区捐资设立振华管理区解困基金，旨在为属地居民群众的突发性困难提供经济援助。

蔡彪关心社会公益，热心社团服务，先后出任香港广东社团总会副主席、香港柯蔡宗亲总会会长、香港龙江同乡会会长，更保持担任龙江同乡会理事长 22 年的社团纪录。

2000 年，蔡彪被政府授予"顺德荣誉市民"称号。

六、叶绍文：志纵千里 心系故乡

叶绍文，祖籍大良，澳门乡亲，是澳门宏基行集团有限公司、炜力贸易发展有限公司、天虹食品、澳门全速网络配送有限公司、凤城珠记面家有限公司、氹仔渔村、顺德公饭店、香港兆基贸易有限公司、顺德区炜力贸易发展有限公司、宏葡（上海）贸易有限公司、珠海宏基行供应链服务有限公司等 17 家企业董事长。

他担任世界顺德总商会、澳门顺德工商业联合会、澳门大良同乡联谊会等 22 个社团要职，曾在广东省广州市、佛山市顺德区及安徽省合肥市等地担任政协委员。

叶绍文——（叶绍文供图）

（一）自强不息，穷人儿女早当家

20 世纪 40、50 年代，其父离开顺德到澳门谋生，在营地大街地铺创立"凤城珠记"面店，出品"凤城珠记镇店三件宝"——祖传鱼皮角、鲜虾靓云吞、凤城鲜水饺。面店不大，下铺上居，但父母晨兴夜寐，诚信经营，物美价廉，也能维持一家生计。

2007 年，叶绍文获美国皇家百圣大学颁授名誉博士学位——（叶绍文供图）

1952 年，叶绍文在澳门出生。目睹父母营生不易，他自小勤奋好学，懂事顾家。"童年印象，总有放学后就回店帮忙的场景。"

1965 年，父亲因病去世，母亲艰难操持，年仅 13 岁的叶绍文半工半读，勉力维持学业与生计。

中学毕业后，叶绍文进入报社，先后在《市民日报》《华侨报》任驻法庭记者和突发记者，后转任经济版记者。工作之余，修读香港浸会学院（今香港浸会大学）管理学和香港中文大学经济学的校外课程。2007 年，他获美国皇家百圣大学颁授名誉博士学位。这都为叶绍文日后拓展"凤城珠记"并执掌澳门老牌进出口企业集团——宏基行打下坚实基础。

"无他，当记者时间相对宽松，我可以兼顾面店。当然，当记者的经历，令我学会面对突发事件临危不乱，也让我积累了丰富的人脉资源。"多年后，历经商场起伏的大风大浪，叶绍文已将商业版图拓展至多个行业，再谈当年的艰难困厄，更多的是克服困难后的云淡风轻。

（二）开拓多个商业领域

20 世纪 70 年代，因母亲年迈多病，叶绍文辞职，全力协助母亲经营饮食业。

1975 年，叶绍文合资经营"宏基行"，从事食品贸易。同时，在传统"镇店三宝"基础上，创制炭火牛腩面、招牌鲮鱼球面等，一经推出，大受欢迎。"凤城珠记"更扩张至鼎盛时期的 8 家门店，并进驻澳门大学、澳门科技大学等高等学府。

此后，他经历移民潮、亚洲金融风暴、"非典"等，业务受挫，业绩低迷。20 世纪 90 年代初，他独力操持宏基行，更接手经营氹仔渔村、顺德公饭店等，深耕饮食业。

他深信澳门游客不断增加，优质食材必成亮点。因此，他创办澳门供应商联合会，满足不断增加的食品需求与配送服务。同时，他成立公司开展投资、超级市场、会展策划、网络配送等业务，不断拓展商业版图。

（三）以贸易联通内外

尽管澳门有着"背靠内地，面向世界"的经商优势，叶绍文的眼光和襟怀，从来都不囿于澳门。

2004 年，叶绍文部署宏基行"总代理"布局，直接与国内外厂家接洽进货，降低成本，拓展空间。如今，宏基行直接进口贸易量已超出从香港中转总量，不少商品已由澳门作为港澳地区总代理。

随着《澳门特别行政区五年发展规划（2016—2020）》及《中华人民共和国国民经济和社会发展第十三个五年规划纲要（2016—2020）》出台，澳门将成为"一个中心平台"（世界旅游休闲中心，中国与葡语国家商贸合作平台）。作为身兼澳门工商联合会、葡语系国家（地区）酒类及食品工商业联合会、澳门中小企业发展联盟等领头人的叶绍文看到更多机遇。这也加快他身体力行以贸易联通澳门与世界的步伐。近年，叶绍文常带队走南闯北，先后在上海、佛山、扬州、合肥、长沙、江门、贵阳等地建成多个经营葡语系国家产品的展示中心。

他40多年悉心经营的宏基行集团有限公司，而今亦已在澳门、香港、佛山、东莞、珠海、上海、福建等地设立分支机构。

如此由内而外的部署贯穿于叶绍文整个经营发展过程。除深耕餐饮外，他还经营超级市场、雪糕厂、贸易、会展策划、物流等，目的是打造一条联通内外的产业链。

因对工商业贡献卓越，2016年，叶绍文获葡萄牙波尔图酒协会颁发"骑士勋章"；2019年初获澳门特别行政区政府颁发"工商功绩勋章"，2022年更荣获佛山市顺德区政府颁授"顺德荣誉邑贤"的荣誉勋章。

（四）饮水思源，从故乡来到故乡去

10多年前，叶绍文在广州和顺德两地开办进出口公司，后来放弃广州，保留顺德作为华南地区联络点。他深知，万里蹀躞，以乡为归，顺德是他的故乡。至今，他在顺德设立的顺德区炜力贸易发展有限公司已累计投资超过1000万元。

叶绍文曾连续担任四届顺德区政协委员，曾就顺德的道路建设、环境治理、水资源利用等建言献策，还曾获评优秀提案。当年的多个提案如今都在落地推进。

2011年，叶绍文联合澳门商界精英，成立澳门顺德工商业联合会（总商会），反哺桑梓，敦睦乡谊。纾困解难是总商会的出发点。叶绍文长期出钱出力推动慈善事业。

2012年以来，叶绍文累计牵头组织捐赠超210万元。他在大良慈善会创立"澳门顺德总商会扶持残疾人再就业基金"，连续举办三届"凤城残障人士手工艺品展销会"。

2019年初，时任澳门特别行政区行政长官崔世安向叶绍文（右）颁授"工商功绩勋章"

——（叶绍文供图）

作为澳门大良同乡联谊会会长，叶绍文主动牵线各方资源，累计8年间组织捐款35万元投入到澳门大良同乡联谊会大良医院"肾健之友"血透助医基金，组织捐赠100万元兴建西山小学国学公园，让西山学子能在优秀传统国学文化滋养中健康成长。

他身兼多个顺德旅澳同乡会负责人，包括担任澳门顺德工商业联合会会长、澳门顺德联谊总会理事长、大良同乡联谊会会长等。

叶绍文也关注顺德澳门青年发展，致力为两地青年搭建历练平台。1995年，在叶绍文和澳门中华总商会青年委员会同人的倡议下，首届顺马[1]港澳青年交流

---

① 马来西亚顺德联合总会于2000年在马来西亚云顶（GentingHighlands）举办第四届顺马港澳青年交流会。

活动在澳门举行，推动四地互动互访。

因其多年来反哺桑梓的善举，叶绍文于 2016 年荣获"顺德好人"金星奖；2020 年再被评为"佛山新乡贤"。2022 年获"顺德荣誉邑贤"称号。

（五）搭建大湾区发展圈

2017 年，澳门继成都、顺德之后，获评"世界美食之都"。因祖籍顺德，定居澳门，加之本身从事餐饮食品行业，叶绍文对大湾区背景下顺德以美食为桥梁加快发展有着更深厚的情怀和更多的思考及投入。

他从最熟悉的餐饮行业入手，以"世界美食之都"推动两地经济和慈善的交流。2018 年 10 月 15 日，澳门工商业联合会牵头在澳门举办"世界美食之都"系列活动，国内三大美食之都——成都、顺德、澳门均派出顶尖厨师到场，炮制美食慈善宴，还举办美食论坛、书画联展等。同年，他应顺德区政协之邀参与《论道顺德》的讨论，提出大湾区背景下顺德发展应该重点关注贸易和人才流通。

除策划组织美食交流合作外，叶绍文还推动或参与在东莞、广州、佛山等地的多场论坛，通过自身资源加速三地交流互通。"立身树为模，根稳何妨枝叶动；处世钱作样，内方还要外边圆。"这是叶绍文的人生信条，更是他 70 载搏击商海、服务社会、回馈桑梓的深刻感受。

七、梁英伟：致力企业发展　投身社会公益

梁英伟，北滘镇碧江村人。曾祖父为中医，于广州设梁饮和堂悬壶济世。祖父梁忽臣书法特佳，设私塾教书于乡中，更在顺德、广州出售字帖为生。1938 年，抗日战争烽烟起，曾祖父与祖父相继亡殁，父亲梁欣荣年仅 18 岁，赴港谋生，因书法出众，受聘于总行设于重庆的聚兴诚银行香港分行。1941 年，日军侵港，银行停业。梁欣荣在新界获得村校校长兼教师职务，同时认识梁英伟母亲。她是香港新界林村原居民，就读于香港九龙圣玛利英文书院（中学），后与梁欣荣喜结连理。战后，银行复业，梁欣荣返回银行。

梁英伟于1973年毕业于香港中文大学新亚书院工商管理学系。他于1978年合资成立爱美高实业有限公司，后更名"华人置业有限公司"，生产电风扇、计算机，并从日本收购一间火水（粤语中表示"煤油"）及天然气暖炉厂，后在香港发展地产。其公司1982年在香港上市，并在东莞樟木头设厂。

1985年，梁英伟独资成立"港中发展集团有限公司"，在东莞发展成衣制造、计算机磁盘驱动器等，更在香港、东莞樟木头开始投资房地产。1992年，他在香港推销第一个内地楼盘"爱都花园"。另一个楼盘"御景花园"为东莞市最大住宅花园。

梁英伟致力收购旧楼重建业务。2013年，他收购豉油街100余户旧楼单位，发展为"香港希尔顿花园酒店"。梁英伟长子、女儿如今协助管理家族业务，小儿子为香港立法会议员。梁英伟为铭怀父母深恩，与大姐、二哥向中山医科大学（今中山大学医学部）捐资300万元，该校护理学院主楼被命名为"梁欣荣夫人楼"。

梁英伟积极推动教育。自1994年起，他历任香港中文大学新亚书院校董会主席、通识教育咨询委员主席等。他慷慨捐资，兴建英伟健身室与孔子像，成立梁英伟基金及梁英伟奖学金，推动新亚书院学长计划，资助香港历史研究与出版。因其杰出成就，获香港中文大学荣誉院士衔。为表彰其对社会与大学的贡献，2017年，香港中文大学新亚书院体育馆命名为"梁英伟体育馆"。

从1994年起，梁英伟联合创立非牟利慈善机构，关怀行动慈善基金，致力贫困地区肢体伤残病患者服务。2004年，梁英伟创立非牟利组织——我爱香港协会，并出任主席，关注香港学生品德教育问题，帮助单亲母亲。梁英伟深爱家乡，捐资100万元支持家乡教育，共同推动家乡发展。

八、欧阳聪：创立酒楼　推广粤菜

欧阳聪，1953年出生于均安镇仓门村，1973年来到香港，在深水埗"八仙茶楼"当杂工，勤奋工作，一丝不苟。后一家国际酒楼招聘员工，约150人应聘，欧阳聪脱颖而出，成为4名优胜者之一。1978年，他在元朗合资创办"晶晶"食品店，后在红磡设"富京酒楼"。公司重组后，以顺德菜为底色，结合市场需求，创办福海饮食集团和中南海酒家，更以鲍汁焗生蚝为主打品牌，深耕市场，名声渐彰。同时，他涉足轧钢、牛仔服、热水器等领域。

2014年，欧阳聪出任香港顺德均安同乡会会长，致力两地沟通与发展。

欧阳聪（右一）与家人——（欧阳聪供图）

九、盘祥辉伉俪：服务社群　心系祖国

盘祥辉，1956年生，乐从人，世界中餐协会理事，南非昇辉酒家总经理。

陈小倩，1956年生，沙滘人，2012—2014年任南非顺德联谊会常务副会长、现任南非顺德联谊会名誉会长、非洲华人妇女联谊会名誉会长。

2020年初，新冠疫情暴发，获悉广东省首批赴武汉支援的医疗队缺乏足够防护器材，南非顺德联谊会立即多方奔走，在极短时间内筹集多箱口罩和防护服发往武汉，受到援鄂医疗队赞扬。此后，专业外科口罩、测温仪、防护服相继送达佛山、中山。

盘祥辉夫妇与儿子前往大使馆参加国庆活动——（陈小倩供图）

身为南非顺德联谊会名誉会长的陈小倩，以个人名义购买 2000 多个医用口罩，火速发往家乡顺德。那一年，是陈小倩夫妇在南非的第三十个年头。

1990 年，陈小倩丈夫盘祥辉到南非经营粤菜餐厅。8 个月后，陈小倩与丈夫团聚。经历早年艰苦创业后，他们已经从小型饮食店发展为承接上百人宴席的大酒家。2016 年，盘祥辉还参加在清华大学举办的中餐业协会负责人研习班，更好地传播顺德美食。

陈小倩十分关注南非华侨社团活动。2012—2014 年，陈小倩担任南非顺德联谊会常务副会长，后出任代会长。她密切沟通前辈，及时传达信息，令社团充满活力与凝聚力，也因自身的无私奉献，深孚众望。

十、龙子明：香港青年前行的提灯者

龙子明，大良籍旅港乡亲。全国政协委员（第十、十一、十二、十三届），曾任广东省政协委员，获颁铜紫荆星章、荣誉勋章、太平绅士、1995 香港十大杰出青年奖，2024 年"顺德荣誉邑贤"。为宏利人寿保险（国际）有限公司高级行政区域总监、国际青年商会香港总会会长（1993）、香港杰出青年协会主席（2003—2004）、香港学生活动基金会主席、香港青年交流促进联会创会主席、港台青年交流促进会荣誉主席、粤港青年交流促进会永远会长、香港教育局"薪火相传"国民教育活动系列委员会执行主席、香港树仁大学校董、香港大良同乡会联谊会首席会长等。

龙子明——（龙子明供图）

（一）致力青年工作

龙子明深耕香港青年工作近四十年。他深知他们就是香港的未来，也是一国两制的重要推动者。

因此，他长期投身青年学生的国民教育活动，引导香港青年深刻认识祖国、积极融入国家发展大局中。同时，龙子明不遗余力地增强内地在港生对香港的归属感与香港事务的参与度，成为香港青年和内地港生奋力前行的提灯者。

在 1997 年在香港回归祖国时，他曾与 50 多名香港青年联会的青年在深圳种植一片"香港回归纪念林"。如今，这片纪念林苍碧茂盛，而二十多年间，大批青年也在他们引导下茁壮成长，成为香港发展中坚力量。

同时，他不断引导爱国爱港同乡社团更应关心年轻一代，为青年发展提供更多交流和学习平台。

（二）多方推动青年发展

2022 年 11 月 26 日上午，由香港广东社团总会、香港福建社团联会等 14 个省级同乡社团主办的"香港青年湾港就业招聘博览会"在湾仔会展中心举行，吸引了众多香港青年报名参与。

当时作为香港广东社团总会常务副主席兼秘书长，龙子明全程策划这次活动。

他从做好青年工作的角度着手，将招聘博览会完善为"集招聘、讲座、论坛为一体的综合性职业盛会"，吸引超 120 家企业参加，为香港青年提供 4000 多个职位，其中香港职位约 3500 个，内地湾区职位约 600 个。招聘博览会现场企业展位设置面试室，也提供就业辅导服务，搭建成一个高质量发展平台，帮助香港青年获得更多就业信息与机会，深受香港青年欢迎。

为纪念香港回归祖国 25 周年，作为香港青年交流促进联会创会主席，龙子明参与策划的"首届爱心行动奖 2021—2022"在香港会议展览中心圆满举行。

此次活动由香港青年交流促进联会、香港学生活动基金会和龙之家社会服务基金联合主办，香港大良同乡联谊会、粤港青年交流促进会、香港广东社团总会青年委员会和粤港澳大湾区青年总会合办，特区政府民政及青年事务局、教育局和香港中联办教育科技部为支持机构。

推动两岸四地青年交流——（龙子明供图）

此次颁奖礼除却宣传小区关爱信息，更意在呼吁青年全情投入义工服务，激发互助互爱精神，通过形式多样的的义工活动不断扩阔自身视野，激发个人发展潜能，提升社会责任感，形成更完善人格，为日后自身发展奠定扎实而全面的基础，深受有志青年推崇。

（三）关爱内地港生

在香港青年工作中，内地港生一直是个备受忽略的群体。

事实上，这批学生都是高考状元或出类拔萃的学生，龙子明一直呼吁为这批优秀青年才俊提供更多参与到香港工作的机会，令他们与本地青年一道，相融共进，增强他们对香港的文化认同，也让香港青年通过他们认识国家。

同时，龙子明也充分利用自己的各种资源与社会网络，为内地港生提供学习、实习、工作机会，让他们切实走进香港，认识香港，令香港真正成为他们的第二个故乡。

一直以来，龙子明不断整合自己的各种资源，全身心投入到青年工作中，"做好香港繁荣发展的一片绿叶，为香港和国家作贡献，"龙子明如是说。

龙子明（右一）一家五口，正中间是其子龙允生——（龙子明供图）

十一、梁君彦：致力服装行业　引领国际市场

梁君彦祖籍北滘镇林头村，1951年生，先后获得英国利兹大学荣誉学士学位和英国考文垂大学工商管理荣誉博士学位。他是香港新兴织造厂有限公司前主席。

1929年，梁君彦父亲离开顺德赴香港谋生，从事纺织业。20世纪40年代建纺织厂，加工生产羊毛衫出口印度尼西亚等东南亚国家市场，后逐步拓展至德国、英国等国际市场。1974年成立香港新兴织造厂。

梁君彦于1973年学成返港，进入家族企业。80年代起，香港制造成本渐高，不少企业外迁，梁君彦在批量加工生产的同时，尝试承接一些数量小、要求高的海外订单，逐步融入设计元素，将精力转向质量、设计、时尚方面。

其经营路线从贴牌生产逐渐转向设计生产，减少生产数量，提高产品附加值，经济效益渐佳。新兴织造厂有限公司在深圳、东莞等地设立厂房，成为全球最大的内衣生产、染料、布料、化纤等原料生产基地。

此外，他们推出的HidyNG已成国际高级女装品牌，深受买家青睐。

梁君彦从商的同时，也积极参与社会事务。梁君彦为第十三届全国政协委员、香港工业总会名誉会长、香港纺织业联会名誉会长。梁君彦于1996年成为非官守太平绅士。自2004年起，已连续五届当选为立法会议员。2003年起，梁君彦任香港生产力促进局主席、职业训练局主席和立法会内务委员会主席等。2016年，梁君彦当选为中华人民共和国香港特别行政区第六届立法会主席；2022年当选为香港特区第七届立法会主席。梁君彦于2004年获银紫荆星章；2010年获香港特区政府颁发金紫荆勋章。因其出任立法会主席以来务实求真、公正严谨、高效有序，政良治善，为市民谋幸福，社会治理贡献突出。2020年10月1日，荣获香港特区政府颁授嘉奖制度最高荣誉大紫荆勋章。2022年获"顺德荣誉邑贤"称号。

十二、梁尚父子：率先探路　拓展市场

改革开放以来，北滘镇林头村乡亲梁尚为家乡捐赠汽车两辆，1984年再捐农用车。1990年，他带头捐建林头小学、北滘中学、林头幼儿园、龙江中学、宝林寺。他引进生力啤酒有限公司，支持广州经济发展。1993年，梁尚牵头引进顺德龙江生力啤酒有限公司；1994年，引进顺德北滘日清食品有限公司。因其德深功高，获"佛山市荣誉市民""顺德荣誉市民""北滘杰出贡献人士"等称号。

梁冠禧为梁尚之子，1954年生，现任香港港九罐头洋酒伙食行商会副主席、罐头洋酒商会（慈善基金）有限公司副主席、顺德联谊总会福利部副部长，同时担任广东宝成忠贸易有限公司、佛山市顺德区北滘镇顺丰贸易有限公司等公司高管。

梁冠禧一直协助父亲管理香港有成行办馆有限公司（简称"有成行"）。1976年，有成行取得"日清合味道杯面"香港独家经销权；1982年，成为"生力啤酒"中国内地独家代理商；80年代中期，将"日清合味道杯面"及袋装"出前一丁面"分销至中国内地市场，成为将杯面食品带入中国内地市场先锋。

1991年，有成行与香港生力啤酒厂有限公司、中粮酒饮料食品进出口公司在香港成立生力（广东）有限公司，并通过该公司和广州啤酒厂合资成立广州生力啤酒有限公司。1994年，在北滘镇成立顺德日清食品有限公司。1996年，有成行成为顺德日清食品有限公司的主要股东，并于同年与日本伊藤忠株式会社及广东省食品进出口集团公司成立广东宝成忠贸易有限公司，负责日清食品在华南地区的销售。时至今日，有成行已成为香港主要食品、饮料、酒类及一般消费品的经销商，分销产品种类繁多，覆盖网络庞大，是香港各大超市十大供货商之一。

十三、关志辉：粤菜传扬中国声

关志辉，1958年生，其父关兆雄为勒流黄连关地人，母陈翠棣为容桂上佳市人。关志辉生于广州市荔湾区，现居挪威奥斯陆，任挪威广东同乡会会长、广东省侨联海外委员、世界华人粤菜烹饪联合会会长、全挪华人中国和平统一促进会副会长、挪威同乡会会长、挪威华人音乐歌舞团团长、顺德职业技术学院兼职教授。

其父关兆雄任荔湾陶陶居大厨，久负盛名。家庭熏陶，令他对烹调菜肴得心应手。关志辉后入职东方宾馆、泮溪酒家等知名餐馆。

20世纪80年代初，广州泮溪酒店在深圳开设分店，关志辉负责筹建。同时，他常借调到深圳市迎宾馆掌厨，为来访外国元首和我国领导人掌勺。对此，他深感自豪。

关志辉参加华侨华人粤港澳大湾区大会
——（顺德区侨联供图）

1989年，挪威餐馆需引进厨师，经其父力荐，关志辉来到挪威。他克服语言、习惯、饮食风格的相异与困难，努力融入当地饮食文化中。关志辉发现挪威人注重菜中汁水，于是，制作出本地人喜好的"杂水"菜式。

同时，他一直潜心推广粤菜。为吸引挪威友人，传播粤菜文化，他在餐馆中推出"像生大冷拼盘"，运用粤菜摆盘艺术中的雕花技术，将胡萝卜、土豆等常见食材镌雕成玫瑰花等，再与肉类食材结合拼砌成画，巧手妙得，呼之欲出，令挪威友人皆惊讶赞叹。除却雕花，关志辉还以顺德名菜"大良炸牛奶"为参考，融合挪威文化，创造性推出"脆皮炸雪糕"，新奇别致，备受青睐。在经营上，关志辉首创宴会到会，让精致粤菜深接地气，进入挪威寻常百姓家。粤菜餐馆创立几年后，饮誉挪威。

关志辉投身文化传播，卓有成就，对中挪文化交流及中华文化传播贡献深远。2010 年，关志辉荣获世界华人精英杰出人物奖。2019 年，关志辉受邀出席广州市"两会"，就发展"粤菜师傅"工程计划建言献策。同年 9 月，关志辉受邀出席"庆祝中华人民共和国成立 70 周年大会"，并受邀作为国庆阅兵式观礼嘉宾。

十四、陈钦富：此心安处是吾乡

陈钦富，1964 年出生，祖籍台湾省台中市，后随父移居至台北市，现任长丰纺织工业有限公司董事长、顺德台商协会会长。

（一）家教严明，传承企业

陈钦富祖辈在台中务农，父亲爱好研发，初时随工作辗转移居新庄、三重、台北等地，后创业于台北，设纺纱厂、染整厂，规模渐大。其父端庄严谨，家教严明，注重礼仪修养、躬行节俭、谨言慎行。其父日出即作，深夜方归，勤奋与严谨，深刻影响着陈钦富。

陈钦富就读于辅仁大学工科。他性格内向，精修心理学，主动参与活动，建立自信，毕业后进入家族企业。1992 年，陈钦富随父考察大陆，以便用性价比更高的新疆棉作为原材料。此后，他们与容里丝织厂、红旗漂染厂合作，从染纱业务开始，发展出织布、丝光、定型、成衣等全流程生产。进入 21 世纪，服饰设计日渐多样，企业面对样多量少、成本上升境况。2004 年，企业率先转产无尘布。2005 年，企业投入数千万购买设备，规模转产。从普通成衣转向高科技纺织的过程中，陈钦富潜心积累经验。如今，产品已进入台积电、台湾友达、富士康等高端电子企业。

（二）乐善好施，感恩社会

陈钦富自小做义工。他来到顺德后更是乐善好施，每年都去养老院看望老人，发放慰问金。在他与几任会长带领下，顺德台商协会号召会员企业投身两岸的慈善事业，积极参与教育、医疗、敬老等方面的捐资捐助。协会积极参加扶贫助学：1999年，捐建顺德职业技术学院台协楼；2008年，募捐100多万元建设四川省绵阳市桑枣镇石佛小学；2018年1月，在大良慈善会冠名成立"顺德台商协会小天使帮扶基金"，累计募集基金超150万元。此外，协会先后参与顺德教育基金百万行和青海玉树地震等赈灾捐款。

（三）搭建两岸交流的桥梁

作为顺德台商协会会长，陈钦富秉持"团结、沟通、服务、奉献"的宗旨，带领协会积极发挥桥梁作用，竭力协调，解决台商在投资、政策法规及经营方面所遇到的困难，并积极向政府部门建言献策，助力顺德招商引资工作，促进两岸交流和友好合作。

协会一直关爱在顺台湾青年、台商二代的工作生活，协助他们更好地融入顺德。此外，协会组织多种联谊活动，协助顺德对外宣传。协会每年牵线在台湾举办顺德美食节，宣传顺德美食文化。

2009年，陈钦富到协会在四川省绵阳市桑枣镇捐建的石佛小学看望该校学生，并送上慰问品——（顺德区侨联供图）

由于对顺德台商协会的卓越贡献，陈钦富在 2022 年协会成立 20 周年之际荣获"资深奉献银奖"。这成为他潜心推动两地发展的真诚表彰。

十五、张海峰：扎根澳大利亚　连通故乡顺德

张海峰，大良人，旅澳侨胞，星威国际贸易有限公司董事总经理，顺德味道集团董事，澳大利亚顺德商会会长，澳大利亚顺德联谊总会副会长。

（一）扎根向上，厚积薄发

张海峰是土生土长大良人。他于 1988 年入读中国纺织大学化纤系，1992 年入职华宝集团锦纶厂；1994 年底移居澳大利亚悉尼。他于 1995 年 10 月注册成立进出口贸易公司，开始从商。

初到澳大利亚，张海峰进入悉尼一家大型食品贸易公司，从货仓搬运做起，并利用一切休息时间，熟记各种货架的位置摆放，以及各种货物的名称、型号和特性。经过两年多积累，对公司业务及产品熟悉后，张海峰主动请缨做销售。成为销售当年，他即以拓展 100 个新客户的业绩令人刮目相看。

一年后，顺德家具寻求海外发展，张海峰筹备进军澳大利亚家具行业。他利用周末时间带着家具目录册走街串店了解行情和需求。经过一年调研，他于 2000 年辞职创业，创办星威国际贸易有限公司。

（二）借侨搭桥，加强两地交流

从 2000 年创业以来，张海峰感觉每隔 10 年，市场就会有新挑战。因此，他都会给自己定一个目标，促使自己实现一次自我跨越。第一个 10 年，摸索理解市场，寻求优质的海外供应商和产品；第二个 10 年，借助人脉、资源和独特的市场观察力，将业务锁定澳大利亚最大的民用家具连锁店，成为其核心供应商；第三个 10 年，考虑借助电子商务开拓对外贸易。

在潜心业务的同时，2008 年，张海峰当选澳大利亚顺德联谊总会副会长。2017 年，他出任澳大利亚顺德商会会长。

　　10多年来，张海峰通过澳大利亚顺德联谊总会和商会，以个人牵头等方式，组织汶川地震慈善捐赠、顺德疫情期间医疗短缺物资筹措、白内障光明之行、乳腺癌防治研究、儿童医院医疗捐助等多次面向国内的慈善活动。而这些善举，在张海峰看来，都只是"尽自己的心意，量力而行"。

（三）传播顺德美食

　　进入饮食行业，是机缘巧合，也是时势所趋。张海峰以澳大利亚顺德商会的名义，向澳大利亚顺德联谊总会会员招募共同参与者，最终于2017年在顺德姐妹城市高嘉华市办起第一家"顺德味道"，主要董事包括罗发祥、林锐均、张海峰等。随后，伊士活分店、赫斯特维尔分店先后开业。

　　"我们开办'顺德味道'，就是希望能在澳大利亚这个多元文化的移民国家推广传播顺德味道，让顺德美食文化在澳大利亚落地生根，发扬光大。未来，我很愿意也很希望以美食为媒，为顺德和澳大利亚两地带来更深更广的交流和合作。"对于家乡顺德，张海峰始终满怀深情。

2021年12月18日，顺德味道赫斯特维尔店开业典礼——（张海峰供图）

十六、梁志东：甘为桥梁　默默付出

梁志东，1969 年出生于陈村，后移居香港。2015 年，他接手管理地处故乡顺德的贰发毛绒有限公司，主营尼龙、化纤类毛绒产品，用于奢侈品包装、家具家私、服装、汽车行业、医疗制品等，年销售超亿元。后投资跨境电商、税务策划等。

2019 年底新冠疫情暴发后，他们以尼龙纤维研制出采集咽喉或鼻子液体的棒子刷，取代昂贵进口材料。疫情初期，其原材料供应占全国产品的七成，大大降低抗疫成本，为国家作出重要贡献。对此，他深感自豪。

致力推广顺德文化的梁志东
——（梁志东供图）

2019 年 12 月，梁志东出任香港顺德陈村同乡会会长。他组团参与陈村"《三字经》启蒙文化周"活动。2021 年，他发动港澳和海外乡亲积极捐款，支持家乡教育发展。2021 年，香港立法会换届选举，在内地的港人不能现场投票，他便组织选民前往深圳，积极参与。

2021 年 3 月，梁志东就任顺德区内地港人联谊会副主席。当时逗留顺德的香港人无法回港，梁志东通过探访、联谊、文体，深度沟通，保持联络，更组织年轻港人走遍 10 个镇街，深度认识这片岭南水乡与经济重镇。

2021 年 5 月，梁志东担任顺德区演讲与口才协会第三届会长，积极传播顺德文化，更不断提升企业家们的公众表达能力。默默付出的他，成为沟通两地的重要桥梁。

十七、苏长荣：爱国爱港　致力社会活动

苏长荣，祖籍大良街道。香港信业国际（集团）有限公司董事长、全国政协

委员、香港立法会议员及选委会委员、香港佛山社团总会会长、香港岛各界联合会理事长。

苏长荣积极融入国家发展，致力爱国爱港事业，担任内地与香港多个大规模的爱国爱港爱乡社团领袖，组织香港各界人士深入内地进行投资参观考察，有效推动两地共同发展。

苏长荣热心公益，不遗余力地带头参与扶贫济困、慈善公益行动。近几年，苏长荣募得香港义工发展经费达 4.2 亿港元。

多年来，苏长荣以其名下企业及个人名义在香港及广东地区，为助学、救灾及慈善活动捐善款超 2.3 亿元，他更积极响应广东省委省政府号召，捐资 100 万元支持和参与"千企帮千村"。

苏长荣曾获授广东省光彩事业大奖、香港特区银紫荆星章、太平绅士、佛山市荣誉市民、顺德荣誉邑贤等多项荣誉。2022 年获颁第十七届世界杰出华人奖。

苏长荣长期投身商业实践，身体力行参与国家经济发展，支持粤港澳大湾区建设，同时，积极投身政治协商、民主监督、参政议政，建言献策，贡献智慧与力量。

十八、卢浩宏：推动爱国爱港教育　参与家乡文化建设

卢浩宏，祖籍勒流街道大晚社区。香港福苑集团主席、佛山市政协常委、香港特区选举委员会委员、香港顺德联谊总会会长、香港佛山社团总会常务副主席、香港顺德联谊总会李金小学校监。2022 年顺德荣誉邑贤。

卢浩宏致力餐饮，福苑集团在香港饮食界深具影响力。2011 年因其专业领域号召力，当选为选举委员会委员。卢浩宏潜心推动香港顺德联谊总会 14 所中、小学及幼儿园爱国爱港教育，同时，积极支持广深港高铁香港段工程，对香港旅游业开拓内地市场贡献突出，他更致力特区经济、教育、环保等领域，成就瞩目。多年来，卢浩宏积极推动顺港两地交流，更每年组织乡亲回乡考察。2018 年，顺德启动"双塔"修缮工程，香港顺德联谊总会踊跃支持。当年 7 月，卢浩宏带

领香港顺德联谊总会代表团回乡，向顺峰山保育基金会转交一张50万港元支票，积极推动家乡文化发展。

十九、黄昇雄：助力社会公益　推动青年交流发展

黄昇雄，祖籍顺德杏坛。澳门新华昌投资集团有限公司总裁、顺德区政协常委、澳门顺德联谊总会常务副会长、澳门顺德杏坛同乡会会长。2022年顺德荣誉邑贤。

黄昇雄桑梓情深，乐助公益，致力顺澳两地沟通，助力家乡事业，贡献突出：2011年以来，捐资敬老，捐赠250万元用于建设家乡康乐设施；2020年新冠肺炎疫情爆发，先后向区、镇两级政府捐赠善款23万元；2021年，捐赠119万港元用于杏联初级中学苏莲珊图书馆项目建设。

黄昇雄素来关注粤港澳大湾区以及青年事业发展。2009年，他牵头成立澳门青年创业协会，积极推动澳门青年与国际青年创业者加强交流。如今，他全力推动港澳青年积极参与粤港澳大湾区建设，主动融入国家发展大局中。

二十、陈灿培：无私奉献　高风亮节

陈灿培，祖籍广东番禺。美籍华人收藏家、美国飞虎队研究院院长、李小龙基金会顾问。2022年顺德荣誉邑贤。

多年来，陈灿培以其丰富资源，投身于中美两地文化交流，有力促进中美两地合作，其著作《全美华裔民选官员名录》，更是珍贵华侨文献。近十年，陈灿培向中国多间博物馆无偿捐献文物。2018—2019年，得知顺德筹办顺德华侨博物馆，他多次将深具历史价值的藏品无偿捐赠，尤其是李小龙珍贵史料，累计超20多件套，包括李小龙头发、曾用支票、李小龙《唐山大兄》剧照等。陈灿培经多年努力，终于寻获得到李小龙第一张好莱坞合同，他更在第一时间向顺德华侨博物馆捐献，为弘扬李小龙文化作出深远贡献。

第二节 社会管理

学有所成的顺德人潜心经营企业，更致力推动社会发展。他们从基层起步，稳扎稳打，务实进取，不仅将宏大理想化为寻常民众的一羹一调，且为社会与国家发展出谋划策，更有成为主政一方的行政官员。他们悉心为民、不求名利的质朴思想，成为顺德文化精神的特别呈现。

一、苏震西：墨尔本市长

苏震西祖籍杏坛，1946 年生于香港，17 岁从香港移民至墨尔本。其叔为侨领苏剑泉。苏震西勤奋向学，获墨尔本大学教育和科学两个专业学位。他以餐饮业起步，又手执教鞭教书育人，至 1991 年以独立候选人身份首次参加市议员竞选即获成功，并两次连任。

2001 年，苏震西当选墨尔本市历史上首位由民众直接选举产生的市长；2004 年，成功连任墨尔本市市长。在市长任上，苏震西主张"仁政"，崇尚"和谐合作"，以"管得好一个厨房，更管得好一个国际大都市"自我鞭策，维护社会安定，关心弱势群体，发展多元文化，推动墨尔本与多个城市开展友好交流合作。墨尔本于 2002 年、2004 年、2005 年获评"世界最佳居住城市""最安全城市"。苏震西亦因朴实亲民的执政作风和有目共睹的卓越政绩广受称赞，2006 年荣获

"世界市长"称号，2005年获"顺德荣誉市民"称号。

二、陈冯富珍：联合国世界卫生组织总干事

陈冯富珍祖籍勒流光大村，出生于香港。1978年加入香港卫生署；1985年在新加坡国立大学接受培训，获公共卫生理学硕士学位；1994年6月成为香港卫生署首位女署长。2003年8月，出任联合国世界卫生组织人类环境保护局局长，主要负责传染病防控事务。2005年6月，兼任联合国世界卫生组织总干事人类大流感特别代表。2006年当选联合国世界卫生组织总干事，成为首位在联合国专门机构中担任最高领导职务的中国公民。2012年因工作表现出色，再度连任。2018年，当选全国政协常委。

她因在公共卫生领域贡献卓绝，获得多项荣誉：1997年，获英女王伊丽沙白二世颁授"官佐勋章"；1999年，获泰国国王普密蓬·阿杜德颁授"玛希顿亲王公共卫生奖"；2018年12月，获中共中央、国务院授予"改革先锋"称号，并获评"一带一路"卫生领域合作推动者。2019年12月，她入选"中国海归70年70人"榜单。

三、梁庆庭：排忧解难为街坊

梁庆庭，澳门居民，祖籍北滘镇莘村，出生于1952年，爱国澳门乡亲梁榕根之子。现任澳门街坊会联合总会荣誉会长、澳门文化产业基金行政委员会主席、澳门顺德联谊总会常务副会长。曾任澳门立法会议员、澳门特别行政区筹备委员会委员、澳门教育委员会委员、澳门特别行政区行政会委员、澳门特别行政区行政会发言人、全国政协委员。

梁庆庭早年任教于镜平小学，热心公益。他于1989年出任离岛市政议员，1991年获选为第四届立法会议员，后连续五届高票数获选为立法会议员。1998年，梁庆庭获选为澳门特别行政区筹备委员会委员，后于1999年和2004年受时任行政长官何厚铧委任，成为澳门特别行政区行政会委员。2009年12月，他出任澳

门特别行政区行政会发言人，至 2019 年正式退休。

梁庆庭熟悉澳门基层情况，积极为坊众排难解纷。举凡房地产交易纠葛、大厦管理纠纷、民间纷争、邻里矛盾，梁庆庭皆能公正温和，息事宁人，冰释误解，最终往往多赢共乐，故深受爱戴。

他更从"团结坊众，服务社群"到"参与社会，改善民生"，再到"共建特区"，令坊会服务层次与时俱进，为澳门社会发展贡献深远。1999 年，他获"公民功绩高级军官勋章"；2010 年初，获"金莲花荣誉勋章"。2008 年 5 月 3 日，北京奥运会圣火在澳门传递，梁庆庭作为澳门站最后一棒火炬手，在渔人码头罗马表演场上点燃圣火盆。

四、贝勒波：友好使者　巾帼精英

莫妮克·奥桑·贝勒波（Monique Ohsan Bellepeau）女士（以下简称贝勒波）

2013 年 11 月 13 日上午，祖籍乐从镇平步社区的毛里求斯副总统贝勒波首度回乡认祖归宗，探亲访友。图为贝勒波（前排左六）副总统与家乡亲属合影——（广东省外办摄　顺德区侨联供图）

为早年移居毛里求斯的顺德人后裔。其父亲是毛里求斯执政工党创始人。在家庭熏陶下，她自小耳濡目染，对从政兴趣浓厚，长大后投身政坛。贝勒波女士领导能力卓越，2007年10月当选为工党主席，2010年11月担任副总统，为毛里求斯历史上首位女性副总统。

贝勒波女士鼎力支持中毛两国的经济技术合作与经贸往来持续发展，维系中毛两国高层密切交往，政治互信不断加深，推动双方在多个领域开展友好合作，特别是积极推动两地实现直航并亲自来华参加首航仪式，共写两国友谊新篇章。贝勒波女士十分关心中国语言文化在毛里求斯的传播和推广，加深本国人民对中华文化的认知与认同，为中、毛两地的深入交流作出重要贡献。2013年11月13日，贝勒波女士首度回到顺德乐从平步认祖归宗、探亲访友。2014年7月，贝勒波专程前往英国伦敦出席世界顺德联谊总会第八届恳亲大会。同年12月贝勒波在其办公室热情接待到访的顺德政府商贸代表团，体现出浓厚乡梓情怀。2024年荣获"顺德荣誉邑贤"称号。

五、陈文锦：塞舌尔总统

陈文锦先生（后排左五）在家乡乐从沙滘陈家祠前与族人合影
——（顺德区侨联供图）

20 世纪 20 年代，乐从镇沙滘村陈姓先民已来到塞舌尔（位于非洲）。陈曼金出任华联会主席。其子陈文锦留学法国，学成后回到塞舌尔，长期致力民生发展，成立民主党，领导民众摆脱法国统治。塞舌尔于 1976 年 6 月 29 日宣布独立，陈文锦成为塞舌尔第一位总统。其外文名为 James Mancham，音译为詹姆斯·曼卡姆。2004 年和 2014 年，陈文锦两次回沙滘村寻根。

六、岑宗兴：塞舌尔文化部长

岑宗兴，乐从镇沙滘村北村人，塞舌尔姓名为伯纳德·山姆莱（Bernard Shamlaye)，曾任塞舌尔共和国社会发展和文化部部长、塞驻法国大使兼常驻联合国教科文组织代表等。岑宗兴父亲早年远赴塞舌尔，一直想回乡探望亲人，但因各种原因，梦想无法实现。20 世纪 90 年代初，岑宗兴与母亲曾回到北村。2010 年，岑宗兴再度回到家乡，拜祭先祖，与亲人团聚，实现他和父亲多年愿望。岑宗兴一直致力推动促塞舌尔与祖国合作。

七、曾钰成：肩鸿任钜 "钰" 汝于成

曾钰成，曾任香港培侨中学校长，现为校监。他是香港特别行政区第四、五届立法会主席，香港民主建港协进联盟首任主席，被《明报》列入香港回归后最有影响力的 10 位港人之一。他于 2015 年获颁授 "大紫荆勋章"，2016 年被美国《时代》杂志誉为 "香港的最佳希望"。2010 年获评 "顺德荣誉市民" 称号。

致力香港发展的曾钰成——（蔡彪供图）

（一）因缘际会，教书育人

曾钰成祖籍龙江镇仙塘村，1947 年出生于广州，1949 年与胞弟曾德成随父

母赴港。

父亲曾照勤为香港中华总商会秘书，母亲是家庭主妇，家教严谨，智圆行方。1958年，曾钰成参加小学毕业会考以全港第一名考入港岛著名男校圣保罗书院。中学毕业会考时，他获八优成绩，成为会考状元，后入读香港大学数学系。攻读数学的同时，他潜心研读政治理论，为其日后从政奠定基础。1968年，曾钰成毕业于香港大学数学系，获一级荣誉学位。因国际形势变化，他无法出国留学，后得知培侨中学奉行爱国主义教学，与自己理念一致，且与内地关系紧密，于是应聘，成为一名教师。

十数年教书育人的辛勤付出，使曾钰成得以在1985年出任校长。"我就是一个矛盾综合体"，曾钰成如此自我剖析。或许正因为如此，曾钰成更能综合、冷静、客观地分析问题，抽丝剥茧，冰释疑惑。

早年在培侨中学执教。讲话者为曾钰成——（蔡彪供图）

（二）初心如磐，奋楫笃行

香港回归祖国前夕，曾钰成密切关注香港在过渡期可能出现的种种问题。他每天阅读大量报纸，留意相关报道；踊跃在报章上发表观点，阐述并拥护"一国两制"，表述个人关于如何保持香港繁荣稳定的见解。此外，更因老校长吴康民当时是基本法咨询委员会委员，借助收集教育界意见的机缘巧合，曾钰成协助参与起草基本法，由此初涉政界。

吴康民于1958年开始担任培侨中学校长，深具爱国情怀。其政治眼光和透彻的分析深刻地影响曾钰成的人生方向。

曾钰成从政以来喜穿中山装，个人风格鲜明；文理兼长，开设专栏，幽默且不失独到见解；政风务实开明，机敏缜密，被外界喻为"政治柔顺剂"。

1992年7月，曾钰成与一批关心香港平稳过渡、支持国家对香港政策的人士组建"民主建港联盟"（以下简称"民建联"），并出任联盟主席。民建联以"平稳过渡，繁荣创富，安居乐业"为其政治纲领，秉持坚定的理想和目标，心怀献身精神和责任感。曾钰成致力推动民建联成长壮大，在立法会选举中也屡获佳绩。香港《明报》曾发表文章，将他列入回归后最有影响力的10位港人之一。

1997年，曾钰成当选香港特别行政区临时立法会议员。谈到1997年香港回归祖国仪式，亲身参与的曾钰成笑言："我记得仪式完后，我要通宵参与临时立法会会议，通过《香港回归条例》，早上又要出席特别行政区成立仪式，忙得不可开交。"

1998—2012年，曾钰成先后5次在立法会直选中胜出，自2008年起成为立法会主席，连任两届，直至2016年卸任。在曾钰成20年的立法会生涯中，立法会直选议席的比例有所增加，从1998年的20席增加至2016年的35席，从1/3增加至1/2。

回顾30年从政之路，曾钰成始终恪尽职守。他以丰富的政治经验与智慧，令人感动的包容与耐心，在两届共八年立法会主席任期中，于各种针锋相对的诉求中凝聚共识。同时，他主持立法会工作，促进立法会正确行使法律制定、审议财政预算与税收及公共开支、监察政府工作等职责。

2015年7月，曾钰成获颁"大紫荆勋章"。政府对其的嘉许词："长期参与公共服务，表现卓越，尤其是在领导立法会的工作方面，致力于确保其按香港基本法履行职责及任务，贡献卓著。"

2016年，曾钰成登上美国《时代》杂志封面，被形容为"香港的最佳希望"。

（三）老骥伏枥，"智"在千里

踏进古稀之年，曾钰成卸任立法会主席职务后，牵头成立智库"香港愿景计划"，继续服务香港社会。

"香港背靠祖国，联通世界，主动响应国家'一带一路'的发展倡议，积极融入粤港澳大湾区的发展，香港的经济一定更加繁荣。顺德与香港，同在大湾区，未来趋势必然是加强沟通，共同发展。"一身中山装下，是热切的中国心，对家国有情，对香港有义。

德厚凝光，业勤流芳，肩鸿任钜，"钰"汝于成。

八、曾德成：能文能政　爱国爱港

曾德成，《大公报》前总编辑，曾任香港中央政策组全职顾问，香港民政事务局前局长，顺德荣誉市民，香港顺德龙江同乡会名誉会长，全国人大代表。

曾德成先生（中）——（蔡彪供图）

（一）执笔直书，以文字燃点人心

曾德成籍贯龙江镇仙塘村，1949 年出生于广州，同年与胞兄曾钰成随父母来到香港。学有所成后，他加入爱国立场鲜明的《大公报》，用眼观察社会的纷繁复杂，用心感受世态炎凉，用笔记录时代发展变迁。

曾德成文风凌厉，坚持"爱国爱港"的不变宗旨和情怀，以及"拥护国民公共之利益"的职业理想与追求。从记者到总编，曾德成秉承"报道新闻客观、追求经济独立、主张言论公允、致力服务公众"的报业精神。

在职期间，他又以报人身份赴哈佛大学担任"尼曼"访问学人。

1997 年 7 月 1 日，香港回归祖国。《大公报》头版头条为"回归了，开新篇"，正是由时任总编曾德成与同事最终敲定的标题。立场鲜明，言简意赅。

2013 年，作为海峡两岸及港澳新闻研讨会发起人与筹委，曾德成参加研讨会 20 周年庆。他在发言中指出："海峡两岸及香港新闻研讨会的举办得风气之先、开风气之先。新闻界以敏锐的触角，洞察潮流大势，率先打破两岸数十年的隔阂。愿海峡两岸及港澳新闻研讨会永续发展。"

2022 年，香港全面落实《中华人民共和国香港特别行政区维护国家安全法》和"爱国者治港"原则，给爱国媒体的发展创造条件、提供土壤。值《大公报》创刊 120 周年之际，曾德成再次直抒胸臆。

（二）豁达尽职，凭真诚服务港岛

1997 年香港回归，第一届香港特别行政区政府随之成立，曾德成受邀请加入中央政策组，担任全职顾问，联系社会各界人士，向行政长官提出不同范畴的政策建议，以及协助起草每年的施政报告。在政策研究室 10 年的朝乾夕惕、厚积薄发，使曾德成逐步熟悉政府部门的运作。在这期间他又于工余到香港大学完成国际关系与文化研究两项硕士课程。2007 年，他获行政长官提名，由中央人民政府任命为香港民政事务局局长。

任职民政事务局局长期间，曾德成坚持一贯爱国爱港的宗旨，贴近民众、服务民众，致力于改善社区基层设施和民生便利，使各社区里加强爱国爱港爱内地家乡的组织力量。

他大力促进香港艺术、文化、体育事业的发展，坚定推行西九龙文化区和启德体育园区的建设，倡导保护和传承非物质文化遗产，与广东省文化厅合作，成功使粤剧列入联合国教科文组织的人类非物质文化遗产名录。这些工作，使得香港不只以高速发展的经济著称，文化设施的建设与文体事业发展亦成为一大特色。

"香港是一个开放的国际都会，与外界交流频繁，是中西方文化汇聚的地方。在'一国两制'的基础上，香港与内地互补有很大余地。我希望香港在中国伟大文化复兴中扮演独特角色。"

青年发展是曾德成的工作重点。他坚信国家和香港密不可分，更着力推动香港与内地融合发展。他从青年着手，努力为青年创造去内地实习的机会，包括国家机构、文化机构、金融机构、港资企业，拓展香港青年的就业领域，加深对国家的认识。同时，安排开展义工服务，让年轻人到粤北和粤东山区农村从事义教工作，体验与城镇不同的生活，接受磨炼，培养责任与担当。

（三）推动两地融合发展

从香港民政事务局离任后，曾德成仍勤于笔耕，关心青年培育工作，不遗余力推动香港与内地融合发展。借助"粤港澳大湾区"与"一带一路"的契机，他率领教师团队到内地参观，帮助推动青年到内地合作开拓。

2018年，曾德成就任丝绸之路城市联盟①副主席。他表示："'一带一路'倡议为香港自身发展，香港与祖国内地同发展、共繁荣提供了重大历史机遇。我愿贡献力量，积极推动香港有关社会资源参与丝绸之路城市联盟事业发展，助力香港社会共建、共享'一带一路'。"

"近年家乡各方面发展迅猛，与此同时，教育、医疗、环保等基础配套同步共进，令人欣喜。期待日后充分发挥粤港澳大湾区的优势，通过两地努力，促进顺港进一步交流融合，使家乡有更好的发展。"谈到家乡顺德，曾德成满怀深情。

---

① 由国内外知名人士发起，于2014年在香港正式成立，宗旨是动员、组织、协调国内外的社会资源，推动"一带一路"沿线城市之间在各领域的合作，从而带动沿线城市和人民共同参与到"一带一路"建设，达致共同发展、共同繁荣。

2018 年，曾德成（居中）受聘为丝绸之路城市联盟副主席——（蔡彪供图）

岁月悠悠，情怀依旧。数十年辛勤为文为政，曾德成爱国爱港之心始终如一。

九、何世珺：响应政府号召　致力社会发展

何世珺祖籍北滘镇北滘社区，出生于马来西亚。马来西亚广肇联合总会会长，曾任马来西亚顺德联谊总会会长，为顺德荣誉市民。

何世珺参加亚洲恩亲联谊大会（前排右七）——（顺德区侨联供图）

何世琚深爱家乡。2002年，在马来西亚吉隆坡带领社团成功举办世界顺德联谊会第三届恳亲大会。

何世琚积极响应马来西亚前首相敦马哈迪提出的2100年全国达到7000万人口的号召，成立"3＋1婴儿信托基金会"，以此奖励多生育的家庭。

1990年2月，马来西亚最高法院任命何世琚为监誓官。1999年4月，他荣膺雪兰莪州苏丹颁授"太平局绅"勋衔。2001年，何世琚带领马来西亚工商界精英参加马来西亚国庆活动。

何世琚曾任马来西亚顺德联谊总会会长。他重视华文教育和华文学校建设，资助华人子女接受高等教育，多次组团回顺德观光和参加顺德大型活动。2005年，顺德区人民政府授予其"顺德荣誉奖章"。

十、陈国基：踏实出色工作　致力香港发展

陈国基，祖籍容桂街道上佳市。香港特别行政区政府政务司司长。2022年顺德荣誉邑贤。

三十多年间，陈国基工作于香港入境处，秉承"为香港市民谋福利"理念，不遗余力完善入境管制与旅客通关工作，"有心、有力、有承担"，带领入境事务处成为全球入境服务队伍典范，为推动香港加快融入国家发展发挥不可或缺作用，获特区政府与社会广泛好评。

陈国基后出任特首办主任、维护国家安全委员会秘书长，2022年获颁香港特区政府金紫荆星章。同年6月，因卓越工作能力，获时任香港特区行政长官李家超提名，由国务院任命为香港特别行政区第六届政府政务司司长，继续服务香港市民。

陈国基是第一批被派往北京工作的香港特区官员。目睹内地日新月异的变化，他对内地感情深厚。他更情倾故里，多次回乡探访，考察顺德家乡经济和文化发展，致力于香港青年在内地的成长发展及相互交流，促进两地共建共融、共同发展。

十一、黎栋国：优化出入境程序　助力香港稳定发展

黎栋国祖籍北滘镇桃村，出生于 1951 年，获伦敦大学法学学士。现任全国政协委员、香港新民党副主席、香港特别行政区第七届立法会议员、顺德荣誉市民，曾任香港特别行政区保安局局长、入境事务处处长等职务。

黎栋国早年工作于香港人民入境事务处（香港回归后改称香港特别行政区入境事务处），2002 年出任入境事务处处长，是中央人民政府任命的首批主要官员。2009 年 10 月，黎栋国获委任为香港特别行政区保安局副局长，2012 年 7 月升任保安局局长。2018 年 1 月，黎栋国当选全国政协委员；2021 年 12 月，他当选香港特别行政区第七届立法会议员。

在中央和香港社会各界的支持下，黎栋国积极推动香港（人民）入境事务处工作的开拓和改革，锐意进取，不畏艰辛，使入境事务处迭创佳绩，多次获得国际级奖项。同时，他积极配合国家改革开放政策，于 2004 年首次推行"智能身份证出入境"实施工作，助力香港的经济稳定发展。2006 年起，他全力配合政府落实"优秀人才入境计划"，吸引国内外精英定居香港，提升香港在全球市场的竞争力。

为表彰其卓越奉献，政府分别于 2001、2008、2016 年向黎栋国颁授"入境事务卓越奖章""银紫荆星章""金紫荆星章"。1999 年，黎栋国以父亲黎镜宇之名捐建北滘镇桃村幼儿园。顺德区人民政府于 2005 年 10 月授予其"顺德荣誉奖章"。为顺德荣誉市民。

十二、麦美娟：心怀社会民生　维护香港繁荣稳定

麦美娟，祖籍均安镇，旅港乡亲，曾任香港立法会议员、香港工联会副会长，现任第六届香港特别行政区政府民政及青年事务局局长，香港"铜紫荆星章"及"银紫荆星章"获得者。2022 年，麦美娟获评"顺德荣誉邑贤"称号。

（一）志向高远，心怀家国

麦美娟祖籍均安镇，出生于香港。自小蕙质兰心，谨敏勤奋，文笔与口才俱佳。中学时期，参加征文比赛夺冠，继而获任青年大使，自此眼光开阔，在为青年发声的同时，管理能力与经验悄然积淀。

麦美娟——（麦美娟供图）

1989 年，以优异成绩考入香港中文大学英文系。1993 年毕业，以 22 岁之龄成为香港葵青区议员，是当时香港最年轻的议员。此后，外表柔弱，内心坚定，处事有方，施政有据，成为麦美娟鲜明的个人风格。

麦美娟曾是香港中文大学校董，也是香港工会联合会（工联会）副会长和香港妇女动力协会会长。在 2012 年立法会选举中，麦美娟获香港工联会支持当选新界西立法会议员。2022 年 7 月 1 日，获中央人民政府任命，成为第六届香港特别行政区政府民政及青年事务局局长。

30 年间，从香港中文大学学生到香港中文大学校董，从区议会到立法会，从青年大使到民政及青年事务局局长，麦美娟始终以"为天地立心，为生民立命，为万世开太平"为方向，坚守初心，服务香港，服务市民。

（二）从群众中来，到群众中去

从政三十载，麦美娟始终牢记工联会一位前辈的循循善诱——做群众工作，就要从群众中来，到群众中去。而今这已成为她的执政宗旨。"民政及青年事务局是市民及政府之间的桥梁，如何将民意传达给政府，令政府更接地气，这是我义不容辞的责任。"

麦美娟深知群众工作重要性，更重视跟市民的深入接触和透彻沟通。因此，自担任区议员至今，她一直坚持探索多元化的信息渠道和社交媒介，全方位接触市民，收集民意，掌握小区民情。她尝试通过微博、微信、脸书等方式接触市民。

此外，她每周定期与地区市民交谈，收集意见；晚上摆设街站，方便与夜归居民交流，与不同阶层市民接触，了解民意、社会所需与市民期望。她认为这对提升民政及青年事务局服务水平和个人执政能力都非常有帮助。她始终相信，无论是官员还是议员，掌握民情民意都是头等大事、当务之急。

麦美娟进入社团宣传国家政策——（麦美娟供图）

麦美娟的微博不仅分享对香港社会的思考，还会分享日常生活，关注内地新闻，粉丝有91万之多，因此被外界誉为"亲民局长"。"我希望通过微博可以加强和市民的互动和交流，可以令内地网民更多、更真实地了解香港的社会和生活"。

请命于民，执政为民。"香港长治久安，来自于群众对政府的支持与信任，所以政府做工作，必须设身处地为群众考虑，绝不能有负于群众。"

（三）说实话，更做实事

外界认为："立法会如战场，不够坚定，很难立足。"麦美娟自 2012 年起即担任立法会议员。她认为："理直气壮，讲真话，做实事，自然坚定。"

2021 年，麦美娟发起成立智库组织"治港新政"，就劳动市场、土地房屋及基建计划、环境生态与创科发展等进行研究。

麦美娟长期关注青年工作。作为香港工联会原副会长和新任香港特别行政区政府民政及青年事务局局长，麦美娟对青年工作想得更远，做得更多。"新一届政府决心协助青年人解决'四业'，即学业、就业、创业、置业方面的困难，为青年创造向上流动的机遇。民政及青年事务局将专责统筹制定整体的青年政策和《青年发展蓝图》，明晰香港整体青年发展工作的愿景、指导原则和主要工作方向，并按照实证和目标为本的原则，列出未来相应的工作目标、具体行动、措施和成效指标，致力于将香港青年培育成为爱国爱港、具备世界视野和专业技能，积极终身学习，并具有正向思维的新一代。"

（四）搭桥开路，沟通交流

香港有着背靠祖国面向世界的地域优势，而"一带一路"与粤港澳大湾区的搭建，对香港，特别是对香港青年而言，更是难得的发展机遇。有见于此，民政及青年事务局正分步骤推动青年发展，涵盖人才培训、青年生涯规划、实习交流、创新创业等。民政及青年事务局与青年发展委员会合作推出"青年内地交流资助计划""青年内地实习资助计划""内地专题实习计划""企业内地与海外暑期实习计划"等多个交流的实习项目，引导香港青年加深对内地的就业市场、工作文化和发展机遇的认识及把握。

此外，民政及青年事务局还在青年发展基金下推出"粤港澳大湾区青年创业资助计划"及"粤港澳大湾区创新创业基地体验资助计划"，分别为有意创业的香港青年提供资本及创业支持和孵化服务，并加深香港青年对大湾区内地城市青年创业基地及内地相关双创政策和配套措施的认识，以进一步协助青年在香港及大湾区内地城市创业。

积极投身两地发展的麦美娟（左一）——（麦美娟供图）

对于家乡顺德，麦美娟更有着美好的记忆与深厚的感情。"小时候，曾与父母返乡探亲，现在仍与乡间的表姐妹保持联络。家乡有很多鱼塘，有很多人养鲩鱼，每次回乡都会吃鲩鱼，煮粥或者吃火锅。我一向很喜欢吃顺德菜，尤其喜欢吃顺德拆鱼羹和大良双皮奶。"虽然常年在港工作生活，麦美娟一直关注顺德的发展。出任议员时，曾派妇女代表到访顺德交流学习。担任佛山市政协常委期间，更曾作出提案，提议顺德以美食文化为亮点，吸引更多香港市民深入了解内地其他城市发展的情况。未来，更希望以顺德美食文化为切入点，促进顺德和香港两地更深入的交流合作。

（五）功成有我，功不必在我

因多年服务香港，贡献卓越，麦美娟曾获"太平绅士""铜紫荆星章""银紫荆星章"等荣誉称号。荣誉于她，是嘉奖，更是勉励。她深知这是长期扎根基层的结果，也是团队配合的功劳。"工作以来，我得到不少街坊、好友和工作团队的支持。多年来的工作体验使我深深领悟到，工作需要有一个团队的支持，不能单靠一个人的力量去完成所有的工作。我十分感恩工作以来都有很好的工作团队支持我，前线的工作如设街站、社交媒体的宣传，或议事工作上的政策研究，都获得团队协助。"

十三、苏泽光：寻找发展先机　提升香港商务地位

苏泽光祖籍北滘镇碧江村，生于 1945 年。现任香港机场管理局主席、行政长官创新及策略发展顾问团非官方成员、友邦保险控股有限公司及华润电力控股有限公司的独立非执行董事、瑞信大中华区高级顾问。

苏泽光 1969 年毕业于香港大学文学院，后进入政府。1985—1992 年出任香港贸易发展局执行董事、总裁；1995—2003 年出任香港地铁有限公司主席兼行政总裁；2000—2007 年出任汇丰银行独立董事；2003—2007 年出任电讯盈科集团副主席兼董事总经理；2002—2015 年出任国泰航空有限公司非常务董事；2007—2013 年出任香港电影发展局主席；2007—2015 年出任香港贸易发展局主席；2007—2015 年出任北京市市长国际企业家顾问；2008—2018 年担任全国政协委员；2015 年 6 月起出任香港机场管理局主席。

苏泽光业绩卓著。出任香港贸易发展局主席期间，他协助香港企业把握内地及新兴市场的商机，积极推动香港对外贸易，不断提升香港的国际商务地位，并配合《中华人民共和国国民经济和社会发展第十二个五年（2011—2015）规划纲要》，向内地企业大力推广香港的各项服务业。

前行政长官梁振英称赞其为"出色的香港推广大使"。出任香港机场管理局主席期间，他落实扩建香港国际机场三跑道系统工程、SKYCITY 航天城、超级 eHub 等多个重要项目，有力巩固香港作为国际及区域航空枢纽的领先地位。2000 年，他被星岛新闻集团评选为"香港杰出领袖"；2001 年，获《商业周刊》"亚洲之星奖"。2011、2017 年，香港特别行政区政府先后向他颁授"金紫荆星章""大紫荆勋章"。

苏泽光热爱家乡。2004 年，他捐建碧江坤洲星光老人中心，积极支持碧江慈善基金会。

十四、梁宏正：投身社会管理　推动香港发展

梁宏正为梁君彦之子，祖籍北滘镇林头村，1979 年生，英国剑桥大学经济学硕士。先后担任香港新兴织造厂有限公司董事、中华全国青年联合会第十三届委员会副主席、香港特别行政区民政及青年事务局副局长、香港经济民生联盟青年委员会主席、香港菁英会荣誉主席、湘（湖南）港青年交流促进会主席、北京市政协委员、顺德荣誉邑贤。

梁宏正于 1999 年在 TexwatchIncorporation 担任董事，为纺织及服装行业提供资讯服务。2001 年，他加盟新兴织造厂有限公司，任公司董事。

自 2013 年起，他担任北京市政协委员。2017 年 4 月至 2018 年 3 月，他担任纺织业咨询委员会成员；2020 年 8 月，他当选为中华全国青年联合会第十三届委员会副主席；2022 年 7 月，他出任香港特别行政区民政及青年事务局副局长。

此外，梁宏正曾任香港青年发展委员会副主席、关爱基金专责小组副主席、香港旅游发展局成员、香港旅游发展局产品及活动委员会主席，以及职业训练局理事会成员、中央政策组非全职顾问等职务。2018 年，他先后获委任为兴纺控股有限公司独立非执行董事、丽新发展有限公司独立非执行董事。

第三节　社团建设

不同国家和地区的顺德人既凝聚同乡，为同乡谋取福利，延续古老传统与文化风俗，也带领同乡积极融入当地社会，成为当地英才。他们更联络所在国与家乡，搭建桥梁，互通有无，成为特别使者，为两地发展出谋划策，深受各方信赖与推崇。

一、冯保全：潜心实业　贡献社会

1938 年，冯保全出生在马达加斯加马塔马夫，父母为北滘镇马村人。1969 年前后，他开始潜心经营电器零售。80 年代，他与政府合作投资生产收音机和电视机，为当地产业创举，因其质佳品优深受欢迎。1970 年，冯保全出任华侨公社会长，公社后改称"中华总会"。冯保全担任会长 20 余年，为华侨提供贴心服务，还为所在国救灾、捐款，深受尊崇。

除对侨胞提供服务外，中华总会对马达加斯加贡献突出。1985 年，马达加斯加政府颁给冯保全"国家骑士"勋衔，嘉奖其义行。1991—1992 年，他被政府委任为救灾委员会委员，后相继获得国家级勋章、国家高级勋章等。

多年来，冯保全积极组团回乡参与家乡庆典，支持家乡事业，深受赞颂。

2010 年，冯保全获"顺德荣誉邑贤"称号。

冯保全先生（前排左五）与顺德访问团合影——（顺德区侨联供图）

二、陈兆昌：致力两国交流　促进文化发展

1900 年左右，乐从沙滘人陈茂禧在南非塔马塔夫经营小本生意，其子陈焯英经营"永和生"号，从事贸易，后成为塔马塔夫侨领。其孙陈兆昌在 40 年代抵达马达加斯加。60 年代，陈兆昌代理日本富士胶卷，后为马达加斯加著名摄影店。

陈兆昌旅居国外数十年，赤子之心始终如一，对祖国怀有深厚感情，为中马两国的文化交流和增进互信而奔波，这源于一次不同寻常的"偶遇"。

1973 年国庆前夕，陈兆昌率领马达加斯加华侨旅游观光团一行 18 人回中国旅游观光，这是中马建交后马达加斯加华侨第一次组团回国。9 月 28 日晚，陈兆昌等人应邀出席人民大会堂宴会厅的盛大国宴。正是这次特殊的经历，加深了陈兆昌对祖国的热爱感情，并产生强大的动力，使之致力于中马两国的文化交流。

于是，陈兆昌在马达加斯加首都塔那那利佛开设了一家"东方书店"，先是从香港和平书店和三联书店进口中国图书报刊，后发展成为中国国际书店在马达加斯加的总代理。

陈兆昌每年都要在首都或是外地举办一次中国书刊展销活动。为此，他还专门购买一辆面包车，装载书刊到各地巡回推销。面包车身上，贴着瞩目广告语"要了解中国，请看中国书刊"，备受关注。因马达加斯加人讲法语，陈兆昌特别重视推销法文版的《毛泽东选集》。据估算，陈兆昌在马达加斯加推销有关书刊，数量达到 10 万册，这对于一个只有 1000 多万人口的国家来说，数字惊人。

2003 年，陈兆昌组建马达加斯加顺德联谊会，出任首任会长。

陈兆昌（左）在马达加斯加顺德商会成立仪式上

几十年间，陈兆昌一直联络两地，积极寻求合作发展空间。2010 年获评"顺德荣誉市民"称号。

三、黎碧棉：设立社团 关怀同胞

乐从路州人黎碧棉早年生活在毛里求斯，毕业于伦敦大学核物理专业，获硕士学位。1979 年，黎碧棉出任赞比亚国有矿业集团科技信息主任，任职期间为中国援助赞比亚专家提供各种帮助。黎碧棉定居英国后，为增强英国顺德籍乡亲的友好交往，他又带头筹组英国顺德联谊会，并被推举为首席副会长，为两地交流亲力亲为。尤其是在教育方面，给予留学英国的顺德学生众多帮助。

顺德很多孩子到英国留学常联系黎碧棉，寻求帮助。后来黎碧棉成立英国南顺海外学者学生联谊总会，以"海纳百川"的襟怀，广泛联络和凝聚海外莘莘学子。该会成为汇聚英国海外学子的温馨之家，深受海外众多学者、学生的热烈欢迎。

四、冯利发：诚信为本　爱国爱乡

冯利发，顺德大良人，柬埔寨侨胞。大班集团、大昌集团柬埔寨有限公司董事长，任中国名家联合书画艺术院顾问、海外华人书法家协会联合主席兼柬埔寨分会主席、世界文化艺术联合总会顾问、东南亚书法家协会联合主席、世界文化艺术联合总会顾问、柬埔寨棋联总会会长、柬埔寨影视协会会长、柬埔寨国家体育基金会副会长、世界象棋协会理事、亚洲象棋联合会理事、柬埔寨中国佛山总商会创会会长、柬埔寨顺德同乡会创会会长，是顺德荣誉邑贤。

（一）经商之道，诚信为本

冯利发是柬埔寨第三代华裔。祖父冯道生，20世纪初移居柬埔寨；父亲冯财友，人称财叔，柬埔寨广肇惠会馆会长。1948年，冯利发在柬埔寨金边出生。家族以传统食品制造业起家，经三代人积累，至冯利发，生意拓展至贸易、餐饮，房地产与基建工程。

冯利发——（冯利发供图）

从祖辈父辈20世纪60年代创立"永信成"商号开始，冯家一直坚守"诚信"金漆招牌。从最初食品制造业、进出口贸易，到1997年后开拓的餐饮业、房地产业、建筑业。这一经商原则，冯利发一直坚守。

柬埔寨房地产市场兴旺，多家房地产企业投资兴建，但不少经营欠佳。20层高的"利发大厦"位于金边市中心，由冯利发2013年设计并兴建，三年即建成交楼，成为一时舆论热点。

为推动柬中商贸往来，促进柬中友谊，配合中国"一带一路"发展方针，柬埔寨中国佛山总商会于 2019 年 6 月 22 日在柬埔寨首都金边正式成立，冯利发成为首任会长。"'一带命运相连，一路商机无限'，我将以身作则，健全总商会组织，为促进柬埔寨经济建设发展

柬埔寨帕花黛薇公主为冯利发颁发柬埔寨佛山总商会会长证书
——（冯利发供图）

提供全面服务，搭建起柬埔寨与中国佛山交流合作的桥梁和纽带，实现两地互利互惠、资源共享、共同发展。将来我也将尽力推动两地商贸、旅游、建材、家居、电器等各领域的合作发展，努力为两地经济的发展和社会繁荣做出积极贡献。"虽逾古稀，冯利发仍壮心不已。

（二）修身要义，崇文尚教

受家庭氛围熏陶及在自小在中文学校接受教育的影响，冯利发对象棋、书法等中国传统文化极其热爱。

冯利发痴迷且精研象棋。"象棋历史悠久，连吴哥窟的壁画都有中国象棋和高棉棋记载，这发现令我非常震撼。"他是柬埔寨棋联总会会长、亚洲象棋联合会理事等，组织过柬埔寨国内外多次大型象棋赛事，以象棋为桥梁，联

冯利发书法作品，笔走龙蛇，笔力雄健
——（冯利发供图）

结世界各国，向四海宣扬国粹。

冯利发是中国名家联合书画艺术院顾问，也是海外华人书法家协会联合主席兼柬埔寨分会主席等，长期致力于推广校园书法教学。

（三）赤子之心，爱国爱乡

"过去、现在，我相信还有将来，中国都将一如既往帮助柬埔寨，这就是柬埔寨一直忠诚地拥护和支持中国的原因。"

冯利发始终对国对乡满怀热忱和自豪，始终维护祖国和平统一。他是柬埔寨中国和平统一促进会主办的华统论坛杂志社的社长，坚持对外宣传中国和平统一言论；参加华侨华人推动中国和平统一新世界东京大会，发表促进中国和平统一大业讲话；是中国和平统一促进会第七届理事会理事，曾接受全国政协副主席杜青林会见。

得益于中国的大力帮助，柬埔寨至2022年底将开通全国第一条高速公路——金港高速。"这是中国在柬埔寨投资的第一条高速公路，从金边起，至西哈努克港，全长超190公里。路同财通，对柬埔寨的旅游、产业发展的促进作用极大。"中国对柬埔寨经济发展的关注与支持，令冯利发目之所及皆是期待。

作为柬埔寨中国佛山总商会创会会长，冯利发多次牵头组织为国内贫困地区、疫情地区捐款捐物。商会成立后仅3个月，已引介多家佛山企业进军柬埔寨投资兴业，其中仅在西哈努克省就超10家，主要经营酒店、旅游、餐饮、旅游等项目，促进两国经济发展。

五、李永光：团结华人　力争上游

李永光1952年出生于马来西亚槟城，祖籍均安镇江尾南浦大社坊大井巷，为家族在马来西亚的第三代。

其祖父早在20世纪初来到槟城经营酒楼，后创恒记有限公司，经销进口杂货。到其父一代，已成槟城最大对中国进口贸易商。

坚守"不能忘本"家训，李永光家族将籍贯铭刻在先辈石碑上，以传承根脉。

同时，李永光秉承祖父家风，积极推动槟城华人节日庆典、社团活动与教育事业，后成为槟城华人社团领袖。2008年，他以"华社"主事人的巨大贡献获表彰，在马来西亚皇宫获封"拿督"，妻子称"拿汀"。

在马来西亚，槟榔屿广东暨汀州会馆历史最悠久，由广府人、客家人、海南人等群体共18个乡会组成，至今已超200年，是马来西亚、新加坡唯一跨越18—20世纪的社团组织。一直以来，顺德人从未担任过核心领导。最近10多年，李永光打破纪录，既是马来西亚槟城顺德会馆署理事长，

李永光——（顺德区侨联供图）

又担任广东暨汀州会馆总务10年和会长4年。可见其深远贡献与深孚众望。

槟城华文教育在马来西亚最为完善，从小学到中学，各个华商社团皆为主力。作为5所华文学校理事，李永光一直致力为华人子女提供舒适、宽松、便宜的学习环境，以延续中华文明。

李永光是槟城"美食一哥"。他一直在报刊撰写美食文章，且率领"槟城美食探索队"四方寻找佳肴，更示范美食制作，令槟城顺德会馆名扬远近。

2019年，槟城顺德会馆赠予顺德区博物馆筹建工作组几件珍贵的文物，包括漂洋过海而来的状元、探花匾额。顺德状元梁耀枢的"状元牌匾"一直是槟城顺德会馆"镇馆之宝"，昔日就是由李永光祖父从顺德带来。李永光从小目睹，感情深厚。提及赠送一事，他十分平静：物归原主，皆大欢喜。

六、梁福团：他乡赤子　故国情深

梁福团1952年生于香港，祖籍陈村镇大都村。他18岁时来到比利时，在堂兄的餐厅半工半学，后独资开设比利时南京饭店。他于2003年出任旅比华侨联合会（简称"华联会"）副主席；2010年当选华联会主席，且连任三届。

华联会一直积极参与祖国事务。在布鲁塞尔，他们三次与中国国家领导人会晤。2014年，梁福团获中国驻比利时大使馆聘请为领事保护联络人，积极推进习近平主席访问准备工作。他还参与顺德电视台《顺商传奇》节目制作，报道海外华人奋斗史；同时，率领华联会积极配合当地市政府各项工作，参与唐人街牌楼建设，Mas博物馆的"华人登陆百年"纪念活动等。

作为比利时历史最悠久的华人社团，华联会与国内社团紧密合作，先后与江门青年联合会、江门青年企业家联合会、深圳市侨联签署友好社团协议书。2018年，梁福团担任欧洲荷比深圳总商会及联谊会副会长，后携手旅比华人专业人士协会、欧洲荷比深圳总商会暨联谊会联合在布鲁塞尔举办2018年深圳高层次人才引进推介会，为深圳发展做出深远贡献。

近年，梁福团领导的华联会举办多项大型活动。除一年一度的春节联欢晚会、"迎国庆贺中秋"晚会和夏日旅游外，还参与大使馆各类活动，如春节大巡游、四海同春、领事保护工作等。

梁福团（左）与陈村乡贤区本参加世界顺德联谊总会活动——（梁福团供图）

1994 年，华联会与安城妇女会合办安特卫普中文学校。此为非营利华文语言学校，为比利时第一所获中国大使馆认可的华文学校，由梁福团任校董，夫人彭莲考任校长。几十年间，学校成绩有目共睹，2013 年获国务院颁授"华文教育示范学校"证书。

梁福团鼓励华人融入主流社会，为华人谋福利。其子梁海量律师积极参加选举，2017 年成为安特卫普区议员，也是华人登陆安特卫普 100 多年后第一位区议员。2018 年，彭莲考校长与梁海量律师这对母子共同代表自由民主党同台参选，成为城中佳话。2024 年，梁福团获评"顺德荣誉邑贤"称号。

七、张冠荣：民间友好大使　海外招商顾问

张冠荣，1952 年生，祖籍顺德伦教，旅居美国三藩市，曾四度出任顺德行安堂主席，曾任美国三藩市旅美三邑总会馆主席、美国北加州广府人联谊总会创会会长，受聘佛山为"海外招商顾问"。

（一）洋装在身，乡音依旧

张冠荣（左二）协助家乡在三藩市举行美食推介会——（顺德区侨联供图）

早年，张冠荣祖辈已移居海外，父亲香港和内地经营生意。虽1980年笈美国后四十多年定居于此，张冠荣一直坚称自己是中国人，并一直坚持讲中文。"作为中国人，没有理由不会讲中文"。

除此以外，他还要求儿女学中文、讲中文、写中文，"这是我们家族约定俗成的传统，因为我们是中国人"。

为加强两地交流合作，张冠荣经常往返中美两国，"有机会，我还会带同我的儿女回顺德，因为我的根在顺德。"

寥寥数语，一字一句，全是赤子之心、肺腑之言。

（二）远在千里，情牵故土

张冠荣是佛山市海外招商顾问，是佛山市第四批海外民间大使。受聘以来，张冠荣充分发挥自身的行业和人脉优势，在招商引资、招才引智和提供各类重要信息方面发挥着独特作用，助力佛山全面扩大对外开放、产业提升、城市升级和环境优化。"我必定尽自己所能去做，希望能够为家乡作出一点贡献。佛山与旧金山两地经贸合作的前景非常好，佛山本身已经有相当扎实的基础，民间商业活动也非常活跃。"

对家乡顺德，张冠荣更是始终有着绿叶对根的情义。多年以前，张冠荣已和几个华侨董事合资开办贸易公司，一方面利用美国的管理人才和营销网络推销顺德家电，另一方面又收集美国市场的需求，并作为商机带到顺德。为此，他还收集大量空调、抽油烟机和热水器等顺德家电的资料。虽然最终因为两地生活方式不同，对家电要求有差异等客观条件限制，最终导致顺德家电进军美国市场的计划遗憾终止，但张冠荣一直不忘推动美国与顺德两地的经济合作。

2014年3月，张冠荣带领顺德行安堂、旧金山旅美三邑总会馆，协助顺德区政府在旧金山成功举办美食推介会，打响顺德美食品牌。短短十余天，从设计菜式到准备原材料，从场地布置到媒体宣传，事无巨细，张冠荣一一身体力行，安排妥当，最终顺利而圆满，在当地引起强烈反响，推动顺德美食文化走出国门，走进美国。

"记得，当时为确保食材新鲜，顺德美食推介会上的食材都在旧金山就地取材。有一道菜是鲮鱼球，但旧金山找不到鲮鱼，后来我太太听说用现成的金山鱼滑和另一种鱼滑混合在一起，就可以做出鲮鱼球的口感。为此，我和厨师们创新尝试，竟然一举成功"。回忆起当年美食推介的盛况与难忘经历，张冠荣依然记忆犹新。

（三）老骥伏枥，志在兴侨

张冠荣是顺德行安堂的元老，从青年团做起，又曾四度出任顺德行安堂主席，对于社团的发展和管理，张冠荣经验丰富。"我们很注重在年轻人中培养社团骨干，行安堂还曾经多次帮助顺德外事侨务局组织旧金山的华人华裔回顺德参加夏令营和寻根团。安排美国华裔学生回顺德参加夏令营，是想让他们认识家乡。并通过参加行安堂的活动，对行安堂产生归属感，长大之后能够成为行安堂的一份子，参加行安堂的工作"。

正是这样的耳濡目染和沉浸式体验，使顺德行安堂有着极强的凝聚力。"顺德行安堂从来不担心青黄不接，现在的董事局里面，最年轻的只有40岁左右，比其他侨团的年轻"。作为四届行安堂主席，张冠荣引以为豪"侨团领导一定要内强素质，外树形象"，这是张冠荣主理顺德行安堂的自我要求；"我们行事做人，必须对得起家乡"，这是张冠荣多年来一直深孚众望的人格魅力。

卸任顺德行安堂主席职务以后，张冠荣就任美国三藩市旅美三邑总会馆主席，并成为美国北加州广府人联谊总会创会会长。

2020年2月，美国北加州广府人联谊总会成立，三藩市

行安堂捐建香港公立学校的石刻——（陈霖峰摄）

旅美三邑总会馆主席张冠荣成为创会会长。美国三藩市旅美三邑总会馆成立于1850 年，是联合南海、番禺、顺德三邑侨民组成，是组成中华总会馆的七大会馆之一。旅美三邑总会馆以联络乡谊，加强合作，共谋福利为主旨。近年来，致力于教育、医疗、敬老等各项公益慈善事业，作出应有贡献。2020 年在悉尼举办的第四届世界广府人恳亲大会，三邑总会馆积极支持并组团参会。

"我希望可以利用这个更加宽阔的平台，在海外团结广府侨胞，维护华人权益，巩固与祖国和家乡的联系。"这是北加州广府人联谊总会的创会宗旨，更是张冠荣从顺德行安堂到三邑总会馆，再到北加州广府人联谊总会，多年不变的服务侨团、振兴侨团的朴素心愿。

八、欧阳庆昌：推动美食文化 致力家乡公益

欧阳庆昌出生于 1954 年，祖籍均安镇南沙安成社区。1971 年，欧阳庆昌前往澳门，后定居香港 18 年，1988 年到越南开拓事业，后深喜越南风土人情与生活节奏，1994 年定居越南。欧阳庆昌人称"庆哥"，一口均安土话，体现出他对故乡的深爱。

1988 年，欧阳庆昌踏足胡志明市，潜心销售顺德家电，后挺进餐饮与烧腊业，最终在胡志明市设立餐饮产业。鼎盛时期，他拥有餐厅几十家，如海上皇宫、顺桥、海港等。

2012 年，顺德民间组织的"走进东盟"活动曾委托越南一家广告机构，计划开展顺德美食走进胡志明市活动，但中途变故，千头万绪，无从下手。欧阳庆昌二话不说，包揽所有事项，免费开 30 多围（桌）宴席，活动圆满成功，令民众亲尝顺德美食，有力助推顺德饮食品牌。

只要与顺德有关的事项，欧阳庆昌无不全力以赴，直到功德圆满。兴建均安镇南沙医院、家乡老人宴、在越南老乡聚会，他必踊跃捐款，积极参加，成为旅居越南乡亲的贴心后盾。

九、徐宪堂：积极沟通两地　互补文教资源

徐宪堂出生于香港，母亲祖籍均安镇，父亲祖籍南海县。

1974 年，徐宪堂远赴加拿大，在大学读商业管理。毕业后，徐宪堂选择进入保险行业。他从华人市场切入，短短两年，就从普通保险经纪晋升到经理。1982 年，他创立保险经纪行——佳利保险公司，并迅速拓展出四家分公司，成为加拿大阿尔伯塔省亚洲移民社区中最大的保险公司。公司员工以中国移民为主。2006 年，加拿大最大的保险公司 ING 收购"佳利"。

此后，徐宪堂专注投资，开发社区，建造别墅，有效销售。同时，他经营国际贸易，更联络顺德著名制造商，订做六开门冰箱、洗衣机、干衣机、建筑材料等，为建造商提供完整服务。顺德产品，质优价廉，有效降低建造成本，深受欢迎，也开拓出一个巨大的潜在市场。

阿尔伯塔省为加拿大最富裕省份之一。最初，他潜心服务于首府的爱民顿顺德联谊会，后任会长。他在爱民顿市创立顺德商会。

爱民顿顺德商会是首个在国外成立的顺德商会，接续中国澳门顺德工商联，成为世界顺商联合总会第二个异地顺德商会。

经徐宪堂等穿针引线，加拿大阿尔伯塔省省长、爱民顿市市长均到访顺德，商议多方合作。商会作为平台，不断推动两地商贸结合。

徐宪堂与家人

热爱生活的徐宪堂——（徐宪堂供图）

阿尔伯塔省的教育质量为世界公认。徐宪堂主导组织"2011顺德优秀中学生加拿大夏令营"代表团赴加拿大开展交流，后推进顺德职业技术学院与加拿大北阿尔伯塔省理工学院（NAIT）签订校际合作备忘录。

作为"世界美食之都"，顺德美食享誉世界。徐宪堂策划三次"顺德美食之夜"，有效推动顺德美食文化的传播。

十、卢炳坤：主持社团事务　促进两地情谊

卢炳坤祖籍伦教街道羊额村，1956年生于香港，父亲卢玖，母亲卢陈艳宋，太太卢黄银影。

卢炳坤曾任旧金山顺德行安堂主席、中华总会馆商董、旅美三邑（南海、番禺、顺德）总会馆董事、旧金山中华中学校董、美洲秉公总堂评议员，2003年受聘佛山市侨联顾问。

卢炳坤1976年毕业于香港培正中学；1982年毕业于加州大学戴维斯分校，获机械工程学士学位；1983年获选加州沙加缅度（萨克拉门托）大学中国同学会会长；1984年任美国麦加仑空军基地机械工程师；2018年退休。

卢炳坤于1989年参与旧金山顺德行安堂董事局工作；1997、1998年出任行安善堂主席，举行新年团拜、春宴、清明、盂兰、重阳、郊游、青年团等活动；1998年回乡拜访顺德外事侨务局等部门。1998年，顺德行安堂创立140周年，旧金山市市长布朗出席并赠奖状，将1998年3月21日定为"行安堂日"。

十一、李荣长：搭建桥梁　连通顺新

李荣长，1957年出生，祖籍容桂，现任新西兰顺德商会会长。

早年，李荣长从军十年，后随子远赴新西兰，从事建材贸易。

李荣长于2019年出任新西兰顺德商会会长。近年，新西兰房地产市场持续火爆，建材需求量激增。顺德为五金、家具、涂料等建材生产集聚地。为此，李荣长带领新西兰顺德商会与新西兰广东商会在奥克兰成立顺德建材产品展示中

心，帮助顺德建材企业入驻展示中心，取得认证，打入新西兰市场。

疫情前，李荣长计划以顺德本地知名餐饮企业为龙头，以实体店形式将顺德美食引入奥克兰，拓展国际市场。

李荣长积极带领新西兰顺德商会参与公益活动和社团交流。为加强会员交流，传扬中华传统文化，李荣长带领会员积极参加新西兰多元文化节、中华文化艺术学院书画作品展、庆祝中华人民共和国成立 73 周年暨中新建交 50 周年升旗仪式等文化交流活动，推动两国文化交融发展。

推动家乡经济发展的李荣长先生——（顺德区侨联供图）

十二、何作军：联络异方同乡　形成巨大力量

何作军出生于 1957 年，祖籍均安镇星槎乡上力村。

何作军于 1989 年初赴英国，谋生于餐厅。两年后，经营一家外卖档。他沉着坚毅，锲而不舍，后发展到四家外卖店和一家餐厅。出任英国顺德联谊会会长后，他组织旅英华侨参加家乡活动，如教育基金百万行、十大工程落成典礼、筹建顺德职业技术学院、帮助子弟赴英国求学、协助乡人寻根问祖等。

何作军曾连续三次带领英国顺德乡亲不远万里参加世界顺德恳亲会活动。旅英顺德乡亲人数不多，何作军希望通过恳亲会这个大舞台让大家守望相助，互通互联，凝聚乡情。同时，他期待恳亲会那丰富多彩的活动内容有效加深海外游子对祖国、家乡的认识和了解。因为，在英国华人华侨社团中，世界顺联恳亲大会已成为一张亮丽的社交名片。2006 年 10 月，世界顺德联谊总会第四届恳亲大会在澳门举行，旅英顺德乡亲虽总数不多，但何作军成功组织的 50 多人代表团回国，成为人数最庞大的代表团，积极支持家乡侨务活动。

何作军积极参加海外弘扬中华文化活动和帮助国内留英学子融入主流社会，让文化交往变桥梁和纽带汇通东西方。

何作军先生与夫人在伦敦——（顺德区侨联供图）

海外华人子弟学习华文是一项意义深远的留根工程。2005 年，何作军亲自组织并领队带领近 30 位旅英顺德乡亲的子女们，汇同来自美国、加拿大、马来西亚共四国的海外小朋友参加顺德区外事侨务局举办的夏令营活动。近 20 多年，何作军一直配合伍善雄会长参与英国中文教育促进会的各项工作，从寻根之旅（冬）夏令营、全英普通话朗诵比赛到全英每年举办的华文教师节等，更经常为华文学校筹款义捐，全情投入，不遗余力。

同时，随着改革开放和祖国日益强大，国内学子纷纷出国留学，何作军义不容辞地去帮助这些莘莘学子，让这些初入英国的学生在他们指引下逐渐适应并融入社会。

何作军积极参与推动两岸和平统一工作。从二十多年前参加英国顺德联谊会开始，爱国爱乡就成为他的座佑铭。从出任顺德联谊会会长到全英华人华侨中国统一促进会常务副会长至今，他常挺身而出，积极推动两岸和平统一工作。二十年来，何作军一直是全英华人华侨中国统一促进会重要活动的主持人。

作为英国顺德联谊会会长，何作军曾应邀参加祖国的国庆观礼，深感祖国的强大。他也常会遇到各国侨领，提到顺德菜，皆赞不绝口。作为顺德人，他觉得顺德菜大有作为，希望顺德美食借助当今势头，继续向世界宣传。

十三、廖汉辉：成功商人　服务社群

廖汉辉，勒流街道扶闾村人，达成电业贸易有限公司主席兼行政总裁、飞达商业灯饰照明有限公司董事总经理。

2011年，廖汉辉创办香港南区工商业联合总会；2013—2014年，主持策划南区旅游文化节，吸引60多万人参与。同时，推动长者健康体验、青少年体艺嘉年华、马拉松比赛、数码港风筝艺术同乐日、南区大戏棚粤剧展、光辉社区巡礼、浅水文学之夜、南区饭局巡礼、香港仔龙舟竞渡大赛、香港南区沙滩运动会、中秋火龙节、赤柱国际啤酒嘉年华、南区武术节、龙狮国粹耀南区、节庆灯饰及长幼同堂盆菜宴等。

廖汉辉还担任香港青年爱乐乐团永远荣誉主席，狮子会禁毒先锋、创队兼永远荣誉总指挥，积极服务社群，回馈社会。

廖汉辉担任香港广东社团总会常务副会长兼副主席期间，曾在维多利亚公园主持策划2016年"赏心乐食"活动，大力推广顺德美食，吸引30多万市民参与。2013年，在香港中联办组织下，廖汉辉担任团长，率香港专业人士和精英翘楚赴北京国务院港澳办访问交流，并参加国庆酒会。

廖汉辉曾先后当选佛山市第九、十、十一届政协委员、顺德区第十三、十四届政协委员。2019 年 2 月增补为顺德区政协常委；2017 年受邀筹建香港顺德勒流联谊会，任创会会长，致力香港勒流村级联谊会全覆盖。

此外，廖汉辉曾出任香港南区工商业联合总会创会主席、港九电业总会会长、香港观塘工商业联合会荣誉会长、香港浸会大学基金企业家委员会委员、顺德联谊总会副主席、顺德区多间学校校董等。2012 年，他获委任为南区区议员；2013 年，获颁"太平绅士"；2020 年，获政府颁授"铜紫荆星章"。

十四、陈奇康：为容澳架桥　为青年执灯

陈奇康，祖籍梅州，1959 年出生于容桂，澳门顺德容桂同乡会会长，澳门创新发明协会常务副会长，大湾区创新发明协会执行会长。

陈奇康父亲原为客家人，大学毕业后分配至广州，婚后调动至容桂街道。陈奇康成长于容奇，后从事机械、外贸，90 年代移居澳门，协助管理企业。2002 年，他在容桂街道国家高新产业园区投资设厂经营玻璃生产与家电玻璃，近年产业拓展至孵化产品、工业设计、科技产品等。他常年往返顺澳两地，助力经贸合作与文化交流。

陈奇康早年从事塑料模具制作。在容桂工业腾飞前，他已加入容奇政府技术研发小组，参与冰箱和其他小家电产品的研发。开办玻璃厂后，陈奇康研究安全玻璃、环保玻璃技术，获专利几十项。

2004 年，澳门创新发明协会成立，陈奇康出任副会长。为激发青少年对创新发明的兴趣，陈奇康向母校容山中学捐资 20 万元，设立"陈奇康创新发明基金"，鼓励学生发明创造，帮助困难学生实现发明梦想，带领他们赴澳门参加澳门国际创新发明大赛。

陈奇康积极引进大湾区创新发明协会和澳门创新发明协会，与容澳经济文化交流中心合作，设立工作站，引进澳门城市大学进入顺德设立博士后工作站、澳门科技大学药学院设立科研工作站。此外，陈奇康募集资金，致力打造一个创新

产业园，帮助工业设计师把优秀的创意进行孵化。

为培养澳门年轻人的爱国情怀，帮助他们真正认识家乡，陈奇康每年组织祖籍顺德的澳门青年回乡游学，参观顺德工业设计城、汽车小镇、碧桂园机器人餐厅、华口望远镜工厂等。

陈奇康的桑梓深情也倾注到慈善公益中。每年，陈奇康带领澳门顺德容桂同乡回乡参加至少三次公益活动，捐建卫红社区盛苑公园，打造群众亲水活动中心。

陈奇康太太热心慈善，先后出任顺德区女企业家协会第七、第八届常务副会长兼秘书长一职。夫妻二人常并肩出席慈善活动，深获清誉。

十五、麦永康：热心侨务　维系侨团

麦永康，祖籍顺德勒流，曾任顺德行安堂主席，现任顺德行安堂董事，旧金山湾区中国统一促进会第二副会长，北加州广府人联谊总会第二副会长。

（一）团结美国侨胞，致力侨团建设

1996年9月，经父母申请，麦永康移居美国，随即加入顺德行安堂，成为会员。二十余年侨居美国，麦永康始终以一颗炽热的中国心，对祖国、家乡、同胞满怀热诚，在多个海外侨团担任重要职务，致力侨团建设，团结在美同胞，促进中美两地交流。

顺德行安堂，创立至今已有160多年历史，是4000多名旅居三藩市的顺德侨胞的"家"。2019—2022年就任顺德行安堂主席期间，恰逢新冠疫情肆虐，麦永康迎难而上，率先垂范，带领顺德行安堂继往开来，积极吸纳新会员，维持会务，使行安堂青黄相接，活力不减，在三藩市湾区几百个侨团中声誉日隆。

2019 年 1 月，顺德行安堂主席麦永康一行访问广府人联谊总会。前排左起：顺德行安堂主席麦永康、广府人联谊会会长陈耀光、旅美三邑总会馆主席张冠荣、广府人联谊会创会会长黎子流伉俪
——（麦永康供图）

届满之后，麦永康担任顺德行安堂董事，一如既往热心会务，更出任北加州广府人联谊总会第二副会长、旧金山湾区中国统一促进会第二副会长，从顺德到广府再到中国，从地方扩展到国家，职责范围在变广，服务对象亦更广。

2023 年 8 月，麦永康应邀参加第十一次全国归侨代表大会；9 月，被聘请为中国侨联第十一届委员会海外委员。"唯有全力以赴，方能不负国家所托"。在麦永康看来，这是一个职务，一份荣耀，更是一种责任，一种承诺。

（二）不忘创会初心，践行社会责任

顺德行安堂作为在美侨团，一直坚持以对外联络乡谊，对内维护社会安定团结为己任。身为社团主席，麦永康牢记立堂初衷，积极作为，向上向善，用心

用情，知重负重，热心当地社区公益事业，传承弘扬中华民族乐善好施之美德。2022 年 11 月 10 日，麦永康带领行安堂董事局，向三藩市警察局、三藩市消防局、三藩市县警局捐赠善款，用于支持圣诞节向三藩市儿童派发礼品计划。

此外，遇传统节日或慈善活动，即组织探访和捐赠，如每年为安老自助处捐赠月饼等。

2006 年 4 月，麦永康（前排左二）带领美国三藩市顺德行安堂乡亲访问团回顺德寻根问祖——（顺德区侨联供图）

（三）心怀祖国家乡，不忘纾难解困

麦永康身在美国，始终心系祖国，爱国爱乡，为国为乡。多年来积极沟通联络，为加强美国及顺德两地的经济与文化交流牵线搭桥。但凡国内发生地震、水灾等天灾人祸，必定身体力行，发动捐款捐物。新冠肺炎疫情期间，更多方筹措，筹集五万多个口罩及抗疫物资一批，定向捐赠到顺德，为社区帮扶群体、中小学校及时解决抗疫物资短缺的困难。

十六、陈健江：引入家乡产品　介绍家乡发展

陈健江，祖籍顺德乐从沙滘村。马达加斯加 Frigota S.A.R.L. 公司董事长。担任马达加斯加顺德商会会长，塔马塔夫顺德联谊会名誉会长、塔马塔夫华侨总会副会长。2022 年顺德荣誉邑贤。

陈健江出生于马达加斯加 FENERIVE（当地人称为"腰站"），幼年时随家人迁居澳门，随后辗转于澳门、广州、香港等地求学。

20 世纪 80 年代初，陈健江返回塔马塔夫创业。初时从事电器、农机修理工作。曾自办农场，后从事进出口贸易。业务范围包括机电、家电产品、卫浴洁具、日杂百货、农产品出口等，与家乡及国内多个城市保持密切联系。

在马达加斯加商圈，陈健江不仅诚信守诺，且眼光独到。

他是将中国农机产品引进马达加斯加，并将中国电视机引入马达加斯加第一人，更让"顺德家电"迅速成为马达加斯加著名中国品牌。

2009 年，陈健江开始引种荔枝的项目，邀请广东省农科院果树研究所专家到当地考察，将最新农业技术带去，包括妃子笑栽种技术与培育方法。陈健江的荔枝园，就是这一次中马农业合作的见证者和试验田。

除商业往来，陈健江在 2006 年成功组建塔马塔夫顺德联谊会，后组织马达加斯加华裔寻根团和华裔青少年学生夏令营，邀请家乡厨师和武师组团赴马授艺，极大地促进顺马两地乡亲交往。

陈健江还积极引荐中国中文教师到当地华文学校任教，取得省侨办和家乡政府的支持，促进当地华文教育。

陈健江热心服务社群，关心国家大事，积极组织侨胞团结互助。早年的华南水灾、近年的汶川地震，陈健江都率先为灾区捐款，并组织侨胞奉献爱心。

为支持北京奥运，陈健江捐款参与建设奥运场馆"水立方"。2014 年，陈健江再度筹建成立马达加斯加顺德商会并当选为创会会长。

2015 年，陈健江受邀到北京天安门观看纪念中国人民抗日战争暨世界反法西斯战争胜利 70 周年的阅兵式。2019 年，受邀参加中华人民共和国成立 70 周年大会。

陈健江热心为当地侨胞服务，坚持不懈地为塔马塔夫的侨胞排忧解难，并不遗余力地为马达加斯加与祖国家乡的交流牵线搭桥，2014年，顺德区人民政府与马达加斯加塔马塔夫市政府签订"友好合作备忘录"，陈健江成为促进中马两国友好使者。

十七、左汇雄：心有大爱 关怀弱小

左汇雄，现任香港九龙城区议会民选议员、香港经民联青年事务委员会副主席、西九新动力副主席、香港选举委员会成员、佛山市顺德区政协委员。他曾任九龙城区议会副主席，2018年获行政长官颁授荣誉勋章。

从社区小事做起的左汇雄——（左汇雄供图）

（一）立志投身社会服务

左汇雄，籍贯龙江镇，1979年出生。出生当年，父亲赴港谋求发展。1996年，左汇雄赴港，后获英国格林多大学工商荣誉文学士学位。

深知格物致知要身体力行，左汇雄从基层前线做起，投身社群，服务社区，奉献社会。

2002—2007年，左汇雄全职担任议员助理，工作内容主要是服务街坊，帮助议员处理文件，细碎而繁杂，但左汇雄从不敷衍，对待每项事情均认真细致，乐在其中，深得街坊认同和领导首肯。

2008年，左汇雄被推选为香港九龙城区议会民选议员。左汇雄围绕交通运输、村屋设施、无障社区、弱势群体、服务收费、环境卫生等民生问题，一丝不苟，不懈不怠，行稳致远。2016年，他当选第五届九龙城区议会副主席。

践行社会服务20年来，左汇雄始终坚守初心，为民生做实事，始终关注老弱病残，怜贫恤苦。

他获悉一大学生暑假时被诱骗，交学费超万元，并被没收身份证，便陪同学生父亲去理论，联系传媒曝光，协助申请小额钱债审裁处办理案件，最终取回受骗资金。他借助议员身份与影响力，利用法律知识与工作经验，帮助弱势社群解决实际困难，深感理所当然，责无旁贷。

身兼九龙城区议员及西九新动力副主席双重职责，对于构建幸福社区，左汇雄细致入微。

见到长者行动不便，楼宇通道的斜坡、楼梯都是横在长者面前的障碍，左汇雄积极向政府争取在区内的斜坡道路建设无障碍设施，在楼梯申请加装升降机。经过不懈努力后，设施陆续配备，社区内老弱伤残及孕、婴、幼均能享受到便利。

唯其琐碎，更显坚毅；唯其笃行，弥足珍贵。2018年，为表彰左汇雄长期尽心

2018年获行政长官林郑月娥颁授荣誉勋章——（左汇雄供图）

尽力服务社区，长期帮扶关注弱势群体，行政长官特向其颁授荣誉勋章。

（二）推动两地融合发展

2018年，左汇雄已提出期望将深圳湾口岸边检模式应用到西九龙总站，在西九龙总站实行"一地两检"，进一步促进广深港及内地其他主要城市之间民间和商界的交流，令香港可以与内地无缝接轨，创造更大的经济效益。

在参与经民联组织的广东访问团时，左汇雄曾接受广东省领导的会见。他由此更深刻地感受到，粤港澳大湾区发展是机遇也是挑战，融合发展势在必行。

2018年，香港行政长官林郑月娥（左五）于礼宾府为左汇雄（左四）颁授荣誉勋章后，与左汇雄及其家人合影——（左汇雄供图）

第四节　科教文卫

　　许多当代接受过专业教育的顺德人精进奋发，志存高远，日夜不息，成为不同领域出类拔萃的人才，更为时代与社会留下精彩而多样的特殊贡献。

一、简悦威：国际遗传学权威

　　简悦威祖籍勒流街道连杜村，1936 年出生于香港，父亲简东浦是香港东亚银行创始人。他于 1958 年获香港大学内外全科医学学士学位。后在加拿大麦吉尔大学、美国哈佛大学、美国加州大学等多所国际知名大学医学院从事医学研究和实践。1980 年，获香港大学理科博士学位。

　　简悦威是国际医学界知名的遗传学和"脱氧核糖核酸"（DNA）专家，英国皇家学会会员（1981）、英国皇家医师院会员（1983）、美国国家科学院院士（1986）、第三世界科学院院士、中国台湾"中央研究院"院士（1988）。他于 1990 年兼任香港大学分子生物学研究所所长；1991 年获拉斯克临床医学奖，是当年全球唯一得奖人；1996 年当选为中国科学院第一届外籍院士；2015 年当选为中国香港科学院创院院士。

　　简悦威率先提出"限制性内切酶片断多态性跟踪人类基因变异"，最先测定 α 地中海贫血患者的珠蛋白链杂交程度，是全球细胞特异性基因转移的创始人，在医学领域贡献卓绝，救人无数。2018年，他被美洲华人遗传学会（ACGA）授予终身成就奖。

二、梁伯熙：中国跳水之父

梁伯熙，1937年生，原名梁铁鸣，容桂街道马冈马南村（南边坊梁家庄）人。

1954年，梁伯熙获得广州市中学生跳水竞赛冠军。1954年，中南体工大队成立跳水队，梁伯熙成为队员。1955年，全国第一次跳水比赛，梁伯熙折桂夺冠。1956年起，梁伯熙在全国跳水比赛及第一、二届全运会比赛中蝉联跳台和跳板两项冠军。

1969年国家跳水队成立，梁伯熙出任中国跳水队教练，1981年起任总教练。也正是在这一年，他培养出中国第一批世界冠军。当年墨西哥世界杯跳水比赛4个项目中，梁伯熙的弟子包揽3个冠军。梁伯熙先后培养出陈肖霞、童辉、李宏平、史美琴、谭良德等世界跳水名将。1979年梁伯熙被评为国家级教练员，同年起任中国游泳协会副主席，并担任国际泳联跳水技术委员会第一任中国理事。1978年和1981年，他两次获中华人民共和国运动委员会（国家体委）颁发的体育运动荣誉奖章。80年代初，梁伯熙已被称为"中国跳水之父"。

1987年，梁伯熙移居加拿大，次年任温哥华跳水队教练。在其执教下，温哥华跳水队实现"三级跳"：从1987年在加拿大24支跳水队中排名第十六，至1990年后稳居前三，1995年获得加拿大跳水锦标赛的团体总冠军。梁伯熙成为世界上第一位执掌两个国家跳水队的教练。梁伯熙一直心系祖国跳水事业。2008年，受地震困扰的四川跳水队抵达温哥华参加卑诗省夏季跳水比赛，梁伯熙全程跟进，提出意见，为运动员加油打气，深获民颂。2015年，他入选国际游泳名人堂"先锋跳水运动员"。

三、何钟泰：土木工程 勇攀高峰

何钟泰，祖籍陈村镇登洲村，1939 年出生于香港。1941 年香港沦陷，何钟泰回故乡登洲居住 4 年。抗日战争胜利后，入读香港培正中学，后考进英文学校圣士提反男校，提早一年参加会考，成绩名列前茅，获两个政府奖学金。预科最后一年，获圣保罗男女校邀请转校，后顺利考入香港大学攻读土大工程。1963 年，何钟泰远赴英国，就读于英国曼彻斯特大学，8 个月取得研究院文凭。后获英国十大工程公司邀请加入伦敦总公司，仅 3 年便取得专业工程师资格。1971 年获伦敦大学土木工程学博士学

年轻时的何钟泰——（何钟泰供图）

位。毕业后，何钟泰加入工程顾问公司，勤奋工作，出色卓越，获规模最大的茂盛顾问工程师事务所邀请回港，协助发展香港分公司。1975 年，他获邀成为股东，后为高级董事。几年间，他协助公司由 20 人发展至超过千人，业务范围延伸到结构、铁路工程、水利、渠务、环保、机电、岩土工程及项目管理等领域。

1977—1982 年，何钟泰肩负九广铁路电气化计划重任，设计由九龙塘至罗湖沿线的 17 个火车站、天桥、道路及渠务工程及其安全与管理。工程完成后，香港铁路进入电气化、现代化时代。何钟泰为香港运输服务与经济腾飞作出专业贡献。

1982—1993 年，何钟泰负责沙田与将军澳两地新市镇发展。他带领团队设计、规划、施工、管理及监督全程跟进，精心布局，令荒凉的两地迅速发展为宜居宜商、规范蓬勃的第一代及第二代新市镇。

1993 年，何钟泰负责青马大桥钢结构桥面 4 万多吨钢材料装件、油漆工程与桥面的地整体装嵌，是当时前往香港国际机场的唯一通道，为香港青屿干线道路重要组成部分。青马大桥为当时全球最长行车铁路双用悬索式的吊桥，也是长度排全球第八的悬索吊桥形式建造的吊桥。因此，工程虽纷繁复杂，但何钟泰带

领团队不畏艰难，精益求精，仅 8 个月便完成这一意义深远的工程。

1985—1990 年，何钟泰代表工程师进入香港基本法咨询委员会。5 年间，何钟泰为制定基本法建言献策，并促进超百条有关专业运作条款写入基本法。

1993 年，何钟泰离开"茂盛"筹备立法会选举，次年获聘为港事顾问。1996 年，他通过竞选进入香港临时立法会，成为主权回归过渡时期的立法会议员，见证历史时刻。

作为立法会议员、工程界功能组别代表，何钟泰积极代表民间与业界声音，且身兼多职，却力求尽善尽美。他是香港城市大学首任校董会主席，创立香港学术评审局并担任第一届执行委员会主席。他主持审核并批准岭南学院、浸会学院、公开进修学院升格为大学。同时，他出任工业及技术发展局委员及香港科技委员会主席、广东省大亚湾核电站、岭澳核电站核安全咨询委员会主席，为核电站安全运作贡献深远。他在此领域服务超过 30 年，他深知其意义，故全力以赴，精益求精，深孚众望。他更在香港机场管理局担任董事 6 年，又负责"雷曼迷债"

何钟泰留影于青马大桥——（何钟泰供图）

调查，开会超 400 次。同时，也调查新机场及"短桩事件"，更为工程界人士寻求发展空间，向政府、民众奉献出自己的智慧、专业与诚意。

2011 年，何钟泰创立大舜基金，关注经济发展、改善民生问题，参与有关长者、青少年及弱势群体的服务。

何钟泰（右）与著名科学家钱学森（左）一起——（何钟泰供图）

2011 年 10 月，何钟泰成为陈村镇第一届决策咨询委员会城市规划建设组委员，为陈村总体规划建设提供宝贵意见。

何钟泰以其出色的专业才能与杰出贡献，于 1986 年获首届"商业奇才奖"；1987 年出任中国香港工程师学会会长，成为"太平绅士"；2006 年荣获"银紫荆星章"；2003—2013 年，当选为第十、十一届全国人民代表大会香港区代表。

四、陈孝昌：奔走两地　致力技术合作

1943 年 9 月，陈孝昌生于马达加斯加。其父陈泮光年轻时自香港前往马达加斯加创业，为当地著名爱国人士，参与创立马达加斯加首个华侨社团。陈孝昌深受父亲教诲，从未忘记中国人身份，苦学中文，从未懈怠，后毕业于台湾大学，更认识同在马达加斯加出生长大的太太招杏葵。

1985 年，陈孝昌所任职的公司 CementLafarge 在美国德克萨斯州展出一套全新计算机控制系统。天津水泥研究院副院长带团到美国考察，了解到这套控制系统是由三位华人设计时，通过联合国资助，主动邀请陈孝昌与同事三人前往天津讲学。当时，这套计算机控制系统是国际上十分先进的技术，而中国的计算机控制系统相当落后。讲学过程中，天津水泥研究院希望与陈孝昌等人谈成中外合资，但因资金问题，无法实现。

在台湾大学的毕业典礼上和外祖父母合照
——（陈孝昌供图）

率队参观岭南名园清晖图——（陈孝昌供图）

2017 年，借世界恳亲大会的契机，陈孝昌与吴础光等成立加拿大满地可顺德联谊会，并于 2019 年回乡考察探亲。

五、区本：书画联谊　友结四方

区本，1943 年出生，祖籍陈村镇大都村。他自幼随父习书画，后师从广州美术学院画家谭大鹏和广东画院山水画家李云，为李云入室弟子。他于 1984 年远赴斐济，2003年定居新西兰。

逗留斐济时，区本设立公司，主营装修、文化、园林设计，为华人解决就业问题，后设香江酒家，免费接待中国大使馆宾客，影响深远。

1996年、2001年，国家领导人访问斐济，区本均应邀受到接见。1997年，时任中国驻斐济大使表彰区本为特别爱国的华人。

2003年，区本定居新西兰，刻苦创作。中国驻新西兰大使馆知道他来到新西兰，十分关心，提供周到服务，令其十分感动。

2014年、2017年，中国国家领导人访问新西兰，区本均受接见。区本以书画为纽带，联结中新两国。

2018年，区本应邀出席由新西兰总理杰辛达·阿德恩在国会举办的中国新春招待会，并以自作国画狗"旺旺"相赠。2019年庆元宵活动中，他又以吉祥物"猪猪"相赠。

区本积极弘扬中国书画，贡献深远。他担任新西兰中华文化艺术学院院长、中国华侨国际文化交流促进会理事、海外华人书法家协会联合会主席、斐济书协主席、广东省侨联顾问等。2016年，他荣获中国侨联颁发"为侨工作20年"荣誉证书。

"福到新西兰·2021花市同乐日"的活动中，总理杰辛达·阿德恩（中）收藏了区本创作的吉祥物"牛气冲天"，陈耐锶议员（右）见证这一刻——（区本供图）

2012年、2016年，作为特邀嘉宾，区本出席中国侨联、中国文学艺术界联合会（简称"文联"）、中国美术家协会（简称"美协"）、中国书协主办的"世界华侨华人美术书法展"。2012、2015、2016年，他出席北京人民大会堂国庆招待会并特邀登上天安门。2013年，出席中国华侨国际文化交流促进会第三届理事大会等。

2014年，区本在广州市番禺区建立"区本艺术馆"。先后出版《艺术回归祖国——区本山水画集》《艺术献祖国 共圆中国梦——区本书画集》等。为响应振兴乡村文化号召,2023年,年过八旬的区本在番禺大龙街旧水坑村祠堂设"区本艺术馆",在肇庆高要回龙镇设"区本艺术馆"。2023年8月,区本还捐赠了一批书画给顺德华侨博物馆。2020年1月9日,列席广州市第十五届人民代表大会第五次会议华侨代表。2022年,区本在家乡佛山顺德获"荣誉邑贤"称号。

六、刘镜波:潜心治病救人　致力华侨事务

刘镜波,祖籍广东汕头,1945年出生于泰国曼谷。1953年12月,作为华侨生返国求学,在汕头市完成学业。期间,参加汕头市业余体校游泳班,成为国家二级运动员,多次代表汕头市参加汕头地区和省级比赛。

刘镜波虽非乐从人,却将精深医术倾注在这片土地,更积极推动乐从华侨工作,成为乐从华侨历史的特别篇章

1963年,刘镜波就读于广州中山医学院临床医学本科专业。学校后改称中山医科大学,现称中山大学北校区。1969年毕业,1970年分配到顺德乐从医院。

几十年间,刘镜波出诊手术,治病救人,全力以赴,更和蔼平易,急人所难,深得患者信任与乡人推崇,多次获优秀党员荣誉。1980年任乐从医院外科主任。1980年左右,参加广东省医疗队赴湖南三线支援铁路建设。

1987年刘镜波为外科主治医师;1992年任乐从医院副院长;1994年为外科副主任医师。刘镜波自1973年至2015年任顺德乐从镇兵检总检。

1999年刘镜波任乐从镇归国华侨联合会副主席。任职期间,积极联络乐从海外乡亲,寻根问祖、观光探访、融合资源,致力乐从经济与社会发展。2005年退休,即获医院返聘至2015年。2015后,曾工作于乐从镇新隆卫生站、乐从镇水藤医院。

刘镜波曾获市卫生健康局授予从医50周年纪念荣誉。如今仍热心为乡民治病咨询。

七、何百里：致力丹青六十载 开拓岭南山水新篇章

何百里，北滘镇人。1945年出生于广州，成长于香港。潜心画艺六十年，秉承传统，融合当代艺术，意境阔大深远，沉雅华滋，人称"何家山水"，为岭南画派探索新道路。

何百里画作——（周志锋供图）

八、伍善雄：推动华文教育 传播中华文化

伍善雄，祖籍勒流街道勒流社区，1945年生于香港，1968年移居英国。伍善雄早年经营饮食业，1978年创立百顺旅行社事务所，协助餐馆经营者申请工作证，更为移民劳工争取权益，后从旅行社延伸到房地产、金融业。

2016年，伍善雄（中左三）参加顺德学生夏令营活动——（伍善雄供图）

1990年，伍善雄出任纽卡素（又译"纽卡斯尔"）华新社会长，创立英国东北区第一所华人安老院。1992年，伍善雄担任英国华人社团联合会秘书。1993年，出任纽卡素中文学校主席，同年6月创立英国中文教育促进会。伍善雄致力中文教育，推广普通话与简体字，促进两地教师培训，定期举办全英普通话朗诵比赛，推动英国中学将汉语作为重点外语课程。

因在海外华文教育领域的贡献杰出卓越，伍善雄于1999年获国务院侨办授予"优秀华教工作者"称号；2014年获第三届"中华之光——传播中华文化年度人物"称号；1984—2019年连续受邀在国庆期间观礼大阅兵。

伍善雄投身公益事业，更在癌症基金、儿童基金等领域贡献卓越。2000年，英国女王授予伍善雄MBE大英帝国勋章；2013年，获纽卡素市长荣誉奖。

伍善雄曾任英国百顺旅行社事务所董事、英国柏克莱银行顾问经理、纽卡素大学校董、纽卡素中文学校主席、英国华人社团联合总会秘书长、纽卡素华新社永远名誉会长、英国中文教育促进会会长、英国顺德联谊会会长、世界顺德联谊总会副会长、顺德荣誉市民。

九、梁锡华：小说名家 散文大家

祖籍杏坛镇，原名梁崔萝，1947 年生，后移居香港，再入籍加拿大。他先后在加拿大卑诗大学、英国伦敦大学主修文学，获博士学位，是加拿大华裔作家协会顾问；曾任香港中文大学高级讲师，1985 年任香港岭南学院（今香港岭南大学）文学院院长兼文史系主任。

梁锡华刊发多篇论文、编译、小说、散文集，对徐志摩生平及作品深有研究，曾出版《徐志摩诗文补遗》《徐志摩英文书信集》《徐志摩新传》，以学术为重，被奉为扛鼎之作。其小说《独立苍茫》，被文学评论界权威人士称之为"才、学、情三者兼顾的当代才子书"；散文集《挥袖话爱情》等，被余光中誉为"令人眼明神畅"。他虽学问渊博、著译甚丰，但"谦逊揖让，随和克己"。

十、黎佩仪：德艺双馨

1947 年，黎佩仪出生在陈村镇一户普通人家。父亲虽是经营布行生意的小商人，但饱读诗书。母亲为人缝制衣服，勤劳聪慧。她从小就受家乡曲艺熏陶，深爱粤曲。1963 年，她考入广东省音乐曲艺团。1964 年，她进入中专艺术学员培训班。

1965 年，为向中华人民共和国成立 16 周年献礼，她成为《东方红》演出团一员。

1976 年，黎佩仪任职于广东省音乐曲艺团，有幸认识粤剧编剧家陈冠

黎佩仪登台表演

卿。陈冠卿专门为她创作《妙姑求鸾》《潞安州》等。

70年代后期，黎佩仪成为广东省音乐曲艺团二团子喉独唱演员。1987年秋，黎佩仪远赴美国、加拿大巡回演出。1991年，黎佩仪只身远赴加拿大，艰苦求生，不忘艺术。1992年，她应"艺声音乐社"邀请在卡城开演唱会，反响热烈，后设馆授徒，名声远扬。

在黎佩仪推动下，粤剧文化渐受海外华人欢迎。她更带领学生在卡城大学表演粤剧。

进入21世纪，黎佩仪回到故乡，与黄少梅等名家合作，录制粤剧折子戏影像作品。2004年，她应邀参加"第四届羊城国际粤剧节"，后在各地举办专场演唱会。

2017年6月17日，陈村镇政府为黎佩仪在家乡成立"骨子腔黎佩仪工作室"；近两年黎佩仪应佛山市文化馆邀请，举办骨子腔讲座与教学。

2019年，黎佩仪举办从艺55周年个人艺术专场，分别在佛山琼花大剧院、旧金山、香港演艺学院举行。2022年"黎佩仪骨子腔艺术教研中心"在佛山文化馆挂牌。2023年1月14日，佛山祖庙街道成立黎佩仪骨子腔曲艺传承发展基地。弘扬粤曲文化、热心推广粤剧的黎佩仪被陈村评为"十大感动陈村人物"。

十一、龙炳颐：潜心古建　情系文保

龙炳颐，祖籍大良，旅港乡亲，香港大学建筑学院教授、前院长，香港大学罗旭和夫人基金讲席教授（建筑环境专业）。他曾任联合国教科文组织文化遗产资源管理教席、国际古迹遗址保护协会中国分会副主席、国际古迹遗址保护协会世遗申报评审员、联合国教科文组织亚洲文化遗产奖评判、世界银行文化遗产保护计划顾问成员、《香港地方志》编委。

（一）从"建筑设计"跨界"历史研究"

龙炳颐是顺德清晖园望族龙氏第二十九世孙，在香港出生、成长，自小品学兼优。20世纪60年代中学毕业后，他负笈美国，入读俄勒冈大学建筑系。龙炳颐在学校图书馆广泛涉猎，偶然找到关于龙氏家族的历史资料。清代龙氏家族"一门三进士"的悠长文脉，令其对家族引以为豪，更认同"顺德清晖园龙氏后裔"的身份。

1974年，龙炳颐从俄勒冈大学毕业，获建筑学学士学位；1978年，获该校建筑学硕士学位。其硕士学位论文涵括香港乡土建筑、中国传统天圆地方理论，以及孔儒学说，正是其所学的建筑学与社会历史学的相互融合。

（二）从"设计师"转身"学院教授"

1978年，龙炳颐返回香港，加入何弢建筑设计所从事建筑设计。1983年，应香港大学建筑学院院长兼建筑系主任黎锦超教授邀请，他进入香港大学建筑系任教。1985年，结合对亚洲问题、社会学及传统文化的研究，龙炳颐在香港大学创设"中国乡土建筑研究"课程，后拓展为"亚洲乡土建筑研究"课程。其间，他著作迭出，1991年编纂出版《中国传统民居建筑》，翌年出版《香港古今建筑》等，至今仍被奉为经典。

1999年，龙炳颐和几位同事合共捐资港币超130万元，连同学校赞助的50万元，开设"文物建筑保护"硕士课程。近20年，内地及亚洲多个国家的学生慕名而至，培养出黄印武、谭金花等众多文物保护优秀人才。

龙炳颐认为："建筑是科学技术和文化艺术的集中体现。中国被公认为人类文明主要发祥地的重要原因,是中国古代建筑影响、引领和代表东方建筑发展史。"这也是他由"设计师"转身"学院教授"，醉心于"乡土建筑"与"文物建筑保护"教学的原因。

"我主张从文学教建筑，而不是从建筑教建筑。"龙炳颐教建筑学，将中国的传统文化、儒家思想，以及古典文学融汇贯通，因推陈出新且通俗易懂，深受学生欢迎。

（三）身兼"教职"与"社会公职"

龙炳颐对香港的交通史、宗教史、文学史、书画史等都深有研究。80年代起，他一直关注香港的土地开发、城市规划、公共房屋、教育艺术文化等事务，更身兼不少社会公职：1991年任香港城市规划委员会委员、1992年参加香港古物咨询委员会，后任该会主席；1993年任香港医学博物馆顾问、1994年任香港市政局文化顾问。此外，他还是香港特别行政区卫奕信勋爵文物信托理事会主席、土地及建设咨询委员会主席、环境及自然保育委员会主席、博物馆委员会副主席、香港市区重建局非执行董事。

龙炳颐认为学建筑要"活学""学活"，要注意知识间内在联系和学科的综合联系，既要走进历史，也要走进社会。他常与香港古物咨询委员会委员带着学生做古迹考察，宣传古迹，如建于清同治四年（1865）的元朗大夫第、建于1915年的尖沙咀火车站遗址，衙前围村、吉庆围村、虎豹别墅等，介绍有关历史与人物，让学生眼界开阔、思绪纵横。

作为学者，龙炳颐一方面积极教学，为在校学生、政府官员、专业人士等开设相关课程，另一方面又通过在不同部门和机构担任委员，亲身参与政策研究，充当决策智囊，推动课程教学更贴近实际，更具针对性。

鉴于多年来倾心尽力于香港古建筑活化，推动香港越来越多的历史建筑得以保存并焕发新的生命力，龙炳颐得到社会各界的普遍认同和肯定：1983年获评"香港十大杰出青年"；1999年获颁"银紫荆星章""太平绅士"。

（四）致力推动世界建筑文物保护

20世纪70年代，政府下令拆除尖沙咀火车站，一座标志着香港最初与世界联系的历史古迹顷刻间荡然无存，龙炳颐痛心不已。因此，自1978年底从美国学成回港，龙炳颐就立志做文化古迹保护工作，虽艰辛，却甘之如饴，一做就是40多年。

龙炳颐认为：香港历史上并不是寂寂无名的小渔村。距今约6000年前，已有人在此繁衍，懂得用火烧陶器，制造彩陶；距今约3500年前，更已开始倒模制铜器。因此，香港要集聚财气，也要保护文化底气。他说："古建筑是历史的见证，每个民族都有着独特的历史和表现这种历史的文化古迹，这是民族的光荣，保护文化古迹，是每一位炎黄子孙的责任。"

多年来，在他的参与及推动下，香港虎豹别墅建筑物等得以保存。香港新界吉庆围古迹被列为香港一级历史建筑，围村里的宗祠、神庙、私塾、围墙、炮楼等建筑物保护完好，雷生春堂也成功得到保育和活化。

在龙炳颐看来，在经济开发的同时做好文物保护刻不容缓，也将产生深远的历史影响。对于建筑文物保护与宣传，龙炳颐一直身体力行。他不仅致力保护及推广香港本地的文化遗产，而且亲自为澳门历史城区、开平碉楼与村落、马六甲海峡历史名城三处世界文化遗产的申报及评审做出卓越贡献。

（五）助力清晖园片区提升改造

1979 年，龙炳颐首次独自回到家乡顺德，寻访祖宅，探望尚健在的祖母。看到清晖园的历史，壮观的形制和完善的保护，他百感交集。此后，他多次返乡，关注顺德经济发展与建筑文物保护工作。

2018 年，龙炳颐回乡省亲祭祖，再与顺德当地沟通交流关于清晖园的保育发展的看法与建议，并接受顺德政府委托，着手组建跨专业、跨学科的专业团队，共同打造《顺德清晖园及古城保护与城市更新规划》。龙炳颐表示："将家乡建设好是我义不容辞的责任。"

2020 年 12 月 31 日，主题为"'清'山河晏，魅力古城"的全新规划正式面世。这一规划注重周边片区文化保育，通过"留屋留人留故事"，让顺德人更有文化归属感和自豪感。清晖园片区范围约 1 平方千米，分成四大区域定位打造，充分利用凤岭山、华盖山、大良河资源，提高研究片区的整体定位高度，将现代都市与历史文化、自然生态完美结合，强化顺德的旅游、商贸、休闲功能。

"清晖园是广东四大名园之一，是全国重点文物保护单位，如何把清晖园和周边建筑有机联系活化保护，是当务之急。如何将文化瑰宝置于新的城市发展进程中，为大良的未来发展做一个清晰定位，并为顺德呈现一个符合社会长远发展利益的愿景，是我做此次规划要重点解决的课题。"龙炳颐对故乡的深情、热爱与责任，溢于言表。

十二、尤端阳：育人育德　爱国爱澳

尤端阳，濠江中学校长、中国教育学会高中教育专业委员会副理事长、中华教育会副会长、广东省生物学会名誉会长、霍英东基金会信托委员、澳门书法家协会副主席、澳门仁协之友副理事长，全国政协委员，澳门特别行政区"教育功绩勋章"获得者，"感动中国2019年度人物"。2022年获颁"顺德荣誉邑贤"称号。

濠江中学校长尤端阳——（尤端阳供图）

（一）育人育德，关注青少年素质教育

尤端阳，祖籍龙江。1945年出生，1983年从广州迁居澳门，1988年入职濠江中学。从教师到校长，尤端阳最关注的始终是学生素质教育，要求学生"外正形象，内修品质"。他开展"礼貌之星"评选活动，设立"善美奖"等多个奖项用以表彰懂礼貌、讲礼仪、行善举的学生。

赤子之心，寄情笔墨——（尤端阳供图）

尤端阳是澳门书法家协会副主席，深研中国书法。在日常教学中，他全力推广书法、传统乐器、歌舞等兴趣课堂，以传统艺术氛围熏陶学生；推动历史与国情教育，从幼儿园开始普及普通话教学，使用人民教育出版社出版的教材，使学

校教育与内地接轨。

学校传承濠江爱国爱澳的优良传统，求实创新，设计开办濠江附属英才学校，提出四个一流 (师资队伍、管理水平、教学设施、教育质量) 办学理念，"双语""艺术"及"奥林匹克"特色；中、小学校部开展"自主管理""自主学习"模式，强化英语教学；幼儿园开展"五常管理"活动，让学生自幼养成良好学习、生活、健体习惯。

30 多年风雨兼程，尤端阳让爱国爱澳的种子在濠江中学不断萌芽、生长。桃李不言，下自成蹊。2012 年，尤端阳获澳门特别行政区政府授予"教育功绩勋章"。

（二）培养澳门学子爱国情操

濠江中学每周一举行升旗仪式，从幼儿园开始对学生进行国旗、国徽、国歌的教育；将宪法和基本法纳入学校公民教育课程。

"其实，中华人民共和国成立之时，澳门的第一面五星红旗便由老校长杜岚在此升起。濠江中学自 1932 年成立以来，就是以爱国爱澳为宗旨，传承中华传统文化，从黄晓生校长到杜岚校长再到我，濠江中学一直都是在传承爱国主义精神。"爱国情深，一览无遗。

在澳门回归祖国 20 年（2019）之际，习近平主席以信寄语濠江中学学子："传承好爱国爱澳优良传统，珍惜时光，刻苦学习，健康成长，长大后为建设澳门、振兴中华多做贡献。"同年 12 月 19 日，习近平主席亲临濠江中学附属英才学校视察，听取尤端阳作办学汇报，观看学生创新发明，并赠予学校 1500 本《四库全书》；随后观摩历史公开课"一国两制和澳门"，充分肯定濠江中学的教育，勉励学生要学好历史，传承爱国主义精神，不忘初心，牢记使命。

至今，每周一升旗是濠江中学风雨不改的庄严仪式。尤端阳深知，他们守护的不只是一面五星红旗，更是一个民族的过去、现在与未来。

有感于杜、尤两任校长的爱国情怀，国家特授予两人"感动中国 2019 年度人物"光荣称号。

2019年，尤端阳登上央视《开学第一课》——（尤端阳供图）

2019年，杜岚老校长和尤端阳荣获"感动中国2019年度人物"光荣称号——（尤端阳供图）

（三）推动两地教育文化交流

尤端阳身兼多个社会职务，也是全国政协委员，忙碌中仍时刻关注教育和民生问题。尤端阳一直在探索提升教学质量的方法和途径。2014年以来，学校推行自主合作探究学习，培养学生创新学习，每年都有大批学子获保送入读内地顶尖大学。

濠江中学与姐妹学校顺德一中同行合照，左四为顺德一中校长谢大海，右四为濠江中学校长尤端阳

—— （尤端阳供图）

十三、苏国辉：神经科学专家 获国家贡献奖

苏国辉，杏坛镇人，1948 年出生，1977 年获美国麻省理工大学博士学位，现为香港大学医学院教授、神经科学研究中心主任。他长期研究哺乳类动物视角系统的发育、可塑性和再生研究，为这一领域先驱，创建外周神经视网膜移植模型。近年，苏国辉研究多种细胞成分眼内移植获神经生长因子球内注射对视网膜节细胞再生的影响，更研究出睫状神经营养因子刻存进视网膜再生这一深具临床前景的成果。他于 1995 年获中国国家自然科学奖，1999 年当选中国科学院院士。

十四、罗建生：深入落基山脉 探索创作新路

罗建生，祖籍勒流街道众涌村，1952 年生于广州。罗建生早年就读于广州美术学院培训班，专攻工艺美术装潢设计，后留学日本东京。

1988 年，其作品《海韵》入选"第 24 回日本国际亚细亚现代美术大展"。1988 年，移民加拿大，创室内美术设计建筑公司。2009 年，获"最具影响力华人美术大师"艺术奖。罗建生潜心学习传统艺术，先后跟随多位名师研习，探索创新路径，以北美风物民情自然风景为题材，融合中西方艺术，创作独特画风，

获艺术界赞赏。

罗建生绘画作品——（罗建生供图）

罗建生以位于加拿大的洛基山自然风光为素材，在不同季节、山貌中寻觅中国画元素为题材，将水墨技法与光线、透视、质感、层次相融合，自然质朴，生气扑面，色彩与画面令人耳目一新，作品参展多个国际大展。

罗建生连续担任三届加拿大顺德联谊总会会长。2018 年，他出任世界顺德联谊总会书画艺术俱乐部（加拿大）会长，连续两年返乡授课。现为加拿大洛基山美术协会会长、加拿大安大略省中国美术会会员、加拿大顺德联谊总会会长、加拿大顺德总商会秘书长、世界顺德联谊总会书画艺术俱乐部会长、顺德区侨联副主席。

2022 年，罗建生获评"顺德荣誉邑贤"称号。

十五、罗发祥：推广顺德美食　传授永春技法

罗发祥生于 1966 年，祖籍均安镇沙浦村。

1988 年，罗发祥前往澳大利亚。他发现此处砌砖工日薪 210 澳元，非常有吸引力，但因缺乏经验，均被辞退。为精通砌砖技能，他购买水泥，在房中苦练砌砖技法。一周后，成功入职。

在澳大利亚，从事建筑业要经规范训练，获取职业资格。罗发祥报读澳大利

亚高等职业技术学院的建筑师职业资格。他白天砌砖，晚上攻读，四年后持牌执业，承办工程。

经营建筑事业外，罗发祥还是顺德杏坛陈华顺派系永春拳师傅，荣获授权并在澳大利亚设立永春拳会，坚持传授武术15年，中外弟子中多有后起之秀。

罗发祥（左二）和"顺德味道"厨师——（罗发祥供图）

2019年，罗发祥在悉尼合资创立第一家顺德菜餐厅——"顺德味道"，潜心传播顺德美食文化。

作为澳大利亚顺德联谊总会会长，他致力于推广顺德武术、美食文化、顺德功夫、龙舟竞渡，以传承中华文明。

十六、杨重光：小儿外科专家

杨重光深研医学，获香港大学内外全科医学学士学位，香港中文大学医学博士、哲学博士学位[①]。他是香港大学李嘉诚医学院外科学系名誉临床教授，创立

---

① 英文为DoctorofPhilosophy，即研究型博士，是一种通用性研究学位，获得者不分学科和专业。

香港中文大学赛马会微创医疗技术培训中心并担任首任主任，也是香港无创外科有限公司的创始人、主席兼首席科技官，先后成为英国爱丁堡皇家外科医学院院士、中国香港医学专科学院院士（外科）、澳大利亚皇家外科医学院院士。

杨重光是著名小儿外科专家，1999年自创小肠气手术，更发明专用"杨氏鹃"。他曾任亚太小儿泌尿医学会、香港外科医学院、IPEG及国际儿童尿控协会的会长，对小儿泌尿、儿童理遗护理及儿科微创手术建树良多，对内窥镜手术在我国的推广及相应人才的培养贡献卓越。2016年，他联合香港理工大学容启亮教授团队在全球首创港产机械臂NSRS，被誉为超越"达芬奇"的创举。（"达芬奇"为全球首套可在腹腔手术中使用的机器人手术系统，于2000年通过美国药监局认证）。

十七、岑智明：香港天文台台长

岑智明，1963年出生，祖籍乐从镇沙滘，少年时代就读于香港圣保罗书院，后于香港大学理学院研读物理与数学。他于1986年进入香港天文台，后任科学主任；1998年4月出任高级科学主任；2007年12月晋升为香港天文台助理台长；2011年出任香港天文台台长，为香港历史上最年轻天文台台长。岑智明深研天气预报、辐射、航空气象，成功开发世界上第一个激光风切变预警系统。2006年，岑智明出任世界气象组织航空气象委员会副主席，2010年担任主席。2014年，在世界气象组织航空气象学委员会第十五届会议上，岑智明连任主席。

十八、胡锦汉：促进顺澳交流

胡锦汉1964年出生于澳门，祖籍均安镇豸浦村。他在澳门创立汉彩广告企划设计有限公司。

2013年，胡锦汉因筹备澳门佛山社团总会，得以第一次回到家乡豸浦村。

此后，他潜心推动两地联络，并发挥企业优势，在澳门连续12年举办"国际文化美食节"，为澳门成为"世界美食之都"贡献深远。同时，他全力推进"第一届澳门之味巡礼——五都荟萃"计划项目，通过美食文化，让更多人了解顺德的人杰地灵。

胡锦汉于 2013 年首次回乡——（胡锦汉供图）

自幼在澳门长大的胡锦汉，发现澳门有数百条街巷以巷、里、围命名，当中蕴含丰富的传统建筑、民俗文化与渔村历史信息，于是在疫情期间撰写一本关于澳门巷、里、围的书籍，更获澳门特别行政区政府文化发展基金资助，令人们认识到澳门独特的中西文化与小城魅力。

多年从事文化交流的胡锦汉清晰地意识到大湾区的融合发展为大势所趋。他更期待搭建巨大平台，让澳门与顺德学生深度交流，为日后发展奠定基础。

十九、郭敏：用音乐搭建沟通桥梁

郭敏祖籍勒流街道，现为日本华侨华人文学艺术界联合会（简称"华艺联"）会长、国际扬琴协会会员、日本打弦乐器协会理事。

郭敏生于广州，10 岁随音乐家陈涛、孔庆炎学扬琴，12 岁师承星海音乐学院陈其湛，1978 年考入广州乐团，曾为广东民族乐团独奏演员，于全国民族乐器独奏比赛中夺冠。她于 1981 年参加由中国音乐协会、中国文联主办的全国获奖青年演奏家巡回演出团，到各地表演，深受欢迎。1982 年获文化部"全国民族乐器独奏比赛"表演奖，曾获选为访华外国元首演奏。1987 年，她赴东京艺

术大学音乐部学习民族音乐。

作为著名旅日华人扬琴演奏家，郭敏在日本与各国名家合作，深受欢迎，更到学校演奏扬琴，传播中华文明。2022年，她接受《人民日报（海外版）》与《日本华侨报》采访，表示："艺术，能够跨越国籍、种族、肤色、宗教等界限；艺术，是化解分歧、沟通情感的良药仙方。半个世纪前作为中日邦交正常化推动力的'文艺外交'，还将在下一个50年发挥重要作用。"

郭敏现为佛山市海外人才顾问、广州市侨联第十四届委员会海外顾问、广东公共外交协会海外理事等。

第五节　投身公益

务实上进、回报社会一直是顺德人秉承的文化精神。他们成功后不忘感恩，总以各种方式回馈这片他们无法忘怀的土地，更投身于故乡的各项事业发展中，成为故乡慈善公益、医疗养老、文化教育等事业发展的重要推手，深得故乡民众称赞。

一、冼永就：乡情绵长　善远如流

冼永就，人称"就叔"，祖籍北滘镇龙涌乡，旅居澳门与香港。先后任德泰木行、永寿木业公司董事局主席、红宝石饮食集团总经理、旅港顺德绵远堂（简称"绵远堂"）会长、澳门同善堂值理、澳门孔教中学校董、培正中学同学会会长及顾问。

人称"就叔"的冼永就——（冼永就供图）

（一）生逢乱世，自强不息

19世纪末，中日甲午战争爆发，内地民不聊生。因战乱和饥荒，冼永就父亲被迫从龙涌乡前往澳门谋生。1925年，冼永就在澳门出生。

第二次世界大战结束后，父亲回广州发展航运事业，行走于广州三埠渡轮，并开拓建筑业。因澳门未开办高中，好学上进的冼永就随父到广州，入读寄宿学校培正中学，后考入燕京大学生物系。两年后，经考试及格，转读协和医学院。

1954年，父亲离世，冼永就弃学从商，返澳门接手父亲永寿木行木业生意，自此挑起家族大梁。他自小耳濡目染父亲的经营理念，更兼聪慧机敏、善于挖掘市场需求，勤奋踏实，不断积累人脉资源，贸易生意逐渐扩大。1955年，他成立澳门永寿木业有限公司，任董事局主席，经营木厂和建筑材料。1956年，他创办香港红宝石酒楼，任总经理，开始进军饮食业。1967年，他移居香港，开办德泰木行，任董事局主席，经营木材入口，并创立广同发有限公司，专营粮食出入口。此后，他在澳门、香港两地奔走开拓，生意再上一层楼。1978年，香港红宝石酒楼发展为上市公司，随后易名"红宝石饮食集团"。1988年，年过花甲的冼永就方才退休。

冼永就伉俪心怀乡土，常回乡探访——（冼永就供图）

虽生逢乱世，但冼永就并未怨天尤人，反而自强不息，积极进取，凭实力在澳、港两地打拼出一番事业。"天生我材必有用，我相信人定胜天，只要给予共事者发挥潜能的机会，天时地利人和相结合，企业经营自能事半功倍。"时年97岁（2022年）的冼永就壮怀激烈，更见睿智宽厚。

（二）饮水思源，心怀故土

走过万水千山，尝遍人间百味，冼永就心底挥之不去的还是家乡的味道。"我最怀念童年时的清明节，学校放假，父亲带我回家乡扫墓，食遍顺德美食。"

1975年，冼永就与太太乘飞机从英国飞往美国，因机件故障出现引擎失火，飞机被迫折返英国机场，所幸坐在机舱出口位，得以与太太最先乘救生梯从高处滑下，才幸免于难。经此一劫而死里逃生，冼永就更感人生无常。他说："我应该在有生之年，尽早尽可能做些有意义的事。比如，为家乡需要帮助的弱势群体出心出力。"是年，冼永就加入绵远堂。

绵远堂于清光绪二年（1876）由当时在港谋生的顺德商人创立，是历史最悠久的旅港顺德同乡会及善堂组织之一，起始职责是"……举办清明重九致祭本港义坟之事……心种福田，惠施幽宅"。绵远堂于1930年正式注册为慈善机构。经历岁月更迭和制度变迁，绵远堂更侧重于慈善功能，服务领域扩展到参与顺德的教育、医疗、敬老、扶贫助困等多个方面。1995年，绵远堂加入世界顺德联谊总会，并成为理事单位。作为香港最早成立的顺德同乡社团，绵远堂再次嵌入世界性的顺德乡团网络。

"我的根在顺德，生于斯长于斯，在祖国接受教育，清楚国家的发展变迁，有国才有家，我爱国爱家，必须支持顺德的经济文化及社会福利建设。"怀着对家乡"饮水思源"的深情，冼永就以绵远堂为组织，不断回馈家乡，并积极维系顺德香港两地交流，至今近50年。

（三）热心会务，服务社群

冼永就宽厚为怀，一向关心社会公益，热心社团服务，1991—1994年连任两届绵远堂主席，随后一直担任该堂会长、长老。在职期间，冼永就秉承先贤敬老扶贫、服务社群的宗旨，大力拓展会务，积极组织推动顺港两地的公益善举。

20世纪80、90年代，绵远堂及堂内热心人士捐资及筹资兴建多处敬老、医卫、文教及社会福利设施，如凤城敬老院、锦岩公园、吴宗伟托儿所（社区活动中心）、南华托儿所高桂琼爱儿楼、大良大门近10项慈善公益项目等；同时，几乎参与了政府发起的所有大型募捐活动,如顺德教育基金百万行、顺德体育中心、顺德职业技术学院的筹建等。其中尤为值得一提的是,1991 年在大良兴建用于存放先人骨灰的怀远纪念堂,堂内共有骨灰(牌)位 1438 个,使该堂缅怀先人、慎终追远的悠久传统在家乡得以发扬光大,同时为顺德推行殡葬改革的良好风气作出贡献。

2005 年以来,为支持大良医院新院筹建,绵远堂捐助港币 100 万元建设健康管理中心及口腔中心,并持续多年资助院内医护人员赴港接受培训,也促成顺德职业技术学院与香港理工大学合作培养人才,并在大良慈善会设立贫困大学生助学金,连续 11 年每年资助贫困学生 20 人。

2018—2022 年,经冼永就牵头组织并由绵远堂捐赠的项目包括升级改造凤城敬老院医护对讲系统、改造顺德区幸福家庭服务中心之"长者爱心"送餐厨房设施、兴建西山小学绵远图书馆、凤城敬老院修缮翻新工程等,捐赠金额达 165万元。

2020 年,新冠疫情肆虐,见家乡医护物资短缺,以冼永就为首的绵远堂同人当即决定向大良医院捐资港币 17.8 万元,为一线医护人员购置防护服,尽显绵远堂纾困解难、关怀桑梓的创会宗旨。

冼永就说:"大良是绵远堂的根。多年来绵远堂经大良侨联会推介促成多项善举,使各项善款真正落到实处,真正实现本堂回馈家乡、扶危济困、敬老爱幼的办会宗旨。未来我将尽我的绵力,一如既往,以绵远堂为桥梁,继续推动香港与顺德两地交流和联谊,继续关注敬老、医疗、教育、扶助贫困等民生事务,以身作则,推动绵远堂更多地在顺德开展慈善事业、参与家乡建设。"慎终追远,其爱国爱乡与热心会务之情,始终炽热如初。

二、陈仰:梅花香自苦寒来

陈仰,生于 1928 年,祖籍容桂街道小黄圃社区,妻林联芬。他是"陈宝生"贸易公司创始人,香港顺德联谊会新界区荣誉会长。

少年时代，陈仰家境寒素，自小随父母日耕夜作。1948 年，陈仰远赴香港，在姐夫的"宝生昌"蚝油店辛勤劳作，深通制作技巧。1956 年，他与同乡林联芬共结连理，同年，与人合办"宝生蚝油厂"。1977 年，他独资创立"陈宝生"贸易公司，从事各类蚝油制作，几经周折，柳暗花明。

"仰叔"陈仰

虽远在香港，但陈仰仍心系乡梓，致力家乡发展，不遗余力。乡人尊称其为"仰叔"。1980 年创建小黄圃陈仰幼儿园，1997 年出资异地重建；1982 年参与捐款兴建桂洲医院；1992 年捐资 2 万元在太湖公园兴建陈仰亭；1998 年捐资 20 万元重修小黄圃陈家祠；2019 年出资 30 万元成立陈氏大宗祠聚星堂陈仰奖学基金，用以奖励陈氏宗族内高考及中考成绩优异学子，更历年捐献陈氏大宗祠祭祖及各项宗族活动。2021 年捐资 10 万元，升级小黄圃陈仰幼儿园设施。

多年来，陈仰为乡亲提供休息场所，而村中北帝庙、华佗庙、圣王庙、天后宫、文武庙等重修，陈仰无不率先捐赠，不遗余力，深受乡亲赞誉。

2016 年 11 月，陈仰于顺德太湖公园陈仰亭——（陈仰供图）

三、李佘少鸿：心怀桑梓　兼济天下

李佘少鸿，桂洲马冈村人，旅港乡亲。曾任香港兆安地产有限公司、香港大信财务有限公司董事经理，香港顺德联谊总会永远名誉会长，世界顺德联谊总会副会长，香港大良同乡联谊会荣誉会长。佛山市荣誉市民、顺德荣誉市民。

（一）内柔外刚，与夫驰骋商场

李佘少鸿自小聪慧机敏，勤奋好学，先后毕业于顺德师范学校、南海师范学校。求学期间，她深研中国古典名著及现代优秀文学作品，具备良好的文化素质。她多才多艺，文体兼擅，尤其爱好音乐、体育，曾代表顺德县赴广州参加比赛并获奖。

婚后，李佘少鸿随丈夫李兆麟移居澳门。丈夫继续从事金银业，李佘少鸿则"愿为出海月，不作归山云"，选择入读澳门幼稚师范学校，毕业后随夫迁往香港，从事教职。她在香港罗富国师资训练班继续进修，历时两年毕业；随后再利用晚间坚持不懈进修社会教育学，后取得学位。

寄情故里的李佘少鸿——（佘炜供图）

"君子豹变，其文蔚也。"多年的沉心学习，令李佘少鸿的学识与素养与日俱增。数年教坛默默耕耘，亦让她厚积关心教育与扶助贫困的素心澄怀。

除笃行不怠、不断提升自我外，李佘少鸿亦对商业投资眼光精准，果敢决断。其夫李兆麟在香港最初经营贸易与橡胶生意。眼见20世纪60年代香港房屋市场需求甚殷，李佘少鸿深感大有可为，于是协助丈夫创办香港兆安置业有限公司，同时创立大信财务有限公司与天和建筑公司，因经营有方，稳健进取，业绩连年提升。1973年1月，兆安置业有限公司更名为"兆安地产有限公司"，并成为上市公司，业务更入佳境。80年代后，由于内地开放市场，为支持内地经济发展，兆安地产有限公司分别在上海与广州成立分公司，并且参与地铁上盖物业的发展。

进入 90 年代，香港的零售业急剧增长，特别是奢侈品行业，从而推动商铺租金连年上涨。李佘少鸿再次捕捉到商机，转攻商铺市场，20 多年间买下数十个黄金地段的优质商铺，盈利上百亿，更创造多次达成亿万交易额的传奇。因运筹帷幄，投资精准，在寸土寸金的香港拥有数十间黄金商铺，李佘少鸿被坊间誉为"铜锣湾铺后"。

李佘少鸿与丈夫鹣鲽情深，育有三子二女，家庭融洽和谐，子女各有发展且事业有成，但均低调务实。虽在驰骋商场中功成名就，但除参与社会福利慈善事业外，李佘少鸿极少出现在公众场合。她始终认为："大知闲闲，小知间间。寻常之中，微芒不朽。媒体把焦点聚焦在公益慈善上，比聚焦于娱乐八卦，更有意义，也将给社会带来更多正能量。"

胸怀大志而韬光韫玉，心有大爱且人淡如菊，那是李佘少鸿数十年来沉心自砺的写照。

（二）持续反哺桑梓

李佘少鸿身居香江，心怀故里。她 40 年如一日持续支持家乡各项建设，从捐送运输工具到捐赠生产设备，从引进厂商到直接投资，从支持教育到扶助老幼，从捐资福利建设到捐助各项基金，遍及顺德城镇与乡村，奉献良多，善举如流，却从不为回报，更不求名利。

20 世纪 70 年代，顺德百废待兴，大良镇（现为街道）初步确立"工业立镇"发展战略，并于 1978 年成立全镇首家来料加工镇办企业——大良镇侨光制衣厂。得知企业面临资金不足、设备欠缺，李佘少鸿当即慷慨捐赠进口缝纫机 30 台及其他制衣设备一批，总值港币 69 万元，助力家乡经济发展。

为匡助提升顺德的教育水平，40 多年间李佘少鸿共捐资港币超 2100 万元，参与支持新建或扩建文安托儿所（文安幼儿园）、育才幼儿园、李介甫小学、本原小学、玉成小学、马冈中学、顺德区实验中学、梁开中学、顺德区凤城实验学校、顺德职业技术学院，并设立奖教奖学基金或专业功能室舍，覆盖托、幼、小学、中学、大专院校全过程教育，惠及顺德众多学子。与此同时，为使困难家庭学子获得同等教育机会，她还设立李佘少鸿助学金及李佘少鸿优秀贫困生奖学金，先后在梁开中学、顺德区凤城实验学校、顺德区实验中学共资助在读初、高中贫困生及升大学贫困生超 2000 人；10 多年来连续资助就读于顺德职业技术学院的优秀贫困生达 130 人。虽碍于新冠疫情阻隔，三年多未亲身返乡，但当胞妹佘炜转述顺德区凤城实验中学发动社会力量集资兴建风雨长廊之校园升级项目的消息时，李佘少鸿当即认捐人民币 50 万元。爱乡之心，昭然如镜。

李佘少鸿（左三）参加育才幼儿园落成 21 周年庆典（一）——（佘炜供图）

李佘少鸿（左二）参加育才幼儿园落成 21 周年庆典（二）——（佘炜供图）

李佘少鸿（左三）回乡参观李介甫小学——（佘炜供图）

2009 年 11 月，李佘少鸿（左四）捐资 600 万元助建顺德职业技术学院艺术中心——（佘炜供图）

2009年11月,李佘少鸿捐资600万元助建顺德职业技术学院艺术中心——（佘炜供图）

2014年,李佘少鸿（右一）参加顺德职业技术学院李佘少鸿楼落成典礼——（佘炜供图）

为支持顺德敬老事业，李佘少鸿对凤城敬老院、大良颐年苑、容桂马冈佘文安松柏苑的硬件设施提升持续关注并出心出资出力，多年来累计捐资港币超220万元。此外，她还长期向凤岭老年大学、大良退休协会、中区康乐楼、马岗敬老院给予资金支持。爱如甘霖，润泽耄耋。

自1987年捐资修建顺德太平塔、青云塔起，李佘少鸿一直热心参与捐助顺德古建修复和文体设施建设，包括宝林寺、西山庙、顺德体育中心、凤岭公园、青少年文化科技楼，以及桂洲多个人文景观。

为改善顺德医疗卫生设施，李佘少鸿和丈夫李兆麟更是悉心尽力。继1990年慷慨捐赠190万元兴建大良仁爱医院后，夫妇又于1996年捐资港币224万元兴建大良仁爱医院五坊分院。2005年，政府为进一步发展医疗事业，决定将仁爱医院迁址整合扩建为大良医院。李兆麟、李佘少鸿伉俪再次慷慨解囊，捐出港币500万元充资建新院，并多次资助引进医疗设备，累计捐资超过港币2000万元。

此外，李佘少鸿更心怀老弱孤残，多年向大良爱心超市、顺峰福利会、中区福利会等多个单位捐资助残济困，为家乡人解难纾困，长期给予医疗支持与生活扶助。

"老吾老以及人之老，幼吾幼以及人之幼，我最大的心愿是能为家乡为乡亲多做一点事。"助人为乐是李佘少鸿一直的追求，更是她心底里反哺桑梓的美好宗旨。因怀瑾握瑜、含章素质，故而珺璟如晔、雯华若锦，令人景仰。

（三）达而兼济天下

李佘少鸿为人随和，慈善仁厚，秉持助人为快乐之本，跨越乡邦，惠泽四方。她深感百年大计，教育为本，极为关注贫困地区的教育扶助。自20世纪90年代以来，她在胞妹佘炜夫妇陪同下，不辞劳苦，亲自到粤北、湖南等地考察，先后为粤西、粤北、广西、湖南、贵州等地捐建十数所希望小学，为贫困地区奉献爱心，资助数百名失学学龄儿童重返校园，为失学儿童带来希望。她捐建的学校包括汤那育才希望小学、山坪育才希望小学、荆林育才希望小学、石田育才希望小学、云开育才希望小学、梅花育才希望小学、龙井湾育才希望小学、那曹育才希望小学、归德育才希望小学、沙田育才希望小学等，均以"育才"命名，以表"作育英才"之寄意。从 2010 年起，她每年向韶关市武江区教育局定向捐资 10 万元扶贫助学金。

2002 年，适逢华南理工大学建校 50 周年，她捐资 230 万元，助建麟鸿楼。

君子如珩，羽衣昱耀。李佘少鸿因对家乡顺德及内地部分贫困地区的卓越贡献，相继被佛山市（含曾为广东省辖县级市的顺德）、平果市（广西壮族自治区下辖县级市，由百色市代管）、嘉禾县（湖南省郴州市下辖县）等地授予荣誉市民称号。

四、陈德荣：鞠躬尽瘁　任劳任怨

大良人，旅港乡亲，香港顺德联谊总会司理，第一批"顺德荣誉市民"之一。

（一）鞠躬尽瘁　回馈桑梓

陈德荣（1943—2023），原名陈荣森，生于大良，1946 年入读顺德师范学校，1949 年因时局混乱、家庭贫困而辍学，随表兄赴港谋生。到港后，他改名"陈德荣"，以提醒自己家在顺德、根在顺德。

初到香港，人生路不熟，陈德荣最先在农场养家糊口，同年转入香港顺德联谊总会供职。自此，陈德荣在联谊总会司理的岗位上兢兢业业，从不言退，至今逾 70 年。

陈德荣性格沉稳宽厚，平易近人，待人接物进退有据，对待工作悉心尽力。

香港顺德联谊总会成立于 1947 年。陈德荣入职之时正是联谊总会成立之初，种种规章制度仍待完善。因此，凡与联

勤恳忠朴的陈德荣——（顺德区侨联供图）

谊总会相关的事务，事无巨细，陈德荣均一一跟进，务求安排妥善。

香港顺德联谊总会的会徽包含青云塔、塘鱼、蚕丝和顺德糖厂，寄寓着顺德的古老文脉、传统农耕及工业发展。香港顺德联谊总会正以此为切入点，推动香港顺德两地教育事业，接续乡土传统，促进经济发展。"在港，每年举办敬老、祝孔，参加香港公益金百万行筹款、青少年暑期活动，颁发会员子女奖学金等；在家乡顺德，办学、办企业，参与医疗卫生、敬老护幼等。举凡社会公益、扶贫救灾、敬老劝学，香港顺德联谊总会同人均悉力以赴，数十年从未间断。"以上种种，陈德荣无不尽心尽力。

担任香港顺德联谊总会司理以来，因做事踏实，不投机取巧，更不计较个人得失，陈德荣得到联谊总会上层信任。改革开放初，有些旅港乡亲及其在乡亲属因各种环境因素导致不了解家乡情况，对捐赠工作多持观望态度。陈德荣斡旋其中，最终促成顺德许多大型捐赠项目的落地。

20世纪80年代，顺德县及各镇侨联会凡与香港顺德联谊总会接触，并吸引港澳台同胞投资兴办企业和动员港澳台乡亲回乡捐赠建设福利设施，陈德荣无不耐心接洽，沟通安排。几十年来，凡香港顺德联谊总会回内地活动，顺德举办的重大外事活动，都由他精心策划、组织、安排，并与顺德有关部门紧密联系，皆圆满成功。

21世纪以来，香港顺德联谊总会与家乡顺德的交流更加频繁。除协助会员乡亲办理捐赠物资工作外，陈德荣还积极促成捐建福利事业项目，如顺德梁銶琚图书馆、梁銶琚中学、梁銶琚夫人幼儿中心、梁銶琚夫人妇幼保健中心、梁銶琚福利基金会，以及杏坛北头学校、杏坛梁銶琚中学、杏坛医院、顺德医院、桂洲胡锦超职业技术学校、桂洲医院胡锦超门诊大楼、陈村中学、勒流医院、顺德体育中心等重大项目的筹建。

据统计，自改革开放至 2010 年，该会协助广大会员乡亲在顺德各乡镇捐建中学 60 余所、小学 140 余所、幼儿园 80 余所、医院及医疗站等超过 50 所、敬老院近 40 所、图书馆 3 座、康乐体育中心 13 座。

此外，该会还在清远市连南瑶族自治县支持贫困山区学校维修校舍及增建学生宿舍教育设备，铺设自来水管等。会董们还在贵州省及四川省贫困地区兴建希望工程学校超过 200 所。

最为各界津津乐道的是该会组织接待顺德龙舟队，邀请顺德男女队到港参加国际邀请赛。

陈德荣在这些项目中莫不穿针引线，献策出力，促成其事。其中，在贵州省铜仁市，还有其促成捐建并以其父母之名命名的两所希望小学——"登成小学""德慧小学"。

70 年如一日，陈德荣早出晚归，忙于会务。"我的根在顺德，能推动家乡顺德发展的事，只要在我能力范围内，我必定尽力去做。"这是年近九旬的陈德荣老人念念不忘的承诺。

（二）任劳任怨　尽职尽责

"有心多做事，无意苦争春"，是陈德荣做人做事的原则。

他勤勤恳恳工作，早年以微薄的薪水尽力接济在乡间的父母和兄弟姐妹；成家后，又成为家中顶梁柱，并以尽职尽责的工作态度，令子女耳濡目染。"一年中，除却春节休息一两天外，父亲几乎无休。"在子女童年的记忆中，陈德荣的身影总是来去匆匆。

他任劳任怨，以一己之力搭建香港顺德联谊总会与顺德之间的桥梁和纽带。与其他身份显赫、身家丰厚的旅港乡亲相比，既不从政亦不从商的陈德荣相对平凡。然而，他从不妄自菲薄，而是在香港顺德联谊总会司理的职位上安之若素，甘之如饴。

1992 年，陈德荣（前排中）获政府表彰——（顺德区侨联供图）

　　70 年来，经他牵线达成的捐赠项目以数十亿计。他接触的亦多是高官巨贾。他从没想过沽名钓誉或从中牟利，一心只希望尽力拓展顺港两地的沟通交流，促进家乡的经济文化和社会福利事业发展。这其中，为顺德办的众多烦琐事难以尽数，亦非他职责内之事，但他有着爱国爱乡的情怀，几十年来为顺德服务的热情至今不变。

　　桃李不言，下自成蹊。1992 年，陈德荣与李兆基、郑裕彤等社会上赫赫有名的港澳乡亲一起，荣获第一批"顺德荣誉市民"，是当年受表彰的 30 人中唯一一位普通职员。这既体现顺德对于促进地方经济、文化、社会建设的港澳台同胞的真诚谢意，更是对陈德荣数十年来倾心尽力推动顺德发展的最大认可。

　　"那是家乡人民对我的鼓励，我更应该尽职尽责，做得更多更好！"荣誉对陈德荣而言，是褒扬，更是鞭策。

1992年，陈德荣（前排左二）回顺德接受表彰——（顺德区侨联供图）

五、梁新发：感恩故乡　涌泉相报

梁新发

梁新发，均安镇南沙四埠人，1937年出生，1946年随姑姑梁惠琼赴港，做过酒楼叉烧包童工、修车工、送货司机。

他于1960年辗转定居德国；1963年，白手起家，创立餐馆，主营粤菜。几十年间，姑姑、妻子无私辅助，令他感恩不已。后来他事业成功，在家乡捐资建梁惠琼教学楼，设立梁惠琼助学基金，铭怀其德，更延续教育使命。

他深知，教育是地方发展的要义。因此，1986年返乡后，他持续捐款，筑建南沙中学、四埠小学梁惠琼教学楼，援建文化中心、均安中学，期待家乡学子青出于蓝胜于蓝。1995年，梁新发获评"顺德荣誉市民"称号。

六、吴国宝：中国梦　华侨心　故乡情

吴国宝，祖籍容桂，生于1938年，父吴席儒，妻陈丽丽，女吴宝丽，儿吴宝明。现任旧金山湾区中国统一促进会荣誉会长、旅美三邑（南、番、顺）总会馆顾问、旧金山顺德行安堂主席、中华海外联谊会名誉理事、中国和平统一促进会理事、广东省侨联第十一届委员会海外顾问、佛山市海外联谊会荣誉顾问、佛山市侨联荣誉主席、佛山市侨商投资协会名誉主席、世界顺德联谊总会名誉主席、旧金山大太平洋实业有限公司总裁，曾任旧金山政府移民权益委员。是佛山市荣誉市民、顺德荣誉市民。

吴国宝与美国三藩市行安堂顺德乡亲祝愿世界顺德乡亲龙年吉祥、阖家安康——（吴国宝供图）

（一）成长历程　碧血丹心

吴国宝1938年出生于容桂玄坛庙附近，当时正值日本侵华，广州沦陷，战火纷乱。他6个月大就随父母辗转经澳门移居香港，在香港度过童年时光。至今，吴国宝仍依稀记得小时候在清明节坐岐关车回乡，转花尾渡进入顺德后一路所见的桑基鱼塘、参天榕树的秀丽景色。正是那美好回忆，成为他80多年来对祖国、对家乡的无限牵挂。

1960年，作为香港浸会大学第二届毕业生的吴国宝只身远赴美国留学。在美国，他就读于加州州立理工学院建筑工程系，毕业后任职于旧金山Bechtel公司及PG&E太平洋煤电公司，并承担过核电厂和湾区地下铁的设计任务。1980年，他自创旧金山大太平洋实业有限公司，开展房地产投资、管理业务，并由此接触更多的旅美同胞。

（二）捐资助教　桑梓情怀

离乡多年，为家乡做点贡献成为吴国宝魂牵梦绕的质朴愿望。1995年，已57岁的吴国宝第一次踏上回乡旅程。得知家乡计划改造桂洲中学校舍设施，他慷慨解囊，捐资100万元，以父亲名义建设一栋教学楼，即吴席儒纪念楼。

从此，吴国宝致力家乡教育。2006年开始，吴国宝邀请一批批美国教师来到顺德，开设培训课程，不断提升顺德的教育水平。义教活动连续13年，从未间断，共培训小学、初中、高中教师2300多人，幼儿教师500多人，特殊教育教师150多人，教育行政人员1300多人，学科教师3400多人，并对900多名学生直接授课。百年树人，桃李无言。外国教师更深深爱上顺德。吴国宝的善意与坚持，化作温暖火种，点燃两地文化篝火。

邀请美国教师来顺德培训，提升本地英语教师水平——（顺德区侨联供图）

吴国宝更关注与推动家乡发展。2007年，他牵线旧金山市政府官员前来顺德开展访问。2008年，他促成世界顺德联谊总会第六届恳亲大会在旧金山召开，推动两地多方合作。

（三）爱国侨领　身体力行

2000年，吴国宝主动承担侨领工作，在美国中华总会馆、美国华商总会、旧金山湾区中国统一促进会、美国三邑总会馆、顺德行安堂等社团担任要职。为打入主流社会，将华人声音传递到市政府，吴国宝在旧金山政府担任华人权益委员长达10年。

2002年，吴国宝任美国中华总会馆会长，策划并促成中华总会馆这个全美侨团巨头回国访问。这标志着美国各界侨团与中国的友好关系迈上新征程。通过这次访问，吴国宝亲眼见证祖国的高速发展，更坚定他支持并推动祖国统一大业的信心。

2008年奥运会圣火传递到旧金山时，吴国宝等侨领及时鼓励各华侨团体挥舞国旗，护送圣火顺利传递。

2019年国庆，吴国宝受邀出席"庆祝中华人民共和国成立70周年大会"庆典。在天安门广场的观礼台上，81岁的吴国宝无比激动与自豪。

（四）情系祖国　支持公益

即使身在海外，吴国宝仍心系祖国与民生。他先后参与2014年云南鲁甸地震抗震救灾、2017年四川九寨沟地震抗震救灾、2020年武汉防疫捐款、2021年河南大洪水赈灾等公益活动。

2020年2月，得知武汉新冠疫情严重，他及时向中文媒体发表《告同胞书》，呼吁旧金山湾区侨团及侨胞取消春节联欢活动，将春宴款项捐助祖国，购买医疗物资。返抵旧金山后，他立即用5000美元采购口罩速递回中国。美国暴发疫情初期，吴国宝立即组织22位志同道合的侨胞组成"湾区义工团"，在得

2019年，吴国宝受邀出席庆祝中华人民共和国成立70周年大会庆典——（吴国宝供图）

到世界顺德联谊总会赠送的 2 万个医用外科口罩后，又自行购买防疫物资，亲自送到侨胞家中。

2022 年 9 月，四川泸定县发生 6.8 级地震，吴国宝等热心华侨即席捐资，支援灾区共渡难关。

吴国宝非常注重后代爱国情怀的培养。近年，他多次组织"青少年学生夏令营"，鼓励子弟到中国寻根，培养新一代美籍华人对祖国、故乡的认知与感情。为延续爱国情怀，吴国宝为美国出生的一对儿女都用汉语拼音取名字，并教他们说得一口流利的普通话和粤语，可见他对祖国与家乡的一片深情。

——一家人共迎新岁——（吴国宝供图）

七、叶经纬：殚精竭虑　造福桑梓

叶经纬，大良人，旅澳乡亲。先后担任澳门杰记行贸易公司董事长、加拿大大东贸易公司董事长、东华骨伤科医院院长，现任澳门顺德联谊总会永远会长、世界顺德联谊总会副会长、顺德区政协澳门联络委员会主任。是顺德区政协委员，顺德荣誉市民。

（一）讲究"取财有道"

1940 年，叶经纬出生于大良一个三代行医的医学世家。祖父叶继祖、父亲叶绍棠均悬壶济世，为 20 世纪 70 年代以前顺德著名骨科医师。

1982 年，叶经纬赴澳门经商，创办澳门杰记行贸易公司，从事塑胶贸易。1993 年，他移居加拿大，创办大东贸易公司。因注重经营作风，讲究商业信誉，企业稳步发展。但他仍心系医学，最终在退休后选择回归初心，在大良街道云良路兴办非营利性民办医院——东华骨伤科医院，悬壶济世，除人痛苦。叶落归根，静水流深，都是叶经纬对家乡的一往情深。

出生于医学世家的叶经纬

（二）担任社团职务

因团结旅澳乡亲，沟通顺澳两地联谊，叶经纬在旅澳乡亲中建立起崇高威信，多年担任澳门顺德联谊总会永远会长、世界顺德联谊总会副会长，曾任顺德区政协澳门联络委员会主任、顺德区政协委员。顺德荣誉市民。

以"尽心尽力、团结乡谊、为国争光"为宗旨，多年来，叶经纬常接待到访的澳门顺德乡亲，主动带领澳门社团及乡亲回顺德进行考察、观光和访问，带领年轻一代回乡问祖寻根，以及促成捐建顺德职业技术学院、凤岭公园等多项慈善捐赠，并引介旅外人士到顺德投资办企业。

2010 年，顺德区人民政府授予叶经纬"顺德荣誉市民"光荣称号。"澳门的服务业、旅游业、会展业成熟且成功，顺德经过 40 多年改革开放的高速发展，经济已走在珠江三角洲地区前列，因饮食业发达还被评为'世界美食之都'。佛山市又被商务部、广东省确定为'广东 CEPA 先行先试试点城市'，是广东省服务业对港澳地区扩大开放先行先试政策重点市。因此，顺德澳门两地在科技、先进制造、现代服务、餐饮等方面交流与合作的空间巨大。"时局稳定，家乡发展繁荣，令叶经纬由衷自豪，也令其对澳门与顺德未来的发展和交流合作充满信心。

（三）坚持"回馈桑梓"

为支持家乡发展医疗卫生事业，2000 年，叶经纬与澳门顺德联谊总会永远会长何庆投资 4000 万元，在顺德大良兴办东华骨伤科医院。医院定位为非营利性医疗机构，以中医为主，中西医结合，旨在回报家乡服务乡梓。随后东华骨伤科医院被认定为社保局定点医院，被顺德慈善会评为"爱心医疗单位"。

医院建成使用以来，叶经纬坚持对困难乡亲减免费用或免费治疗，与香港顺龙仁泽基金合作，为经济困难的病友提供义诊服务。虽已过古稀之年，仍风雨无改坚持到医院查房，为病人开药。

此外，叶经纬乐于赞助家乡的社群福利，先后捐资乐助顺德慈善基金、教育基金百万行等多个公益项目。

一辈子为民除疾的叶经纬（右）——（叶子宙摄）

其中最为人乐道的是，在每年一度的国际护士节，由澳门顺德联谊总会与顺德区人民政府合办"顺德区优秀护士表彰活动"。叶经纬自 1993 年起一直牵头组织表彰先进护士，30 年来从未间断。

如今，叶经纬一直住在顺德。年过 80 的他每天都会回医院看一眼、坐一阵，处理事务。"落叶归根，未来可能还会一直留在顺德。"

"阅尽人间春，还是家乡好！"是叶经纬对家乡最深情的表白。

八、何细珠：情系三桂　乐善好施

何细珠祖籍北滘镇三桂村，1943 年生。现任香港何氏宗亲总会第二十一和二十二届理事会理事长、会产管理委员会委员，香港顺德北滘同乡会永远荣誉会长，顺德三桂村福利会永远荣誉会长，三桂村观音庙、关帝庙爱心基金会创会会长。

何细珠虽出生于香港，但情系家乡，心系乡亲，长期热心公益事业和宗族事务，不遗余力，事必躬亲。早在 1983 年，他便与多位香港热心人士捐资 10 万元兴建三桂村码头。1990 年，他又联合热心乡亲集资 20 万元筹建位于泥地岗的三桂小学，支持家乡教育事业。2005 年，何细珠发起三桂村观音庙、关帝庙爱心基金，连续 10 多年策划并主持每年的春茗敬老活动，加强海内外三桂乡亲的联络。

2020 年前后，他参与筹建南雄珠玑巷庐江何氏大宗祠，又带头奔波于粤港澳三地及美加等国，为保留何氏三席古墓作出重要贡献。他还参与恢复拜祭始祖、重建三桂关帝庙、主持历年关帝诞庆典、倡议重修三桂何氏大宗祠申锡堂等活动。

21 世纪以来，香港、顺德两地交流日益紧密，家乡翻天覆地的变化及乡亲生活水平的提高让何细珠颇有感触、满怀安慰。何细珠常向家人讲述家乡的风土人情，多次携带家属回乡探亲访友，密切与家乡的联系，增强后代对顺德的认同感。

九、冯家彬：心怀桑梓　肩担大义

冯家彬，1945 年出生于香港，爷爷冯派普，祖籍容桂街道马冈马中村沙浦街。香港金汇国际（集团）有限公司创始人兼主席、国际会计师公会慈善及教育基金副主席、湖北省政协委员、香港顺德联谊总会永远名誉会长、佛山市荣誉市民、顺德市荣誉市民。曾任香港新鸿基证券有限公司总经理。2015 年受勋香港铜紫荆星章。

（一）琢之磨之，玉汝于成

冯家彬的爷爷冯派普早年移居香港，德才兼备，能力出众，在大型洋行均益仓任职司库。因此，冯家彬幼年时家境殷实，但冯家彬十岁时爷爷不幸去世，冯家处境日渐艰难。这让冯家彬过早认识到生活苦痛的一面，在人生尚为稚嫩时就已感受到责任的分量。家里弟妹众多，母亲独木难支，作为大哥的冯家彬勤工俭学，勉力完成中学学业。毕业后为供养家庭，冯家彬不得不早早就业，为初级公务员。

冯家彬

尽管选择就业，但冯家彬从未放弃学习，坚持半工半读。这期间，冯家彬逐渐激发起对数据金融的兴趣，从此青灯黄卷，焚膏继晷，五年后成功考取难度极大的国际会计师协会会员、英国特许秘书及行政人员公会会员，转而进军金融业。

"这个成长过程并不是我特别优秀，其实那段时间的香港人很多都经历过住劏房、半工读、拼命捱的时代，很多高官、名人都一样，这就是香港的发展时代历程。"冯家彬的成长故事精彩诠释上世纪五六十年代狮子山下励志的香港精神。他也常告诫晚辈要勤勉自律，胸怀大志，做个有担当有作为之人。

（二）触觉敏锐，开创事业

初期，冯家彬任职会计师，因其谦逊沉稳，才识过人，在1974年接任香港新鸿基证券有限公司总经理，带领公司取得骄人成绩。但很快，冯家彬的事业又迎来全新转折。1985年，冯家彬痛失恩师，令他产生谋求新发展的念头。适逢80年代后期，香港先后出台多项金融监管条例，金融市场日趋完善，金融业蓬勃发展，亚太金融中心地位不断巩固。

尽管当时处于香港回归前夕，很多大财团对香港前景有所担忧，但冯家彬敏锐洞察先机，坚定地看好回归后的香港。他认为"一个庞大的中国，有十几亿人口，在强大的政府领导下，一路改革开放，为国为民，引领中国经济起飞。我对97年的香港非常看好。"。1992年，冯家彬毅然辞去薪资丰厚的新鸿基总经理一职，离开打拼多年的公司，创办香港金汇国际集团有限公司。

经过冯家彬的努力开拓与精心管理，香港金汇国际集团乘着香港金融业蓬勃发展东风，业务蒸蒸日上。1994年，冯家彬魄力十足地投资深圳开办名牌包装品工厂，全厂千多名工人，产品全部外销，为当年全国最大名牌包装品工厂。

随着祖国的改革开放和经济发展，冯家彬在内地的投资不但迅速增长，且多元发展。他先后在国内经营6家面粉厂，还眼光独到地在上海投资发展高级别墅和高尔夫球会所，取得成功。同时，他还积极引荐朋友回国内办企业，致力共同发展国内经济。

（三）一片丹心，回馈桑梓

冯家彬虽心系乡梓，但基于各种原因，出生后几十年都没有回过家乡。1992年的一天，他与相识多年、任职香港新鸿基地产发展有限公司执行董事的罗景云闲谈，才知道大家是马冈同乡，直觉得相识恨晚。

罗景云随即相约冯家彬当年夏天回乡探访，寻根问祖。在罗景云夫妇陪同下，冯家彬夫妇返回桂洲马冈省亲，寻找到在沙浦下街的祖居，了解到自己属马中冯氏六世五房后裔。自此，冯家彬产生一种"我有家！"的感觉，焕发起他热心支持家乡福利事业的激情。

1993年，冯家彬将爱乡热情转化为行动，慷慨捐资200万港元建设冯派普颐老院。他说"是爷爷供我读书，教我做人，才有今天事业，爷爷是我最敬重的人。"

老吾老以及人之老，捐建颐老院是冯家彬多年的心愿。奠基当天，他偕同全家老少回乡参加盛典，阖家沐浴故乡改革的春风。

多年来，冯派普颐老院经过当地政府的悉心管理，荣获佛山市"十好"敬老院、广东省四星级敬老院的称誉，院长金登峰也获广东省民政厅评定为佛山唯一的养老机构专家。

20世纪末，容桂街道政府决定将散居在民间的11位残疾孤儿集中抚养，征得冯家彬同意后，这些残疾孤儿都入住冯派普颐老院，因得到冯家彬的真诚关爱，这些残疾孤儿全部姓"冯"。尽管几番迁转，他们全部都仍不改姓氏，因为爱心，冯家彬觉得：我们都是一家人。

2018年，冯家彬伉俪回乡省亲，与马冈老书记冯添业（后立者）合影
——（冯家彬供图）

1994年春，马冈村领导赴港回访冯家彬，他相约早上餐厅会面。那天，冯家彬一边悠闲地享受着他那份只有一份油条、一碗碎米粥的简单早餐，一边欣然承诺捐资100万港元给家乡建设幼儿园。宽以奉公，严以克己，上善若水，高山仰止，让在场的家乡领导感动万分。

1995年9月"马冈冯派普幼儿园"落成启用，为家乡幼儿苗壮成长提供良好环境。

冯家彬除却亲力亲为支持家乡建设外，还积极引荐热心朋友关注家乡的慈善事业。

2002年，他得知容桂仁爱园需要优化提升，于是引荐好朋友、香港美心集团主席伍威权夫妇到容桂仁爱园慰问，并捐资改善仁爱园的环境设施、康乐设备和医疗器械。自此，伍威权夫妇每年都不定期探访仁爱园，2004年还捐资在大良建设"顺德区威权康复服务中心",拓宽残疾人士服务面。2011年,"香港伍威权慈善基金会"捐资在容桂街道成立"容桂伍威权庇护工场",扶弱助残,传递爱心。冯家彬对自已引荐的朋友能倾情投入家乡公益深感欣慰。

此外,冯家彬还为家乡发展出谋划策,在经济、教育、美食等方面均提出独到的意见,深中肯綮,且带领家乡的从业人员到香港圣保禄中学学习学校管理,到上海外滩学习餐饮业经营等,拓宽视野,加快产业发展。

（四）家国情怀,奉献社会

身为香港的广东乡亲,冯家彬积极承担联系两地的重任。近年,越来越多的香港人在内地发展,但子女上学却成大问题。为解决这一难题,消除港人来粤投资创业顾虑,冯家彬参与创办广州南沙民心港人子弟学校,招收在内地工作的港人子女。在冯家彬等热心港人用心建设下,该校于2022年9月正式揭牌招生。这一学校创办极大方便在内地工作的香港人,进一步拉近两地距离。

务农重本,国之大纲。发展农业是关乎国计民生的大事。近年,冯家彬格外关注中国大豆进口问题。大豆是榨油

2015年,冯家彬获勋"铜紫荆星章",时任香港特首梁振英亲自为其颁授——（冯家彬供图）

和制作饲料的原材料,现在中国一年消耗1.2亿吨大豆,其中八成需从美国、阿根廷、巴西等地进口。他认为在目前严峻国际政治形势下,我国要提升大豆种植,保证供给,改善贸易逆差,同时,通过种植大豆释放氮气,改善生态,推进环保。

于是，冯家彬着手与香港中文大学的教授团队合作，研究培育在中国大西北盐碱地种植大豆，"将大豆带回家"。"希望我能在余生为中国做到这件大事。"这是他热切愿望。

冯家彬历经磨砺，白手起家，能力卓越，事业有成。能力值得赞叹，精神犹值钦佩。冯家彬以天下为己任的奉献精神是社会精神的高标。心怀家国风骨筑，肩担重责道义彰。

十、李定国：行善积德　为善最乐

潜心慈善公益的李定国——（李定国供图）

李定国，祖籍大良街道大门社区，旅港乡亲。曾任香港国衡贸易公司东主，三昌有限公司、衡益实业有限公司董事长。现任旅港绵远堂董事、司库，香港大良同乡联谊会大门分会理事长。

（一）传承先父乐善好施之初心

李定国 1946 年出生于顺德。父亲李楚川，早年赴港谋生，创办"衡益号"，并任香港三昌有限公司董事长，经营家族洋货批发生意。受父亲诚信待人、稳健经营的理念熏陶，李定国自小温良恭俭，刻苦勤奋，学业优秀。

1966 年，李定国自香港华仁中学毕业，因不忍父亲年纪老迈仍常年在外为经营家族生意奔波劳碌，主动放弃外出留学机会，决定留港入读香港浸会学院工商管理系，以尽为人子女之孝。1971 年毕业后，李定国创设国衡贸易公司，经营贸易生意。

1984 年起，李定国接手香港三昌有限公司及衡益实业有限公司，任董事长。翌年父亲李楚川捐资参与兴建大门小学；1991 年，再捐港币 30 万元，兴建以其原配命名之"大门李罗彩霞健康院"。项目建成后，李定国经常陪同父亲回乡察看家乡变化，并关注健康院发展。目睹父亲回馈桑梓、泽惠病患的善举，李定国深有感触，自此开始传承家族乐善好施的理念，热心参与香港顺德两地公益慈善活动。

近年，因家族叔辈及兄长或因病离世或年事已高，李定国逐渐担负起主理家族相关事宜重责。为延续家族长辈情系桑梓、回馈家乡的传统，李氏家族决定在祖产中拨出资金建立专项基金，以作家乡慈善福利捐赠之用。该项基金至今连续多年支持大门社区敬老慈善项目，深受好评。"我将以发挥基金会最大价值为己任，继续为家乡所需给予力所能及的帮扶。"

此外，李定国常带同子女儿孙回乡寻根问祖，细看家乡发展变迁，陶冶乡土情怀。"顺德是我的故乡，我定当向儿孙灌输爱国爱乡的观念，继续推动香港顺德两地的沟通交流，并支持顺德的社会民生福利事业。"

（二）恪守绵远堂造福桑梓的宗旨

李定国 1985 年起在绵远堂担任董事。1991—1992 年曾担任司库；2019 年起至今再担重责，任绵远堂司库。

绵远堂是为数不多超百年历史的慈善组织之一，自 1876 年创办至今，走过 147 个年头。绵远

一直支持家乡的李定国——（李定国供图）

堂在先贤苦心经营下，建立创会章则及宗旨，不断规范和完善，后继者亦莫不恪守良规。

李定国深知细致完善的财务管理是绵远堂稳健可持续运营的基石，唯如此，所资助公益慈善事业才可绵远流长。故在绵远堂司库任上，李定国精打细算，不

厌其烦，将财务管理做得细致清晰，每一笔收入和每一笔捐赠去向，无一不登记在案，有根有据，深得堂内各会员的认同和肯定。

对于绵远堂每年组织的回乡春秋二祭、敬老、扶贫、探访、慰问等活动，李定国也必定尽量参加，尽己所能完善堂务，推进顺港两地交流沟通。

（三）为社区慈善公益事业矢志不渝

李定国对家乡发展和社区慈善公益尤为热心，经常回乡参加各类公益慈善活动，并时刻关注大门的发展。

2019 年 8 月，李定国回乡探亲，了解到大门社区福利事业亟需拓展，当即慷慨捐赠人民币 10 万元，为大门康复站配置康复设备，以助社区残障人士。

2020 年，新冠疫情肆虐，李定国高度关注家乡疫情动态，当得知家乡防疫抗疫物资短缺，即主动向大门社区捐赠口罩支持社区防疫工作。同年，为让大门更多困难群体受惠，李定国牵头倡议成立"大门社区楚川爱心基金会"，并再次捐赠人民币 20 万元以促善举。该基金会自成立即启动帮扶，受惠对象主要是经政府认定的失能长者、因患重大疾病致贫家庭、持有全国二代残疾证的残疾人士等三类大门籍弱势群体。至 2022 年，碍于疫情，香港顺德两地通行受阻，李定国身在香港而情系故里，再度捐赠人民币 10 万元充实基金，并表示日后将一如既往地给予关注和支持，确保基金会长久有效运作，以延续先父爱国爱乡之情怀。

有感其心念家乡、反哺桑梓的浓厚情怀，乐善好施、慷慨解囊的善行义举，2020 年，李定国被评为第七届大良街道"凤城凡星"，并于当年再获"佛山新乡贤"殊荣。

高山仰止，笃定行善。李定国正以回馈桑梓的实际行动，延续父辈为善最乐的义举。在李定国的言传身教下，如此美德，亦将代代传承。

十一、韦应恒：回眸家乡　致力教育

韦应恒，乐从镇路州人，香港乐从同乡会创会会长。他于 1964 年当选香港手表业南九龙狮子会副会长，先后担任香港百老汇珠宝有限公司董事长、香港钟表业总会顾问、澳大利亚悉尼投资有限公司董事长。

1977年，由于母亲去世，他痛感百身难赎。于是，他在家乡建起梁桂凤纪念中学，设立奖教奖学金，以此表达对母亲的感恩，更期待学子青出于蓝，回报社会。从1989年开始的20多年间，韦应恒一直捐资学校，不断扩建，令学校成为乐从镇著名中学。

此外，韦应恒积极参与顺德各种慈善公益活动。其不求回报、务实无私的精神深受推崇，获"顺德荣誉市民"称号。

十二、伍时就：积极参与顺德高质量发展

伍时就，祖籍杏坛镇古朗村。现任佛山工商联副会长、顺德工商联常委、顺商联合总会副主席、杏坛饮食协会荣誉会长、香港顺德杏坛同乡会名誉会长、西九龙区各界协会永远会长、同筑福联会有限公司荣誉会长。佛山市荣誉市民、顺德荣誉市民。

1947年，伍时就出生于香港，中学毕业后负责食品推销，后经营冻肉。当时香港冻肉生意处于萌芽阶段，但他看好这个行业。后来，他陆续在香港成立肉联公司、兴隆食品有限公司、牧牛湖水产公司，并凭借诚信、优质、价廉，生意渐盛。同时，他将大量资金和资源引入家乡，支持家乡发展。

伍时就在家乡开展的第一个项目是成立就财公司，以四艘船运鲜活鱼到香港，以配合家乡养殖业发展需求，加强两地业务往来。

他在家乡成立餐饮公司等企业，带动市场兴旺。同时，他赞助香港无线电视台受欢迎的美食节目到顺德考察拍摄，深度推广顺德饮食、旅游文化。作为国际食材商人，他期待能促进顺德饮食、旅游文化深度发展。担任顺德区政协委员期间，伍时就关于顺德饮食旅游的提案屡获赞誉。

作为佛山市荣誉市民和顺德荣誉市民，伍时就十分重视家乡社会福利事业发展。他出资在古朗村建设伍时就幼儿园和耆英康乐中心；同时，成立伍时就公益基金会，每年奖励优秀学子，资助困难学生；更出租大良街道自有物业保障基金

会运作，令公益慈善得以良好推进。

多年来，伍时就捐建香港顺德杏坛同乡会大厦"港杏豪庭"、同乡会永久会址，捐款支持访乡敬老奖教奖学，更在宝林寺兴建时捐献榕树两棵和大狮一对，也为大良观音堂捐献大狮一对，全方位参与家乡发展。

十三、康宝驹：律师行尊　足球行家

康宝驹，香港刘陈高律师事务所资深合伙人、香港足球总会主席（1999—2007 年）、名誉副会长（2007 年至今）、香港交通安全会名誉总监，新界总商会会务顾问，顺德龙江同乡会理事长。

（一）律师行尊，助人助己

康宝驹，1949年出生于香港，祖籍顺德龙江。早年攻读于澳大利亚新南威尔斯大学细菌及生化专业，毕业后转攻法律课程，后回香港半工半读，继续深造于英国，历时三年时间考取律师资格证。

康宝驹

1973 年，康宝驹回港成为执业律师。其时香港，百业待兴，各行各业亟需法律人才，而香港大学才刚开设律师学位课程，数年潜心苦读学成归来的康宝驹，鹰隼试翼，风尘翕张。

康宝驹一直相信教学相长，助人即助己。90 年代内地房地产业刚刚起步，关于房地产法律法规尚未完善未普及。

为帮助国内房地产企业规范合同管理，他多次邀请国内房地产企业老板到香港了解房地产买卖合同登记、合同订立的法律知识，并提供专业可行建议。此外，他亦曾组织安排并接纳内地多名律师到香港学习法律，学习如何审理案例和处理官司。

静水流深，沧笙踏歌。回顾40年律师职业生涯，体察人间万象，康宝驹始终保持赤子之心，凭专业道义，还社会以公义。

（二）足球行家，以足球促交流助发展

中学时代，康宝驹在圣约瑟中学就读。当时学校在学界足球比赛屡屡夺奖，学校浓厚的足球氛围令康宝驹爱上足球运动，至事业有成后，对足球的热情有增无减，从情有独钟发展至全力支持。1994年，康宝驹加入愉园体育会，任足球部副主任。1997年，转会甲组球队快译通任班主，期间对足球的投资超过两千多万元，并曾以100万元年薪聘请郑兆聪加盟，创下香港球员最高身价纪录，一度轰动坊间。郑兆聪为香港职业球员，1988年墨西哥青年赛事获评"神射手"，1996—19997年度银牌赛冠军。

1999年6月至2007年，任香港足球总会主席；2007年起，任香港足总名誉副会长。期间大力推广足球运动，令香港足球事业全方位发展，开创香港足球运动最鼎盛的时代。

康宝驹曾任山东省青岛政协委员到上海的崇明岛交流访问，对当地教练买地建足球学校，从幼儿开始训练的做法相当认同。他认为，从买地、建学校，到多年训练，再多最终培养一支有水平的球队，要靠教练的持续专注，要靠从小培养，给予让小朋友成长的时间和空间。

（三）公益达人，多领域行慈善做服务

对于慈善投入与社会服务，康宝驹也不遗余力。

康宝驹是香港交通安全会名誉总监，致力于组织青少年参与交通安全、警讯活动等各类的社会服务；通过定期与内地，如上海、北京，广州等地市走出去引进来的交流沟通，加强青少年对交通安全知识的掌握与应用。

后期，康宝驹更将香港交通安全队推广至内地，协助内地推行及组织安全队。

2006年，康宝驹（右一）参加香港交通安全队活动——（康宝驹供图）

2002年，他组织香港十青少年制服团体内地考察团之同心同根万里行，带领200多名青年，远赴北京参与进行考察交流活动。

2003年，组织同心同根创明天·青年大汇演，筹得港币85万元。2004年，策划组织青春中华首届中国青年文化周。

康宝驹一直关注社会民生，筹划湾仔区慈善敬老会，通过筹办形式多样的敬老活动，供长者免费参与，受惠长者达3000多人。同时，关注抑郁症、孤独症等弱势群体，支持设立心晴行动慈善基金。

不吝啬一点一滴的发光发热，社会终将如阳光般灿烂。不啻微茫，造炬成阳，是康宝驹坚持投身社会服务的初衷，更是他十数年来积极参与各种慈善服务的写照。

十四、关仁：高瞻远瞩 助力家乡发展

关仁，祖籍容桂街道容里村，澳门顺德容桂同乡会创会会长、顺德容桂餐饮行业协会荣誉会长、顺德荣誉邑贤。

（一）凝心聚力创立同乡会

生于顺德、长于澳门的关仁性格豪爽，慷慨仗义。多年来，澳门与内地交流日渐紧密，关仁在 2015 年力促创立澳门顺德容桂同乡会。在关仁及几任会长的带领下，澳门顺德容桂同乡会致力促进顺澳互动，带动两地在美食、文化、科创、商贸、旅游等领域全方位互勉互进。

（二）引领顺德美食走向世界

2015 年，澳门顺德容桂同乡会成立。关仁抓准契机，提前几个月在澳门展开顺德美食的密集宣传。庆典当天，举办"舌尖上的顺德美食推广品鉴晚宴"，借用澳门知名的万豪轩酒店为场地，组织厨师团队掌厨献艺，设宴 120 席，邀请何厚铧及各界知名人士、顺德乡亲参加。

品鉴会上，每道佳肴都是地道顺德菜，当天从顺德新鲜运达，让嘉宾全方位体验顺德美食的精巧别致，更经媒体传播，使顺德美食在澳门崭露头角。

同乡会成立一周年之际，关仁广邀社会各界嘉宾，在顺德容桂东湖公园宴开 300 席，再次召集顺德名厨团队主理制作。同时，当晚专门投入资金，邀请顺德职业技术学院厨师班学生现场亮相献艺，更经中央电视台传播，令顺德美食轰动一时。

2016 年，澳门顺德容桂同乡会成立一周年庆典在东湖公园举行，场面盛大——（关仁供图）

（三）助力顺德融入湾区发展

随着《粤港澳大湾区发展规划纲要》的发布，顺德迫切需要融入大湾区经济圈，加强与澳门的经贸合作。

关仁致力于促进顺澳两地经贸沟通，提升顺德的区域影响力。2013 年 7 月，关仁牵线搭桥，力促时任澳门立法会副主席、澳门中华总商会副会长贺一诚率领澳门中华总商会精英 112 人，首次组团到顺德区开展参观访问，洽谈两地经贸、文化交流合作。

同时，关仁热心两地青年的交流。澳门顺德容桂同乡会每年出资组织澳门青年回乡参观、容桂青少年赴澳游学等活动，并资助顺德青少年参加澳门创新发明大赛、澳门纸飞机大赛等国际赛事，拓宽视野，为融入大湾区不遗余力。

（四）乐善好施，无私奉献

关仁长期身在澳门，却一直关注顺德民生事业。他连续 4 年赞助金牌以作为顺德联谊总会"护士节"活动表彰奖品。疫情暴发初期，他出资向暨南大学附属顺德医院（佛山市顺德区第二人民医院）捐赠疫情防控物资一批。2016年，他带头捐资扩建容桂白莲公园。2018年，他出资出力举办"容桂是我家、和谐乐哈哈，新春慰问系列活动"，邀请26个村居低保长者共聚一堂。2022年，他出资修缮云端古庙。

关仁多次以他人名义向容桂慈善会、商会捐资赞助，累计近1000万元。"我以家乡为荣，家乡发展的每一天都鼓舞着我，家乡始终是我的中流砥柱。"关仁如是说。

十五、梁锦棠：不忘家乡根　反哺桑梓情

梁锦棠，杏坛镇光辉村人，佛山市荣誉市民、顺德荣誉市民。11岁跟随哥哥赴港，因家贫，初中毕业就开始谋生。此后几十年，他沉潜自奋，事业大成。

（一）保障顺德招商引资

年近花甲的梁锦棠思乡情深。当时顺德正招商引资，经介绍，他回乡投资，经营朗晴居海鲜酒家和福盈酒店。福盈酒店为佛山市首家国际金钥匙联盟酒店，为往来客商提供优质服务，成为佛山酒店业标杆。1997年，香港顺德杏坛同乡会成立，他积极推动杏坛大酒店提升环境，发动乡亲集资超1000万元，装修酒店，推动杏坛招商引资。

（二）助力家乡福利事业发展

梁锦棠对家乡光辉村一生难忘。为让家乡父老与学子拥有更完善的生活与学习环境，他捐建礼堂一座、幼儿园一所，装修光辉小学，更设立光辉小学奖教奖学基金，鼓励学子青出于蓝。多年来，他一直与光辉村乡亲合力推动敬老与奖教奖学活动。

（三）凝聚杏坛发展力量

20多年来，香港顺德杏坛同乡会每两个月召开一次会董会，多名会董参加，

由杏坛镇人民政府领导报告家乡发展，更将会议记录寄送全体会员，及时通报家乡信息，发挥协会的信息沟通作用。同时，同乡会组织乡亲回乡，为138位长者送足金金牌与敬老利是，以促进和提升同乡会的凝聚力与影响力。近年，同乡会成员返乡投资，兴办企业，捐建顺德职业技术学院杏坛同乡会商务楼、杏坛医院梁銶琚门诊大楼和杏坛同乡会住院大楼、吴添初敬老院、南华市场、梁康阜幼儿园、胡宝星职业技术学校、林文恩中学等；帮助杏坛中学、林文恩中学等成立奖教奖学基金，集资金额超1000万元。如今，同乡会致力顺港沟通，拓展更大的合作空间。

十六、梁宝珠：商业英才　致力慈善

（一）幼受庭训　敏于商业

梁宝珠，祖籍顺德陈村弼教，其祖父梁钊，清朝获派留学英国，回到香港后在九广铁路担任总工程师，他发明山顶缆车煞车系统。其父梁德出生于顺德，10

多岁时生活于广州，虽逢乱世，但他好学不倦，自修学习，唐诗宋词，烂熟于胸，更练得一手好字。其父后到香港，从底层做起，后成香港五金大王。其母为家庭主妇，相夫教子。

梁宝珠生于香港。在香港完成中学后，负笈加拿大进修，后回港修读专上课程。她热爱中西艺术，尤其中国传统粤曲。

因父亲言传身教，她自小就懂得经商之道。父亲不怕困难，勇于开拓的奋斗精神更是其榜样。1978

梁宝珠

年，她在香港创办宝时年有限公司。此年，正值国家改革开放，许多华侨回乡探亲、经商，梁宝珠也跟随父亲回顺德考察，在顺德设制衣工厂。这一年，为支持中国开放政策，她将原本在其他国家生产的订单全数迁往内地生产，成为内地第一间向欧洲出口高级风雨衣外套的厂家。每年生产高级风雨衣外套超过100万件，短短几年，在广东省投资及合作工厂超50间。随后，她在内地的投资从沿海广东向内地纵深扩展，仅在天津合作工厂就超10间。在10多年间，为内地创造大量就业机会，更为振兴内地纺织制造业、为国家向外及吸引欧洲客户奠下基础。

（二）艰苦创业 锲而不舍

在外人看来，梁宝珠很幸运，但其创业过程经历许多困苦。她最难忘的经历的是80年初在国内开办工厂的过程。她的公司当时是欧洲客户代理，她将订制衣单交予国内工厂生产。有一次，她接到欧洲客户投诉，说货物没能按时运到。她立马电话了解情况。她发现工厂没有妥善跟进订单，没能及时发货运往欧洲。她立马动身回顺德跟进，否则会失去客户，影响工厂生产与发展，但当时交通不便，她在香港晚上7时上船，在甲板等待餐厅开放，取椅子坐通宵，翌日早上7时才下船，马不停蹄地赶往工厂，了解事情进展，处理货物，加速运往欧洲，火速利索解决这一难题。还有一次，他和父亲为赶往内地处理紧急事件，蹭上渡船，但没地方休息，疲惫不堪的父女俩晚上在船上夹板底共用一张床。类似如此夜晚没得安睡，奔波于香港与大陆工厂事情不计其数。

梁宝珠的工厂不但在国内迅速发展，还发展壮大到国外去。当时国内产品出口有配额制度，但分配到的配额不足够客户订单出口，而她是守法商人，不想用其它方式取得更多配额。因此，将部份订单抽到越南生产，成为第一个进军越南生产高级风雨衣外套的香港人。1998年，她瞄准缅甸发展潜力，斥巨资在仰光设立庞大厂房，其总面积达6英亩。经多年努力，厂房管理及工人技术已达国际水平，每月产量逾10万件成衣。工厂也成为缅甸知名的顶级服装制造工厂，并被香港贸易发展局推崇，将工厂列为香港代表团到访缅甸的重点参观单位。

梁宝珠的生意从香港到省内、国内到国外，不断地壮大发展，在业界内，成就被肯定，被誉为"发展第三世界的先驱。"

（三）热心公益　为善最乐

梁宝珠不但是个商业英才，还是个慈善热心人。她一直积极为社会服务。2000年，她加入香港最大的慈善机构之一的保良局，历任总理及副主席，并于2012-2013年担任壬辰届主席。她在任内致力经募善款，建树良多。多年来个人为保良局主持筹款节目，经募善款超过3000万港元。任保良局主席年度，全年善款逾2.5亿元，破历年纪录，成绩骄人。2013年7月1日，她获香港特别行政区政府颁授的"铜紫荆星章"，表彰她为社会所作的杰出贡献。

梁宝珠还担任香港东区妇女福利会永远会长、广东省妇女联合会执委、广东省妇女第十次代表大会港区特邀代表等多项社会职务。

多年致力推广妇女福利及幼儿文化教育，为民做实事。如为提高贫困山区儿童的就学机会及教育质素，她捐款在贵州兴建多间希望工程学校，并以其父母亲及外婆名义命名，以彰孝义之心。

她心系祖国，每年多次捐款予江门、顺德、新会等地，协助乡镇发展。华东水灾、2008年雪灾及四川地震等天灾发生后，她即时响应，除捐款外，更考虑到实际所需，每次均安排过万件御寒棉衣送到灾区，送赠受灾同胞，以解燃眉之急。

梁宝珠说，父亲教诲是推动她积极行善的动力。她小时候，父亲就教导她"忠信孝义"传统美德。她一直本着这宗旨做人，力所能及地为社会有需要人士谋福利，回馈社会。

近年，梁宝珠的工厂开始转型，现时专心发展防疫及高科技事业。至于慈善事业，她期望可薪火相传，于是交棒给女儿承传。她的女儿现担任山东省政协委员，还任职于多个香港社团，继续弘扬家族优良传统。

十七、孙志恒：践行企业家精神　助力地方经济文化

孙志恒，1955 年生于容桂，先后出任香港顺德联谊总会常务会董、容桂总商会会长、顺德区政协常委、顺德区工商联（总商会）副主席、香港顺德联谊总会永远名誉会长、香港顺德联谊总会交际部副部长、香港中华总商会永远会员、容桂街道公共事务咨询决策委员会主任委员、广东恒基金属制品实业有限公司董事长等职务，获"顺德荣誉市民"称号。

孙志恒在顺德出生、成长，青年时期赴香港创业。他性格豪爽，重情义，深得众誉，事业成功后不忘桑梓，带领商会助力顺德经济文化发展。

（一）年少打拼　事业有成

1975—1979 年，孙志恒工作于顺德县二轻第三机械厂，后移居香港。他从建筑工人开始，艰难谋生。成家后，一家人仍蜗居香港机场附近楼栋天台上，以草棚遮风蔽日，但他常怀雄心。

当时内地工厂从港澳及国外进口大量零部件。人脉广阔的孙志恒抓住商机，协助容声、华宝、美的等顺德大型企业进口零件，人生渐渐崛起。

1991 年，孙志恒联合他人合资建立民政五金厂，吸收先进技术，生产空调配件，从贸易转向实业，企业不断发展壮大，成为广东恒基金属制品实业有限公司。

儿时的孙志恒（前排右一）一家
——（孙凌峰供图）

（二）立足工业　多元发展

2010 年前后，孙志恒开始开发工业园区。他投资集中建起设施先进的厂房并集中管理，同时分租给其他企业进驻使用。当时现代化专业化工业园区尚未形

成可观规模，孙志恒率先探索现代化工业园区。几年后，村级工业园改造铺开，孙志恒的工业园成为样板工程。

顺德美食闻名遐迩，孙志恒于是萌生发展"工业旅游"的想法。作为香港顺德联谊总会会长与容桂多所学校的校董会成员，孙志恒致力于将自己的工业园区打造成可供学生参观、学习、成长的平台，斥巨资收购大量20世纪的旧物藏品，打造为容桂火车头时光旧物仓。他还修建"孔子学堂"，以此唤起年轻学子的历史与传统文化教育情怀，更加强香港学生与内地的联系，社会影响深远。2022年，旧物仓所在的火车头工业文化旅游基地获评为"顺德首批研学实践教育基地"。

（三）搭建平台　政企共赢

2003—2018年，孙志恒连任容桂总商会会长。他还在2010—2016年担任容桂街道公共决策和事务咨询委员会主任委员。

容桂总商会坚持"服务企业、服务政府、服务社会"的宗旨，以会刊《商赢之道》为载体，创建学习型商会组织，全面提升企业家竞争力。

同时，孙志恒致力构建"枢纽型"商会，在企业与政府、企业与企业间形成密切而良好的合作关系，推动多向战略共赢。

其间，孙志恒带领容桂总商

孙志恒——（孙凌峰供图）

会会员企业参与村级工业园改造工程，成立教育管理监督委员会，探索办学管理及社会事务协同共治新模式。

此外，容桂总商会积极参与慈善，开展"金色朝阳"就业培训等公益活动。

（四）无私博爱　奉献社会

孙志恒出任容桂总商会会长期间，商会多次获"公益慈善捐赠奖"。他自己也乐善好施，扶贫济困。

孙志恒担任顺德职业技术学院、华侨中学、容山中学、桂洲中学等多所学校校董，设立各种奖教奖学基金，推动地方教育发展。

2013年，孙志恒在顺德职业技术学院设立"陈智奖学基金"。作为奖学基金设立者和原始基金捐赠人，他隐去自己名字，以顺德职业技术学院第一任校长陈智之名命名。光风霁月，足见一斑。

2020年，新冠疫情肆虐。疫情初期，口罩紧缺。此时，中共佛山市顺德区委统战部首先想到孙志恒，商议筹建口罩厂。经过半小时思考，孙志恒毅然应诺。短短10天，口罩厂开始量产，解决地方燃眉之急。其以天下为己任的品格深受颂扬。

十八、岑浩江：创业非洲　心系故里

岑浩江，祖籍乐从镇葛岸村，政协第十一届广东省委员会第四次会议列席代表、广东省侨联第十一届委员会海外委员、佛山市海外交流协会理事、东非广东同乡总会创会会长，现为终身荣誉会长。

岑浩江出生于1955年，1972年高中毕业回到老家顺德乐从镇葛岸村。1978年，他前往肯尼亚，开启崭新人生。

岑浩江（右四）参加第八届世界广东同乡联谊大会暨第二届世界广东华人华侨联谊会——（岑浩江供图）

到肯尼亚4年后，岑浩江选择在海滨城市蒙巴萨开启创业生涯。他从小餐厅做起，慢慢发展为大酒楼，后涉足外贸、珠宝等行业，至今仍经营一家当地知名中餐馆。

2003年，索马里海盗猖狂，劫持一艘由台湾同胞任船长的渔船，船上多为大陆渔民。该船被劫持近一年后获解救，第一站就是蒙巴萨。中国驻肯尼亚大使郭崇立率领岑浩江等几位侨领特意迎接。目睹他们身无分文，蓬头垢面，岑浩江心如刀割，连忙为他们准备所有生活用品，让他们一身干净返回祖国。对此，他深有感触：祖国的支持与关心是我们在国外最大的底气。

岑浩江（左三）受广东省人民政府侨务办公室邀请回国参加有关活动——（岑浩江供图）

岑浩江长期支持华侨社团。2012年，岑浩江回国后萌发创办东非广东同乡总会的想法。2015年，东非广东同乡总会正式成立，岑浩江出任会长。此会虽称"东非广东同乡总会"，但面对所有在东非的中国同胞，帮助他们创业、工作、生活，成为当地侨胞深感温暖大后方。

长期创业的岑浩江认为，非洲机会多、空间大、成本小、人淳朴，很适合深具创业精神的年轻人前来闯荡。锱铢积累，必成大事。

十九、蔡木章：企业与公益同在

蔡木章祖籍福建，1958 年生于台湾省嘉义市。1992 年，他在勒流街道合资经营自行车厂。1995 年，顺德均安七滘大桥开通。同年 7 月，他在均安镇沙浦村创立广东顺德杰扬五金制品有限公司。

他从自行车零配件出口入手，将企业引入正轨。如今，公司产品以医疗康复器材、老人用品、残疾人用品为主，销往欧洲与日本。

他于 2002 年加入顺德台商协会，2014 年起任顺德台商协会第七、八、九届会长，2020 年任荣誉会长。

他总是主动联络周边企业，从决策、资金、技术、管理，到市场信息、后勤服务等方面，统筹协调，紧密合作，为台商群体提供完善的服务，令更多台商安心投资顺德。

同时，蔡木章积极参与教育、扶贫助困、慰问敬老院，更主动协助招商引资、宣传顺德美食。2019 年，他主持承办"第二届顺台美食文化交流节"，带领顺德 5 位厨师前往台湾省嘉义市，进行美食交流。

2021 年，蔡木章（左四）向均安医院捐赠负压救护车一辆
——（均安镇侨联供图）

蔡木章每年重阳节必到敬老院慰问老人，捐赠轮椅、助行器、拐杖、洗澡轮椅等。2000—2021 年，20 多年，从未中断。其坚持与韧性，令老人深为感动。

他特别关心村中的弱势群体，每年都向当地的爱心基金捐款，并捐赠轮椅、助行器、拐杖等康复设备。

同时，蔡木章还积极参与环境改造。他于 2020 年在沙浦南丫路捐种樱花树70 棵，向均安医院捐赠樱花、嘉宝果树一批，以美化环境。

2020 年，蔡木章为地方捐款捐物，如轮椅、救护车、沙头社区老人滚轮助行器等，更为顺峰小学扩建、均安教育发展基金、顺德台商协会"小天使"帮扶基金等积极捐款。工作创业于此的蔡木章早已深深融入这片土地中。

2022 年，蔡木章获评"顺德荣誉邑贤"称号。

二十、杜半之：桑梓情怀　薪火相传

杜半之，1958 年出生，祖籍容桂街道上佳市社区。现出任香港顺德联谊总会副主席、香港顺德人联会主席、顺德区内地港人联谊会主席、顺德区政协常委、梁銶琚职业技术学校校董会副主席、华侨中学校董、李兆基中学校董、郑裕彤中学校董等职。

见证顺德工业从起步到腾飞的杜半之——（杜半之供图）

杜半之在家乡长大，父母经营村中杂货店，销售日杂用品。家中兄弟姐妹六人，仅靠父母微薄收入不足以养活全家。因此，兄姐皆从小勤劳，杜半之耳濡目染，深受勤劳踏实的家风熏陶，更形成初步营商理念。

1979 年，杜半之在同乡的带动下前往香港。初时，他在同乡开的酒楼做杂工，收拾碗筷，起早摸黑。积累人脉和经验后，他组建装修工程队，在电影公司片场制作道具。

80 年代初，顺德从农业经济向工业制造转变。1985 年，杜半之与哥哥合资，设厂于容桂街道容里。哥哥负责工厂管理，杜半之负责市场销售与技术引进。

（一）家乡建设不遗余力

90 年代，顺德经济逐渐起步。不少海外、港澳乡亲鼎力支持家乡发展。作为香港顺德联谊总会青年组一员，杜半之亲眼见证李兆基、郑裕彤、罗景云等前辈对家乡建设的殚精竭虑，全力以赴，深受感染。

岁月渐长，杜半之逐渐成为香港顺德联谊总会中坚，致力沟通两地，服务乡亲，助力家乡建设。作为四家学校校董会成员，杜半之每年必参与学校奖教奖学活动及颁奖仪式，凝聚人心，体现桑梓深情。

2020 年 5 月，香港顺德人联会在香港成立。2021 年 3 月，顺德区内地港人联谊会在顺德揭牌。两协会均由杜半之出任主席，分别在香港与顺德互相呼应，团结乡亲，敦睦乡谊，促进两地经济文化交流。

（二）大湾区新青年的引路人

香港顺德人联会与顺德区内地港人联谊会成立后，杜半之将青年工作放在首位。通过开展多种专题论坛、参观调研活动，让新一代港人乡亲全方位感受家乡发展。

2021 年 11 月，顺德港澳台青年创业交流基地揭牌成立，为港澳台青年量身打造了一个创新创业平台。

（三）服务两地社群

在杜半之带领下，顺德区内地港人联谊会迅速发展。目前，联谊会在 10 个镇街均设有服务站，高效回应各种需求。

同时，杜半之非常关心在港顺德乡亲的生活。香港暴发第五波疫情初期，杜半之立即发动顺德区内地港人联谊会会员募集捐款购买抗疫物资，带领香港顺德人联会组成义工团队，走遍香港十八区，将物资送达在港顺德乡亲家中，用实际行动展现桑梓情深。

二十一、陈淑思：与祖国双向奔赴的爱

陈淑思祖籍乐从镇新隆村，1978 年毕业于顺德一中。

晚清时期，陈淑思的爷爷远赴留尼汪谋生，后与一名杏坛籍女子结婚，经营餐馆，并肩创业。他们于第二次世界大战期间返回乐从。陈淑思高中毕业后曾为教师，1984 年前往留尼汪。

当时留尼汪没有开放移民政策，只能办理有效期 3 个月的旅游签证。陈淑思叔公预先为她介绍祖籍乐从的第三代华人陈崇彬。陈淑思抵达留尼汪后，与他正式见面，互相了解后顺利结婚。刚开始，陈淑思管理养鸡场，后涉足五金、粤菜。

陈淑思（右一）高中毕业时与同学合影留念——（陈淑思供图）

留尼汪华人不少，联谊会活动丰富，但不太喜欢说中文。2000年后，留尼汪出现一所中文学校，教当地人使用中文。微小的变化，让陈淑思深感祖国的影响，当地华人对故乡的感情愈发深厚。

陈淑思与丈夫合影——（陈淑思供图）

早年，乐从人张兆基在此经营杂货店，后设自动售货大型食品商店，后为深具影响的企业家，但心怀祖国。

1987年南顺联谊会成立，张绍基出任会长。张兆基一直热心帮助乡亲寻根问祖，功德无量。后成立顺德联谊会，任副会长，兼任法国留尼汪中华商会会董、法国留尼汪华人社团联合会会董等。

此后，陈淑思跟随老会长张兆基帮助在留尼汪的华人后代寻根问祖。几年前，陈淑思穿针引线，通过碑文，为第三代华人梁大卫寻得乐从镇的亲人。从此，乐从家族大型祭祖活动，梁大卫都不远万里，回乡参加。

梁大卫（左六，红领带男子）携家人回乡与亲人团聚——（陈淑思供图）

陈淑思深知，不少留尼汪人也对中国深感兴趣。2019年，陈淑思带领一位负责城市规划的官员来到顺德。观赏视察后，他对这个小城镇的发展大为惊讶。这让陈淑思深感自豪。

近年，陈淑思常组织第二、第三代华人回国，让他们目睹祖国的发展与强大。她更期待能带领年轻一代回祖国，让他们真实地感受祖国的繁盛。

2020年，新冠疫情暴发，陈淑思号召侨胞为祖国捐资捐物，更通过大使馆，将物资从留尼汪辗转巴黎转运回顺德、南海。不久，留尼汪疫情严重，乐从镇人民政府主动与陈淑思联系，运送大批防疫物资；陈淑思的同学、朋友也为此向她无私捐赠，令她深感血浓于水的真意。

陈淑思计划设立一个华人文化馆，但资金不足。得知此事后，顺德区人民政府、乐从镇人民政府发动热心乡亲共同捐款，令文化馆顺利落成。从中，她感受到人们对历史、乡情、血脉的深情，更体会到友情、家乡、祖国的珍贵。

二十二、黎国雄：中国人都有根

黎国雄出生于乐从镇路州村。1964 年，他前往南非，在堂哥的杂货铺打工。1975 年，南非开始出现电视、广播，黎国雄深喜无线电，于是维修收音机、电视机，开始自行创业。

创建于 1909 年的南非杜省华侨联卫会所历史悠久。其早年成员都是跟随孙中山的有志人士，后一直资助正义活动。2012—2016 年，黎国雄出任会长。

黎国雄先生（右二）——（顺德区侨联供图）

2015 年，国内举行"抗日战争胜利暨世界反法西斯战争胜利 70 周年纪念活动"，南非侨领和侨胞代表共 39 人出席，近距离观摩盛大的阅兵仪式。黎国雄代表南非杜省华侨联卫会所获中国国侨办颁发"中国人民抗日战争胜利 70 周年纪念章"，并上台发言。他深知：他虽然身在南非，但根在祖国，定会一如既往支持祖国发展。2022 年，黎国雄再次获任南非杜省华侨联卫会所会长。

南非杜省华侨联卫会所开设中文班供华人子女免费学习，努力增加他们对祖国文化的认识，将中华传统文化在南非继续传承。

二十三、何氏家族：全族捐出登洲大洋楼

陈村登洲大洋楼始建于 1935 年，1936 年落成，材料均从海外运回，中外合璧，古色古香，典雅质朴，深具历史意义与时代艺术价值。何氏家族建造这座洋楼，源于纪念何仲棠。1902 年，何仲棠在广东省清远县创业，致富不忘帮扶族人，热心慈善公益。后因母亲患眼疾双目失明，他回家照料母亲，令她重见光明。1929 年，何仲棠因医疗失误去世。其子为铭怀父亲，建登洲大洋楼，纪念其对家族的贡献。

几十年间，洋楼曾为登洲村生产大队部。2018 年，何仲棠族人商讨集资重建包括登洲大洋楼在内的两座祖居，后得知陈村镇人民政府计划将大洋楼修复原貌，以作文化展览场所。分布于世界各地的何氏族人经合议，决定将洋楼与祖居捐赠给陈村镇人民政府。2019 年底，何仲棠家族后人代表与陈村镇人民政府签订《房屋无偿赠与合同》，委托陈村镇人民政府利用大洋楼传播文化。

无私的捐赠，折射出何氏家族海外乡亲对家乡的深情，体现出他们对家族历史的珍视与社会意义的深刻认识。如今，大洋楼已成为"陈村对话研究所"，展现顺德通讯历史。各种电话，充满时代色彩，让人回想到漫长岁月中的点点滴滴，而何氏家族捐赠洋楼的故事，成为顺德华侨历史中令人感动的篇章。

充满时代色彩的电话馆吸引着游客前来合影

二十四、王振声：两岸盆景文化搭桥人

祖籍福建省同安县（包括今厦门市、金门县、漳州市龙海区部分地区）的王振声 1954 年出生于台湾省彰化县一个园艺世家。其祖辈从事园艺种植。从台中科技大学会计专业毕业后，王振声传承家业，投身园艺，不断拓展产业领域，在台湾先后创办大成盆景园、瑞祥种苗园、瑞盈景观工程有限公司等企业。他精研黄杨、紫檀盆栽，是台湾著名盆景艺术大师、台湾中华盆栽艺术总会主委。

王振声热爱历史，自幼喜爱研究中国历史地图。海峡两岸是一家的大中国情结早就深深植根于他心中。

正是由于这种浓浓的情结，他不仅要将台湾的先进种植技术带到大陆，而且要通过高规格的盆景艺术展览，构筑起海峡两岸民间交流的桥梁。

1990 年起，王振声随团多次到大陆考察。经多次调研，他发现顺德陈村有很好的花卉产业基础和发展环境，决定扎根于斯，并在 1998 年创立"嘉盛园艺"独立品牌，希望台湾盆景文化在陈村这片热土上落地生根。

王振声率先把金钻罗汉松、紫檀、黄杨盆栽引入大陆。作为盆景专家，他不吝分享、倾囊相授，培养出一批又一批盆景匠人。凭借扎实的技艺和诚信的经营，"嘉盛园艺"快速发展，得到业界广泛认可。王振声先后当选广东省盆景协会名誉会长、中国盆景艺术家第六届理事会副会长。

2013 年，"嘉盛园艺"出资在陈村举办第一届台湾盆栽精品展。这是台湾精品盆栽在大陆的首次集体亮相。展览的圆满成功，让王振声兴奋不已，也让两岸盆景人看到王振声的决心与魄力。

2016 年，王振声再次出资数百万元，经两年筹备和多番协调，成功将 100 多件岭南盆栽运往台湾，在彰化举办第十一届粤港澳台盆景艺术博览会。这是 70 余年间大陆盆景艺术第一次进入台湾，一度被称为两岸盆景艺术交流的"破冰之旅"。在为期 3 天的展览里，每天参观人数逾万，盛况空前。之后，"嘉盛园艺"又出资举办两次粤台盆景艺术展，成功让两岸 10 多个省市 180 名盆景人相聚一堂，彼此切磋，极大地促进两岸盆景艺术文化的交流和共同发展进步。

令王振声欣喜的是，经过数届展览，两岸盆景界拥有相互交流的平台，盆景文化呈现出彼此融合的态势。岭南盆景开始采用铝线攀扎，台湾盆景融入岭南技法，两地因展览而相融相促。他深信，技艺因切磋而精进，情谊因交流而绵长。

王振声虽年近古稀，但壮心不已。他对盆景的执着热爱和对祖国的深厚情怀，依旧炽热如初。他心中尚有两大宏愿：举办一个国家级盆景收藏家大展，邀请国内外盆景界人士参与，提升中国盆景的国际影响力；建造一个大型的盆栽景观园供世界各地人民观赏，传承弘扬中国盆景文化，继续为祖国贡献一己之力。

王振声（右二）出席 2017 年第二届粤台南风盆景展——（王振声供图）

二十五、王秀云：撷芳使者

王秀云出生于台湾省彰化县，受丈夫影响，王秀云逐渐爱上四季花事，不知不觉中，与花结缘，已逾半生。

起初，王秀云与丈夫在郊外租地开设"七巧"花圃，种植常见的花卉绿植。后来业务不断扩大，涵盖生产、销售、庭院绿化和花卉进出口贸易，商品远销加拿大、美国等地。在出口业务中，王秀云对顺德陈村有一定了解。怀抱着对大陆的憧憬，1993 年夫妻一同来到顺德考察，并当即在陈村租下 1.6 公顷土地，投入巨资成立七巧园艺事业有限公司（简称"七巧园艺"）。

由于丈夫需要打理台湾的业务，这里的一切只能由王秀云独自探索。作为最早一批落户大陆的台资花木企业，七巧园艺面临的有机遇，也有挑战。陈村虽然有悠久花卉种植历史，但是生产管理各方面与台湾有一定差距。如何快速实现科学化、规模化。她从零开始，亲自绘图、监工建园，耐心传授技术，组建大学生团队，推广管理经验。她还自学室内设计，将生活与艺术的理念引入园区布置，让花场犹如一个优雅庭

致力园艺的王秀云——（王秀云供图）

院，绿意盈盈、花香阵阵，给人以美妙的赏花体验，每天都吸引大量客人前来欣赏、采购。当时大陆花卉品种少，锐意创新的她到处搜寻海内外新品种，确保定期上新，极大地丰富当地市场品类，也打开了陈村花卉出口贸易的渠道，让更多的外资进入顺德。

让王秀云最为自豪的莫过于组合盆栽的引进。组合盆栽刚在台湾出现的时候，王秀云就立即报名学习。在当时交通条件下，回一趟台湾，路上就要辗转一整天，每次回到台湾家中已是深夜。但在这长达 8 个月的培训里，她每月往返两地，一次不落地完成学习，为的就是把这种"绿色雕塑"式的赏花方式带回大陆。

目光深远的她坚信，组合盆栽不仅能营造出精美秀雅的微观庭院，而且能物

尽其用，让边角材料焕发生机，提高经济效益。成为组合盆栽的第一届毕业生兼导师后，她回到陈村并将精心设计的作品推出市场，大受欢迎。作为在大陆引进组合盆栽的人士，王秀云受邀为大陆各地的花农代表授课，组合盆栽的概念迅速在大陆各地流行起来，为整个园艺产业注入全新活力。

自 1998 年入驻陈村花卉世界后，七巧园艺就成为陈村一张亮丽名片，每天接待八方来客。作为大陆台商园艺产业第二届联谊会会长，王秀云积极分享经验，促进台商交流。1999—2000 年，大批台资进入广东花卉业，台商投资农业的范围和规模也不断拓展，并向顺德之外的地区延伸，东莞、惠州、江门、湛江、梅州、潮州等地都有台资造林、种果、连片开发和养殖等项目。

除却用心经营企业，只要地方有需要，王秀云都二话不说，全力支持。学校需要课外活动场地，她免费提供；筹建学校需要出资，她慷慨解囊。其义举深得众誉，获评"顺德荣誉市民"称号。

第五章　青年才俊

进入 21 世纪，一批更年轻的青年才俊逐渐崛起。他们接受过专业教育，深受当代文化熏陶，以更开阔的视野与坚忍的毅力，接续前辈的企业、文化、传统，更不断拓展现代产业与人生理想新空间，撑开一片绚丽碧空。

第一节　沟通两地　搭建平台

一、卢伟亮：成立南部非洲顺德商会

卢伟亮

祖籍勒流的卢伟亮，1991年远赴南非经营酒店、房地产，2015年当选南非顺德联谊会第七届会长。2017年，南部非洲顺德商会成立，他担任首任会长。他组织举办"2017年南非·顺德文化美食节"，积极推广中国美食与文化。2017年，卢伟亮出任佛山市海外招商顾问。2018年，卢伟亮出任佛山市海外人才工作站（南非区）站长。2019年，卢伟亮当选顺德侨联第十三届委员会副主席。2020年，卢伟亮当选广州市侨联顾问。2024年，获颁"顺德荣誉邑贤"称号。

2019年，担任南部非洲佛山总商会会长的卢伟亮与留尼汪原华侨商会会长霍明祥（乐从镇马滘村乡亲）、陈健江（乐从镇沙滘南村乡亲）、中美洲暨巴拿马六国联合总会永久名誉会长陈祖建（乐从镇沙滘南村乡亲）、马达加斯加塔马塔夫华侨总会会长陈兆来（乐从镇沙滘南村乡亲）、东非广东同乡会终身荣誉会长岑浩江（乐从镇葛岸村乡亲）、留尼汪华人社团联谊会主席周贤忠（乐从镇腾冲村乡亲）、吴国宝（容桂乡亲）等，回国出席"庆祝中华人民共和国成立70周年大会"，成为顺德人骄傲。

二、胡达忠：内地澳门交流大使

胡达忠，勒流人，1975年生，早年就读于澳门科技大学，获工商管理博士学位。2009年，他创立新忠诚集团有限公司。集团围绕"立足澳门，多元发展"的企业发展战略，由药物公司延伸到餐饮服务业、医药业、商品零售业、现代旅游业、金融投资业、文化教育业；同时，为公益事业捐款超1000万元，捐赠遍及文教、卫生、敬老、扶贫、救灾等。

2013年，胡达忠创立澳门顺德勒流同乡会，并任会长，致力促进勒流澳门两地的经贸、文化交流合作，投身家乡敬老助老、奖学、扶贫济困等事业。2017年，他在勒流慈善会设立澳门顺德勒流同乡会慈善基金，致力帮扶勒流籍低保困难家庭。

胡达忠期待澳门给青年人提供更多的创业空间，先后带2000多名澳门青少年到珠海市横琴新区、佛山市顺德区、青海省研学交流。

如今，胡达忠担任澳门新口岸区工商联会会长、粤港澳大湾区青少年文化交流协会会长、澳门自强文创智库理事长、澳门中小企业发展联盟理事长、澳门烹饪协会副会长、澳门文化产业基金信托委员会委员、青海省政协常委等。由于为推动和发展澳门工商业做出卓越贡献，他于2021年获澳门特别行政区政府授予"工商功绩勋章"；2024年获颁"顺德荣誉邑贤"称号。

三、陈卓谦：搭建平台服务港人

陈卓谦，1979年出生，香港长大。2002年，他返乡工作，目光对准环保新能源行业。他于2011年成立驰特（佛山）新能源科技有限公司；2012年成立自主品牌CT-ENENRGY驰特，主要研发、生产、销售一次性电池、充电电池、充电器套装及后备电源，申请多种专利；同时，投资顺德运输、光伏和食品行业。

2021年，他主导成立顺德区内地港人联谊会，为香港同胞提供基础实用服务。同时，他通过联谊会搭建交流平台，开展"内地港人服务顺德镇街行"交流联谊、大湾区考察等。

陈卓谦

　　如今，陈卓谦担任香港广东青年总会第三届常务会董、顺德区工商业联合会（总商会）第十五届执行委员、顺德区政协委员、香港顺德人联会副主席、顺德区新的社会阶层人士联合会副会长、均安镇侨联副主席、香港顺德均安同乡会副主席、均安总商会理事等多个社会团体职务。2022 年 9 月 21 日，他获"粤港澳大湾区杰出青年企业家""粤港澳大湾区最佳社会责任奖"等荣誉。

第二节　融入湾区　新生力量

一、孙凌峰：融入湾区发展建设

孙凌峰，祖籍容桂，1984年生于香港，现任顺德区政协常委、香港联委会副主任、佛山市工商联（总商会）执行委员会常务委员、佛山市青年商会执行会长、顺德区内地港人联谊会常务副主席、顺德青年企业家（青商）协会执行会长、顺德容桂青年商会会长、广东恒基金属股份有限公司董事长。

年轻企业经营者孙凌峰

孙凌峰出生时，其父孙志恒谋生于香港，万事艰难。父亲终日奔波在外，他与母亲承担家务，照顾弟弟。后来，孙凌峰远赴英国巴斯大学攻读电子电气工程专业学士及工商管理硕士，又赴日本系统学习日语与企业管理。2011年，孙凌峰回到顺德，从基层做起，辗转各岗位，积累经验。2021年，孙凌峰担任恒基金属股份有限公司董事长，谋求更大发展。

2014年容桂青年商会成立，孙凌峰任会长。商会以"沟通，分享，共同成长"为宗旨，团结顺德年轻企业家，务实进取。2022年，作为顺德区内地港人联谊会常务副主席，孙凌峰助力顺德港澳台及留学青年创业交流基地落户国际金融大厦，搭建起一个港澳台及留学青年融入大湾区发展建设的巨大平台。

二、 龙允生：大湾区青年领袖

龙允生

龙允生，祖籍大良，旅港乡亲，现任宏利人寿保险（国际）有限公司分行总监。他担任多项社会公职：香港青年交流促进联会副主席、香港广东社团总会副主席、高校青年协进会创会会长、香港菁英会学生事务委员会主任、粤港青年交流促进会常务副主席、港台青年交流促进会副主席、粤港澳大湾区青年总会副主席等。他还是中华全国青年联合会、广东省青年联合会委员等。同时，他身兼香港顺德人联会副主席、香港大良同乡联谊会主席等职务。

1990年，龙允生生于香港。2003年，他在父亲龙子明鼓励下，参加"'爱我中华'四地青年新世纪大汇聚井冈山七天六夜'火车团'"，由此激发出活动组织和人际交流等方面的潜能。这次经历成为龙允生的人生转折点。

考入香港科技大学后，龙允生当选学校学生会主席，从学生活动参与者变成活动项目组织领导者，并先后创办"香港学生发展委员会""香港青年交流之友"，成为创会主席。毕业后，在工作之余，龙允生从未停止社会服务和青年工作，在不同社团组织里为各地青年交流搭建平台、牵线对话、创造机遇，努力成为四地青年梦想的"摆渡人"，并因此获得"2016第二届世界十佳广府青年""2018大湾区青年领袖"等殊荣。

大学毕业后，他选择从事保险行业，从基层业务员做起。从单打独斗的一线员工到带领100人团队的分行总监，历经8年，他成为众人眼中的青年才俊和业内又一标杆。

第三节　勤学成才　各领风骚

一、曾苑霞：为家乡贡献微薄力量

曾苑霞，祖籍顺德大良，现为英国佛山总商会会长、英国顺德商会会长、世界顺德商会副会长、顺德海外经贸代表处代表，英国粤商会副会长兼秘书长。

（一）勤奋攻读　勤于思考

2000 年，曾苑霞因就读的广东外语外贸大学有"2+2"课程设置，曾苑霞顺势前往英国留学，并以优异成绩读获得英国华威大学翻译学文科硕士、伦敦布鲁内尔大学管理学理科硕士，以及兰开夏大学国际交流英语学士学位。目前，在忙碌的工作和家庭生活的空隙，曾苑霞依旧没有停下学习的脚步，还在继续攻读法学 LLB 的学位。

（二）引入资源　助力家乡

大学毕业后，曾苑霞一直从事着从事招商引资的有关工作。在 2003 年，曾苑霞担任中国商务集团国际发展部官员和销售经理，主要从事教育、商务和旅游部的招商工作；2006 年，加入总部位于美国休斯敦的全球最大的数字自动化企业管理软件供应商之一 BMC Software，任亚太欧新兴市场国际高级客户经理。

2008 年，曾苑霞创立 CHILTERNHAY 英国有限公司。随着企业的发展，2017 年，她于佛山中欧中心开办分支机构，为企业和政府招商引资，引荐高科技和教育项目。

虽然毕业后，曾苑霞选择定居于英国，但她依然十分关注家乡顺德发展，与顺德紧密联系，将优秀、先进项目引入顺德，而这些离不开曾苑霞父亲的影响。曾苑霞小时候，她父亲曾国源在顺德改革开放时期，为顺德招商引资，大力推动顺德经济发展。2013 年，父亲离去后，曾苑霞希望能在英国找到乡情，便主动加入英国顺德联谊会的工作，主理 2014 年第九届顺德恳亲大会伦敦的有关事宜。为进一步加强与家乡联系，在顺德侨办和工商联推动和支持下，于第九届恳亲大会上，由顺德工商联牵头，曾苑霞及顺德乡亲组织成立英国顺德商会，并由她担任首任会长。

在英国工作的岁月中，让曾苑霞印象最深刻、感触最深的便是在 2018 年 10 月，英国顺德商会以曾苑霞为主导，邀请由英国迈克尔·肯特王子带队的英国科技企业精英团到佛山参加潭洲互联网＋博览会。那是英国王室成员肯特王子首次到访佛山，并前往顺德参观及举行系列商业、慈善活动，促进英国和顺德两地贸易和文化的交流和发展。

访问结束后，2019 年 1 月，在佛山贸促会的推动和佛山政府部门的支持下，曾苑霞主导成立英国佛山总商会，并担任会长一职，继续为推动中英两地经贸交流。2 月份，被邀列席佛山市政协会议。

（三）设立协会 关心同乡

在工作学习之余，曾苑霞还一直关注顺德在英国的留学生群体，她还主导成立英国·顺德区留学生协会，并担任创会荣誉会长一职。2022 年中秋节，曾苑霞主导开展"英国·顺德区留学生协会人才工作站交流会·顺德营商环境推介会"活动，邀请约 20 名顺德的留学生参加，边听取前辈们的经验分享，边"贺中秋·迎国庆"联络感情。

除积极促进顺德与英国的经贸交流，关心顺德留英群体的生活外，曾苑霞也十分重视孩子的中文教育。她的两个孩子仍能听懂顺德话，也在积极接受普通话教育。曾苑霞表示，下一步她将自己给孩子开书法课，将自己从爷爷和爸爸那里学来的书法技能传授给孩子们，让他们更进一步地认识和了解中国传统文化，培养他们爱国之情。

曾苑霞（左排第六）与顺德籍留学生们共度中秋——（曾苑霞供图）

二、伍仲昕：锐意进取　潜心神经科学研究

伍仲昕，祖籍勒流街道勒流社区，伍善雄先生的女儿。2002年，伍仲昕毕业于英国邓迪大学，获医学士及外科学士学位；2006年成为英国皇家儿科学院成员；2013成为英国内政部个人许可证持有人；2013年出任世界著名的大奥蒙德街医院的儿科神经病学专科医生。

伍仲昕后获英国医学研究理事会临床研究培训奖学金，在伦敦大学学院攻读博士学位。其间，伍仲昕潜心开展新颖治疗方法，即基因疗法，用于治疗儿童帕金森病的一种遗传形式。2017 年获博士学位，并通过获得英国基因与细胞疗法协会的费尔班奖和伦敦大学学院的奥托·沃尔夫神经科学奖等奖项。

如今，伍仲昕在领导自己的基因疗法研究小组。它位于伦敦大学学院女王广场神经病学研究所，此为欧洲领先的神经科学研究机构。

多年来，伍仲昕在《科学转化医学》和《自然》等期刊上发表 48 篇同行评审文章。她开发的基因疗法正在朝着在患者中进行临床试验的方向发展，并获孤儿药品（Orphan Drug Designation）的认定和专利奖。如今，伍仲昕在研究资金支持下，潜心开发用于患有遗传性脑部疾病的儿童的新型基因药物。

伍仲昕与父亲伍善雄先生——（伍善雄供图）

伍仲昕一直担任伦敦大学学院（University College London）高级研究员；2024 年，鉴于其杰出医学成就，伍仲昕成为伦敦大学基因治疗学教授。

伍仲昕为英国皇家儿科和儿童健康学院会员、英国基因与细胞治疗学会会员、美国基因与细胞治疗学会副会员、英国医学总会会员等。

2020—2023 年，伍仲昕为伦敦大学学院伊丽莎白·加勒特·安德森妇女健康研究所基因转移技术组高级副研究员；2016—2017 年为亚斯克比欧洲 (Askbio Europe) & 伦敦大学学院预估孕龄妇女健康研究所首席科学家。她曾获英国遗传代谢障碍学会旅行奖、国际儿科运动障碍学会旅行奖、多巴胺会议旅行奖、奥托·沃尔夫（Otto Wolf）发育神经科学奖、英国基因与细胞治疗学会费尔本 (Fairbairn) 奖、杰索普大厦（Jessop Wing）新生儿学奖等。

三、周剑铨：财经才俊

周剑铨，畅销书《财富自由从 0 到 1》作者、第八届当当网深具影响力财经作家、2020 年微信视频号号榜和金视力财经博主 Top10、深圳电视台财经频道和"樊登读书"特邀嘉宾、2017 年香港杰出财务策划师冠军、2018 年亚洲杰出财务策划师 6 强、2018 年友邦香港财务策划团队总监季军。现任佛山社团总会副会长、顺德龙江内地港人协会第一届理监事会名誉会长。

周剑铨，1981 年生于香港，祖籍顺德龙江镇龙山苏溪社区。其祖上名人辈出，如北宋著名思想家周敦颐，以《爱莲说》光耀后世；清代周廷幹，进士出身，授翰林院庶吉士，先后出任翰林院检讨、清史馆纂修官。周剑铨祖父周毓芳，香港纺织界贸通外洋领先驱，著名乡贤。

周剑铨

2007 年获美国哥伦比亚大学国际金融硕士学位后，周剑铨先后在世界知名的瑞信投资银行、高盛投资银行、信特资本、美国景顺基金等大型投行和基金工作。

他参加 2017 年香港杰出财务策划师比赛并获冠军。一年后，他带领初创团队，在激烈竞争中签下 1.6 亿元保额保单，刷新业界人寿保额纪录。同年，获 2018 年亚洲杰出财务策划师 6 强和 2018 年友邦香港财务策划团队总监季军。成功的艰辛，笔墨难描，但面对挫折的韧性，却在锻淬中更坚不可摧。

2020 年，周剑铨再次创新，成为财富导师，与妻子阿汝娜一道创立自有品牌。如今，其财务策划团队从事中高净资产家庭的财富管理事业，在中国财富行业声誉渐隆。

与此同时，周剑铨与妻子一起撰写畅销财经书籍《财富自由从 0 到 1》，在微博、微信公众号、抖音、视频号兼任财经专栏作家，与妻子共同拥有约 40 万粉丝。因案例真实、用情真挚、充满智慧，深受热捧，夫妻二人获"香港金融侠侣"雅称。其视频号"香港金融侠侣"荣获 2020 年"财经科技榜 Top10 博主"。

周剑铨祖父周毓芳情系桑梓，将祖屋捐赠故里，建龙山小学，后出巨资筹建龙山医院。深受祖父风范熏陶的周剑铨坚持参与公益，扶助病弱与自闭症儿童，更多次向内蒙古自治区多所小学捐赠书籍。

四、关月微：永不止步的新人类

关月微，出生于澳门，祖籍顺德容桂街道容里社区，现任仁记集团董事长、仁记高级珠宝设计公司总经理、顺德区侨联副主席、澳门·顺德区留学生协会会长、顺德职业技术学院校董会成员。

关月微 14 岁远赴英国留学。她对家乡深感自豪。每年清明回乡拜山（扫墓）时，家乡人的淳朴、大方、务实、乐观深深感染着关月微。获金融硕士学位后，她在新加坡银行业历练一年，学习钻石鉴定，考取珠宝鉴定证。作为深具创新思维的年轻一代创业者，她致力于因应不同材质与颜色的宝石，设计出独具个性的新款式，满足市场充满个性化的需求。

在行业经营上，除却传统线下门店外，关月微在微信公众号、小红书和国外的脸书等多种社交媒体或网络平台上潜心尝试，向公众宣传普及宝石知识。

作为澳门顺德区留学生协会会长的关月微，积极联络各方资源，致力于家乡建设，为澳门青年提供更广阔的平台。

五、李志成：学成归来创品牌

1991年，李志成生于顺德，2004年移居加拿大。2016年大学毕业后，他回国并在父亲创办的纺织品制造企业工作。他潜心研究鞋带、挂带、宠物牵引产品，更在杏坛青年企业家协会、顺德区高新技术企业协会、顺德区中小企业促进会的帮助下结交了大批志同道合者，发挥经济学专业所长，系统分析父亲企业的优势与发展走势，结合国内宠物市场机遇，寻求突破。2018年，他成立它愿公司，打造自主品牌，助推纺织品制造产业升级，提升市场影响力。

创业初期，20款产品只有一款进入市场，但只要获得消费者认可，他们就分析产品消费群与消费价值等，逐渐形成客户群。2021年，在知名直播带货平台一夜间卖出约8000件产品，令他们深感坚韧的意义与坚持的价值，更感觉到从宠物产业市场到公司合作者那蓬勃的活力与未来深广的空间。

出任杏坛青年企业家协会理事的李志成对家乡顺德充满期待。因为，这是个高度发展的地区，宠物产品等新型产业空间广阔，他们必将在未来的市场中发挥独有的价值。

六、周氏姐弟：苦读成才

周海雯，祖籍北滘，毕业于中山大学，求学期间以交换生的身份到瑞士学习半年，后入英国伦敦政治经济学院攻读硕士学位。她回国后进入顺德碧桂园未来领袖项目，先后在碧桂园集团战略办、投资策略中心等部门工作，现为碧桂园教育集团海外分析总监。

周海雯（左二）与周振星（左五）与父母合影——（周志锋供图）

其弟周振星毕业于哈尔滨工业大学能源与动力专业，后考入香港大学，继续攻读人工智能方向博士学位，2023 年毕业。

姐弟潜心攻读，成就淳朴上进家风。

七、王俞又：沉潜砥砺的青年台商

王俞又 1986 年出生于台湾省彰化县田尾乡。田尾乡因每家每户都有别致的庭院而享有"花的故乡""公路花园"等美誉。由于父母都是台湾知名的盆景艺术家，王俞又自幼就在绿意葱葱的环境中耳濡目染，对盆景文化产生浓厚兴趣。

大学时，学校有外出交流学习的机会，其他同学都纷纷选择出国，只有王俞又一个人决定要到大陆来。在南京工业大学交流学习的半年时间里，他四处游历、广交好友。"来的时候一个人，走的时候五六桌同学来相送。"这种浓浓的同胞之情让这颗种子生根发芽，并在其扎根顺德后苗壮成长，生意盎然。

2009 年，王俞又就追随父亲的脚步来到陈村，在"嘉盛园艺"开启自己的"盆景人生"。

当时，"嘉盛园艺"沿用传统的卖场形式，盆景只进行平面式陈列，缺乏层次和美感。锐意创新的王俞又将园林景观理念融入园区设计，巧妙地将盆景销售与美学设计融合，打造出曲径通幽的特色盆景园，让人耳目一新。

目前，王俞又和父亲经营着6个盆景园，在盆景界内赢得了口碑。"嘉盛园艺"先后4次自费举办盆景展览，邀约两岸盆景专家参展，构筑起两岸盆景文化交流的桥梁。

除却钻研盆景，还有一项事业让王俞又始终初心如磐——促进青年台商交流、加强两岸农业合作。

为此，王俞又勇挑重担，在佛山台商投资企业协会、青年台商会、海峡两岸交流促进会农业委员会等多个组织担任要职，致力于政策宣传、平台搭建、项目对接、政企沟通，助力青年创业、赋能乡村振兴。他还协同农业院校、科研机构着力推动农业信息化、技术化。

他认为，个人成长离不开国家土壤和时代涓流。每次回顾这10多年在大陆耕耘的岁月，王俞又都要感激同胞们的无私帮助和国家的有力支持。这是他力量的源泉，一直滋养他、引领他。如今，他深耕顺德，致力推动两岸农业交流与合作。

结束语

500多年的异域探索、生存、发展历史，折射出顺德人顽强、坚忍、沉着、乐观的内在秉性，呈现出他们关注自我、关心他人、关怀社会的深沉性格与博大襟怀。500多年间，他们与深耕本土的乡人一道，合力撰写出一部精彩纷呈的顺德历史。

500多年的异域开拓历史，是顺德人内心舒展自由奔放的心灵书写，也是他们奋斗、抗争、崛起的真实历史，更是他们不断奔向远方且永远无法画上句号的无边画卷。

从明代到民国时期，从中华人民共和国成立到如今，顺德海外乡亲、港澳台同胞个人的奋斗、社团的联合、家族的融汇、企业的创立、社会的融入、时代的推动，实则是一段又一段曲折漫长、精彩纷呈的个人奋斗史与集体创业史，更是个人价值不断提升与社会意义日益深化的历程，也成为对旁观者、后来者、思考者深具借鉴意义的成功案例，令其超越纯粹历史回溯，在成功叙述家乡情怀、社会贡献的同时，获得更深远的价值与意义。因为，他们会成为志存高远者前行的基石，让人们得以手搭凉棚、眺望更波澜壮阔的远方。

参考资料

［1］佛山市顺德区伦教归国华侨联合会.情系故里 光耀伦常——伦教旅外乡亲关爱家乡纪实［M］.内部资料，2020.

［2］李健明.沧海扬帆——乐从华侨华人［M］.内部资料，2014.

［3］顺德市地方志办公室.顺德县志（清咸丰、民国合订本）［M］.广州：中山大学出版社，1993.

［4］顺德市地方志编纂委员会.顺德县志［M］.北京：中华书局，1996.

［5］中国人民政治协商会议广东省顺德县委员会文史研究组.顺德文史（1982—1988）［M］.内部资料.

［6］世界顺德联谊会.港澳海外顺德邑贤录.内部资料，1998.

［7］侨韵凤城——顺德华侨博物馆陈列.

［8］2022年顺德荣誉邑贤芳名录.内部资料，2022.

［9］梁凤仪.李兆基博士传记——一位全球华人超级富豪的事迹.三联书店（香港）有限公司，2004.

后 记

这是一部永无止境的"大"书。顺德500多年的海外谋生历史，纷繁多样，精彩迭出，但是，随着历史的远去，它们早已散落在岁月尘烟中，难再寻踪。不过，仍有无数故事几百年间仍存留在人们的口头、耳旁、脑海与内心，更有大量精彩片段散落在会馆最深处、族谱边角处、图书馆最高处，吸引人们不断前往，探究那静默背后的万壑争流。

因此，这是一部注定无法终止的著作。不断增添的故事与史实，都成为顺德人海外谋生崛起历史更精彩的注脚，令这一文本愈发厚实丰富，而每个故事都是顺德人充满血肉的真实历程，无不打动着阅读者内心，更激起人们难以遏制的纷涌灵感与醍醐灌顶的启迪。因此，这是一部超越历史与故事叙说的著作，是顺德人独特的精神与文化书写史。

虽然此书无法终止，但是我们仍希望能竭尽所能，裒辑所有，去摇晃这默默成长500多年的苍茂大树，让无数果实纷纷散落，好去拾掇那满地斑斓，对着初升秋阳，凝视那背后无数光环。

在顺德区委统战部、顺德区归国华侨联合会支持下，在顺德职业技术学院酒店与旅游管理学院的指导下，更在各镇街侨联、党政办公室、宣传文体旅游和教育办公室的大力帮助下，我们走进每个镇街，走进乡村与家庭，通过互联网等现代手段，去收集、整理、采访、撰文，更在彼此商议、修改、确认中不断完善，最终汇成此书。在这一漫长过程中，我们深深感受到在外谋生的顺德人对亲人的牵挂、对家乡的钟爱、对祖国的深情，以及对中华文明的呵护与传承、弘扬与光大，而他们在艰苦创业中的不屈不挠、功成名就后的谦和谨敏、回报家乡时的光风霁月、遵德尚义中的孤往笃定，都足以令人感动与感慨。他们如今化作书籍中不同篇章的主人公，成为人们阅读、借鉴、研究的对象，也是采访者与记录者最大的收获与期待。

在本书推进初期，顺德区侨联为书籍设定清晰的架构，为书籍内容分布与文化脉络贯穿奠定重要基调；同时，为此书提供大量珍贵线索，更对文稿进行深度审读。在此，特表谢意。

顺德区归国华侨联合会全力支持项目的有力推进，更精心考订细节，令书稿完成顺利，在此特表谢意。在整个推进过程中，顺德职业技术学院酒店与旅游管理学院院长甘慕仪统筹全局。她与大家一道，联络各方，亲自采访，令项目推进有条不紊。学院党总支书记慕恩周、副院长陈宝珠对接各种事项、参与现场采访，全力推进项目完成。

顺德华侨博物馆提供大量历史图片，为此书增添独有历史沧桑感，分外珍贵。

对此，深表谢意。

遍布世界各地和港澳的顺德海外与港澳社团，在采访过程提供无微不至的帮助与周到细致的信息，令采访顺利推进。其故乡深情与助人真诚，令人感动，在此特表谢意。十个镇街侨联的有关人员，反复审读、校对、修改文稿，其认真细致、不辞辛劳的工作精神与为事风格令人感动。在此，特表谢意。

顺德区档案馆全书审读，提出专业而细致意见，令此书减少不少错误与疏漏。在此，特致谢意。

顺德区图书馆张宇女士为本书提供珍贵史料，特此鸣谢。

北滘镇妇联常务副主席卢颖琪女士、顺德区清晖园博物馆副馆长张凤娟审读全书，张凤娟副馆长还提供绵远堂研究文字。在此，特致谢意。

世界顺德联谊总会秘书处一直协助联络海外乡亲、港澳台同胞，邮传万里，烦琐细屑。纲举目张，及时周到，其举重若轻、事不避难的德才令人敬佩。对此，特表谢意。

各处朋友得知我们撰写本书，纷纷提供各种家族故事、珍藏资料或图片，令本书充满各种真实细节与人间烟火色。如邓巧儿的香港旧照，麦立军的越南华侨图文，何启松的华侨信件，何浩达、黎淑贞的华侨旧图，黄艳雯的顺德自梳女旧图，彭建生的伦教华侨珍贵图片，冯添业的系列文献，谢惠娟的旧图等，为本书增添历史沧桑感，让人们从照片中昔日顺德人淡净的容颜与明净的双眸中，目睹昔日岁月的宁静与安舒，更为本书注入淡淡的人间温情。在此，特表谢意。

陈德荣胞弟陈耀辉提供珍贵资料、图片，李少梅、何转弟等提供采访线索，特此鸣谢。凤岭老年大学佘炜校长，提供并审核李佘少鸿资料；郑敬诒职业技术学校的陈海林老师、李小东老师提供郑敬诒的珍贵图片，特此鸣谢。

李家杰、李家诚资料参考百度百科，特此说明。

本书关于龙子明先生的内容采用他本人所提供文稿。文稿来源于《华人经济》（中文版）总第186期，2023年5月，作者系严槿、廖严力。文稿录入本书时略作删减或修改，特此说明。相关图片亦由龙子明先生提供。

书中第99—104页梁季彝家族的图片，均由勒流街道办侨联供图。

伦敦华侨、港澳同胞篇章，资料源于伦教街道办侨刊编写组。撰述入书时有删减和修改，特此说明并致谢忱。

这确实是一部无法终止的著作。我们将继续不断收集、整理、追溯、研究，将这个横跨500多年的顺德人世界足迹地图继续描画下去。

本书涉及人物众多、时间跨度大，难免存在不足与疏漏，敬请读者指正。同时，期待读者为本书提供各种故事与文图，以待日后不断完善，令其成为顺德人联手合作的特别著作。

2024 年 8 月 8 日